美 丽 新 疆 丛 书

《美丽新疆丛书》编委会

主　任
谭　跃　　古力先·吐拉洪

副主任
李　岩　　王跃平

编　委
管士光　　张贤明　　于文胜　　李贵春　　刘祚臣　　周绚隆

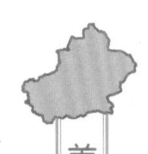

美丽新疆丛书

李贵春/编

琴弦上的家园

人民文学出版社
新疆美术摄影出版社

图书在版编目（CIP）数据

琴弦上的家园/李贵春编.—北京：人民文学出版社，2015
（美丽新疆丛书）
ISBN 978-7-02-011056-8

Ⅰ.①琴… Ⅱ.①李… Ⅲ.①风俗习惯—介绍—新疆 Ⅳ.①K892.445

中国版本图书馆 CIP 数据核字（2015）第 165968 号

责任编辑　于　敏
装帧设计　刘　静
责任校对　刘佳佳
责任印制　苏文强

出版发行　人民文学出版社
社　　址　北京市朝内大街 166 号
邮政编码　100705
网　　址　http://www.rw-cn.com

印　　刷　北京瑞禾彩色印刷有限公司
经　　销　全国新华书店等

字　　数　187 千字
开　　本　787 毫米×1092 毫米　1/16
印　　张　19.75　插页 3
印　　数　1—3000
版　　次　2015 年 7 月北京第 1 版
印　　次　2015 年 7 月第 1 次印刷

书　　号　978-7-02-011056-8
定　　价　58.00 元

如有印装质量问题，请与本社图书销售中心调换。电话：01065233595

掀起大美新疆的盖头

古力先·吐拉洪

关于新疆，曾经有过一个有意思的对话。一次，有人问英国历史学家汤因比："如果让你重新选择出生地，你希望自己出生在什么地方？"

汤因比回答说："我希望能出生在公元纪年刚开始的一个地方，在那个地方古印度文明、古希腊文明、古伊朗文明和古老的中国文明融合在一起。"汤因比假设的出生地就是古代新疆。之后，他又说："打开人类文明历史的钥匙就遗落在新疆。"汤因比是英国著名历史学家，其著作《历史研究》被誉为是"将人类史当做一个整体来加以考察"的作品，书中论述西域的一章以"英雄时代"为名，足见他对古代新疆的迷恋。

新疆古称西域，曾有许多民族在此繁衍生息，形成了独特的游牧历史和文化——张骞出使西域开凿的"丝绸之路"，是有史以来世界上最长的通商之路；印度佛教、伊斯兰教传入西域后，掀起了东西方文化交流的高潮；历朝历代经营西域后，各游牧民族积极参与到推进华夏文明进程的行列，创造出了辉煌的地域文明；为了生存，游牧民族亦创造了美丽的边地家园，其丰富和繁荣曾一度令世人瞩目。后来，随着时间流逝，一些游牧民族远走他乡，将自己融入推进到世界发展的浪潮中，亦将游牧文明传入世界文明之河。这一时期的古代新疆，成为东西方文明的交汇地，为新疆文明的发展和传承起到了举足轻重的作用。

再后来，这块土地发生了更大的变化，风沙将王国的城池湮没，迁徙让一些游牧民族永远消失了背影，与他们一起消失的，还有世界上最古老的语言和文字……随着时间推移，他们消失时留下的生命景象，在今天变成了独特的文明——楼兰干尸唇角存留了两千多年的微笑、龟兹壁画中鲜艳的色彩和生动的人物、被人们称为"露天博物馆"的高昌和交河故城，以及出土的主妇纺车上还没有纺完的一缕毛线、一封未寄出的书信、一个王国首领没来得及拆阅的泥封简牍，等等，都让人产生无尽遐思。

当然，古代新疆有很多灿烂辉煌的文明在时间的长河中延续了下来，变成了今日新疆欣欣向荣的艺术——文学、舞蹈、音乐、美术、建筑，以及各少数民族的习俗、风情等等，仍然呈现着悠久的传统人文色彩；历史、史诗、传说、典籍和故事，仍然如同血液一般温热，是对新疆大地有力的养育和支撑；沙漠、雪山、草原、湖泊和河流，仍然散发着人类净土的醇香，让生存于此的人们欢欣慰悦，安然从容。

正是基于传承和展示新疆大美的目的，人民文学出版社和新疆美术摄影出版社联合出版了"美丽新疆"丛书——《两千年前的微笑》《阳光抚摸的高地》《琴弦上的家园》《把爱刻在心上》。该丛书关注的主题分别为西域历史，人文地理，民俗风情和各民族典型人物等。从丛书的内容可看出，作者们沉迷于新疆，写出了四部优秀作品，其风格独树一帜，地域气息浓烈，达到了审美的较高境界。

《两千年前的微笑》关注西域历史，用文化大散文的形式，叙述了新疆自古代西域延伸至今的人物和事件，具体的人物有张骞、班超、苏武、玄奘、阿曼尼莎汗等；具体的事件有楼兰、龟兹、高昌、交河（车师）等，以及在文化方面涌现出的《福乐智慧》《突厥语大词典》等，为读者提供了了解西域历史的读本。

《阳光抚摸的高地》对新疆的草原、沙漠、湖泊、河流、雪山、牧场、古道、森林、湿地和村庄等做了全方位叙述，旨在展示新疆独特的地理风光，让读者领略新疆大美。

《琴弦上的家园》展示的是新疆的民俗和风情，作者们从具体的场景入手，介绍新疆各少数民族的生存景象，以及生活中的民俗内涵。全书通过具体的细节，介绍在悠久历史和民族文化背景下的民俗文化和风情意味，为读者提供了解新疆、认知新疆的机会。

《把爱刻在心上》关注的是新疆近年来涌现出的先进人物，他们在民族团结、追求理想、关爱社会与他人的过程中，做出了可歌可泣的感人事迹。这些人物先后被评为"感动中国人物""最美新疆人"等，有一定的宣传意义。

掀起大美新疆的盖头

　　该丛书的主题是呈现新疆，作者们将目光集中于每一选题，逐一将设定的主题创作完成。在每一主题中，都注重体现出地域特色和人文情怀，呈现出丰富的新疆故事。新疆辽远阔大，无论是历史、族群，还是地理或人文，都有博大的背景和凛凛的气魄。作者们的视角与新疆地域形成一致对应，找到了适合他们叙述的题材，对新疆做了一次全方位展示，从中可见大地域，大风貌，大山川，大视角，大气韵，读来有强烈的气息扑面而来。

　　"美丽新疆"丛书的策划和出版不仅是对新疆最全面的展示，也是两家出版社友好合作的一次见证。今年正值新疆维吾尔自治区成立60周年，两社合作推出"美丽新疆"丛书，作为向新疆维吾尔自治区成立60周年的献礼作品。这是两地出版业"走出去"的有力举措，也是在"一带一路"大方针下，共推出版发展的有益尝试。

　　辛弃疾有词"袖里珍奇光五色，他年要补天西北"，"美丽新疆"丛书具有真挚的艺术追求，体现出了高端的精品意识。我相信，该丛书不但展示了新疆独特的风貌和人文蕴涵，同时也将成为世人了解新疆、认知新疆的良好读本。

二〇一五年六月

目 录

一、多元文化汇聚精彩

3/ 魅力无穷的维吾尔传统文化
10/ 童话世界里的哈萨克
17/ 帕米尔之巅的迷宫城堡：勒斯卡木村
27/ 喀什的三种时间

二、民俗风情让人陶醉

39/ 诺鲁孜节：欢庆春天的节日
47/ 新疆焉耆回族婚俗
55/ 婚礼甜蜜了整个牧场
64/ 嫁出去的新郎　娶回来的新娘
71/ 达里雅布依：胡杨林里的悄然隐者
78/ 转场：从冬窝子走向春天的草原
83/ 新疆最后一个满族村落见闻
92/ 柯尔克孜族取名习俗　民族历史文化的活化石

三、风味小吃　新疆味道

99/ 新疆味觉旅程之肉食盛宴
106/ 新疆味觉旅程之特色主食
111/ 新疆味觉旅程之美味飞禽

114/ 新疆味觉旅程之美味点心
119/ 新疆味觉旅程之饮料冷饮
126/ 新疆味觉旅程之特色小吃
133/ 新疆味觉旅程之特色水产
138/ 新疆味觉旅程之食疗篇
147/ 新疆味觉旅程之稀世奇珍
151/ 拌面的传说
157/ 新疆人参恰玛古

四、民族乐器奏出历史长音

163/ 维吾尔乐器：穿透时空的音响
172/ 木卡姆：琴弦上的家园
183/ 艾捷克的弦弹响东天山的神韵

五、唱起歌儿跳起舞

191/ 麦西热甫：集体的狂欢
200/ 与世隔绝　唯有随乐起舞

六、丝路变迁历史渊源

207/ 锡伯族西迁：尘封两百多年的戍边往事

214/ 史诗《玛纳斯》：柯尔克孜族民间艺术巨著

223/ 土尔扈特：240 年前的东归秘事

七、代代传承民族工艺

239/ 古兰姆地毯：花样年华出和田

246/ 小刀与羔皮帽：另类的沙雅文明

252/ 芨芨草编织的哈萨克族风情

261/ 新疆鹿皮绣花大衣的记忆

266/ 乔鲁克靴匠人世家

272/ 南疆老手艺

八、古老建筑彰显悠久文化

289/ 古老的维吾尔族生土民居

293/ 神石城：一座充满奇异色彩的城堡

299/ 额敏塔：维吾尔古典建筑的奇迹

305/ 新疆的"小布达拉宫"：巴仑台黄庙

一、多元文化汇聚精彩

魅力无穷的维吾尔传统文化

作为精神支柱和生活信仰，古代维吾尔人曾信仰过原始宗教、萨满教、祆教、道教、摩尼教、景教和佛教。公元10世纪开始，塔里木盆地的维吾尔人全民信仰佛教，塔里木盆地成为当时世界佛教文化的中心。约5个世纪以后，维吾尔人全面放弃佛教，伊斯兰教在塔里木盆地逐步取得了主导地位。但佛教毕竟在这片土地上存在了上千年，在信仰伊斯兰教以前，维吾尔人在西域开发绿洲，创造了丰富的佛教文化。不论是佛教文化，还是后来的伊斯兰—维吾尔文化（又称为伊斯兰—突厥文化），对处于丝绸之路交通枢纽的维吾尔文化都产生了巨大的影响。维吾尔先民们通过三次重大的信仰改变，在漫长的发展过程中，以兼容中原文化为基础，创造了高度发达的混合型文化。

在民族性格方面，那时由于部落、部族之间为争夺牧场、草原、牲畜、财富的战争连绵不断，作为游牧民族的维吾尔先民性格坚毅、勇猛善战，以杀敌多少论英雄。从信仰和观念上来说，那时的维吾尔人与阿尔泰语系其他部族一样，曾长期信仰萨满教，相信万物有灵，对于大自然、各类动物、植物和祖先灵魂充满了崇拜之情。在古代维吾尔民众中，腾格里（苍天、天神）崇拜、树崇拜、狼崇拜、山石崇拜的观念根深蒂固。后来因为伊斯兰教和儒家思想的影响，其民族性格中的粗犷、豪放逐步趋向幽默、开放，富于智慧，注重礼节，主体意识较强。

维吾尔族是世界上信仰宗教最多、使用文字最多、译介佛经和世界名著最多的民族之一。维吾尔语属于阿尔泰语系突厥语族，具有悠久的历史。除了本民族固有词汇或突厥语同源词以外，维吾尔语词汇中还有不少来自于波斯语、阿拉伯语、俄语、蒙古语、英语、汉语等的借词。各种语言的借词在不同的历史时期，不断充实和丰富了维吾尔语词汇。现代维吾尔语书面标准语，是在中心方言基础上即乌鲁木齐维吾尔人的标准书面语的基础上形成和发展的。

维吾尔民族的语言，不论是在天山以南还是天山以北，除了有一些方言差异以外，

几乎完全一样。自古以来，维吾尔、哈萨克、柯尔克孜、塔塔尔、乌孜别克以及生活在中亚的突厥诸部族，这些民族由于共同的宗教信仰、近亲的语言、相同的文字、大同小异的风俗习惯，几乎不用翻译就能相互交流。而且，维吾尔人极少称呼民族名称，往往以"喀什人""阿克苏人""和田人""吐鲁番人""伊犁人""乌鲁木齐人""口内人"（指汉族人）、"安集延人"（指乌兹别克斯坦人）等地方或地理名称来称呼。之所以这样，除与生活在这片土地的各民族许多共同的文化心理有联系以外，还与维吾尔民族自身特定的文化素质有关。不论是南疆的维吾尔人还是北疆的维吾尔人，除了都能歌善舞、性格耿直、开朗大方外，在语言、性格、文化等方面也大同小异，其主要的区别表现在接受不同的文化方面。不论在清代，还是现代，伊犁维吾尔人一直保持着自己特有的文化心理和传统文化习俗。除了世居伊犁的维吾尔人以外，更多的维吾尔人则是清王朝统一西域后，应开发伊犁的需要而大批迁入伊犁的，至今仍以"塔兰奇"（意为"拓荒者、耕种者"）自称的维吾尔人便是这些先民的后裔。伊犁各兄弟民族长期聚居、混居和交融，还派生出了伊犁地名中屡见不鲜的语种交叉现象，反映人文历史、生活背景的地名普遍见之于各个语种，如"和田买里"（和田人之庄）、"吉里玉孜"（维吾尔族人名）等。因长期受俄罗斯文化的影响，伊犁维吾尔人在生活方式、语言表述等方面与南疆维吾尔人有所不同，无论遇到多么大的困难，总是以笑话、幽默来调节自己的生活，善于弹唱歌舞，善于苦

多元文化汇聚精彩

中取乐，善于广交朋友，甚至与乌孜别克、塔塔尔、哈萨克等民族通婚结亲，表现出比较开明和豁达的性格。在伊犁维吾尔人的语言中经常能听到俄、汉、哈萨克和蒙古语借词。伊犁维吾尔人富有爱国精神。1871年沙俄出兵侵占伊犁时，伊犁维吾尔人与各民族同胞浴血奋战，不少人为保卫家园献出了自己的生命。

18世纪的后半叶，在恢复了祖国大家庭的统一以后，一些维吾尔族学者应邀到京参加《五体清文鉴》（即满、汉、维吾尔、蒙古、藏语词典）的编纂工作。这一时期，出现了众多的维吾尔作家和诗人，其中，阿不都热依木·尼扎里（1776—1851年）创作的《帕尔哈提与西琳》《热碧亚与赛丁》《莱丽与麦吉侬》《麦赫宗与古丽尼萨》等12部叙事长诗和哲理长诗《济世宝珠》《穆海麦斯集》，成为后代维吾尔人十分珍贵的精神遗产。而这些文学、艺术无不与世界古老文明的交汇处——塔里木盆地绿洲紧密相连。

茫茫戈壁大漠，阵阵驼铃，只有音乐和歌舞才能驱散苍凉的愁云，维吾尔人的哭与笑都是歌，都是一段优美的诗。"丧歌""挽歌""哀歌""婚礼之歌""劳动之歌""马车夫歌""雪歌""摇篮歌""挖渠歌""扬场歌"等诸多民歌民谣，体现了这个民族的人生观和处世观。

5

维吾尔十二木卡姆是民族的音乐之王，是中华音乐文化宝库中一颗光彩夺目的明珠。十二木卡姆由267首声乐曲和36首器乐组成，歌曲、揭曲、舞曲组成了维吾尔人的大型套曲。木卡姆套曲由拉克、且比亚特、穆夏乌热克、恰尔尕、潘吉尕、乌扎乐、艾杰姆、乌夏克、巴雅特、纳瓦、斯尕、依拉克组成，歌词均为维吾尔族著名诗人的诗歌、民间传说、故事、民间歌谣等；乐曲中有序歌、叙颂歌曲、叙事组歌、舞蹈组歌、间奏曲等。十二木卡姆完整地弹唱、歌舞需要24小时，是世界非物质文化遗产中绚丽夺目的艺术经典。刀郎歌舞艺术（准确地说，应该是"多浪歌舞艺术"）历史比十二木卡姆还要悠久，主要在新疆麦盖提、莎车、巴楚、阿瓦提等地的维吾尔人中流传，是古老的维吾尔人精神生活的集中反映。无论过去还是现在，维吾尔人都以固有的音乐和歌舞而自豪，更以流传至今的十二木卡姆和刀郎麦西热甫而骄傲。无论生活是艰难还是和顺，维吾尔人的生活始终离不开歌舞，更离不开家庭麦西热甫。因为他们深知，离开本民族的文化，就是离开了自己，就是背叛了祖宗。所以，无论是白发苍苍的老人，还是稚声嫩气的巴郎；无论是豪放粗犷的男人，还是羞涩美艳的少女，只要音乐一响，就会上场跳起舞蹈。不论是刀郎舞，还是麦西热甫，自古以来就是维吾尔人培养后代的"习俗学校"。

在我国翻译历史上，除了在佛经翻译史上维吾尔族翻译家们占据着重要的地位以外，在叶尔羌汗国时期维吾尔族文学翻译家们就翻译了数量可观的世界名著，其中有《一千零一夜》（阿拉伯名著，穆罕默德·阿卜杜拉·马合苏木译）、《凯丽莱与迪穆乃》（印度名著，毛拉穆罕默德·铁木儿尔译）、《王书》（也译《列王传》，伊朗名著，帕孜勒·阿西木·耶尔坎迪译）、《拉史德史》（穆罕默德·萨迪克·喀什噶里译）、《玉素甫与祖莱哈》（毛拉尤努斯·耶尔坎迪译）、《伊索寓言》等，这些译著在维吾尔民间广泛流传。

走出大漠，便是绿洲。一边是黄沙，一边是绿茵；一边是悲愁，一边是欢乐。严酷的自然环境，强烈的景观对比，造就了绿洲文化相辅相成的两个侧面，造就了绿洲维吾

多 元 文 化 汇 聚 精 彩

尔人深沉、豁达、坚韧、热情、开朗的性格。在大漠戈壁上碰到一个人会感到格外亲切,"交个朋友吧,交个朋友,有一个馕要掰成两半一起吃。"——这个谚语,充分说明了维吾尔人的热情好客和待人诚实的传统。

维吾尔族家庭是以夫妻关系为基础的小家庭,家庭成员一般包括祖孙三代以内的直系亲属。亲属的称谓各地大同小异,只在祖孙三代的直系血亲之间有明确的称谓,通常都以年龄的长幼分别称呼。多子女的家庭,儿子长大成婚后一般即与父母分家,另立门户。最小的儿子结婚以后与父母生活在一起,通常父母去世以后,家产由小儿子继承或支配。维吾尔族的婚姻基本上是一夫一妻制,通婚的范围一般在本民族、本地区范围内。维吾尔人的婚礼非常热闹而隆重,在农牧区至今还保持着传统的婚俗和规矩,订婚、结婚、生孩子、起名,如果是女孩,在适当的时候要举办"古丽恰依"宴请亲朋好友;如果是男孩,除了起名仪式以外,在男孩长到六七岁时便举行"割礼"。这些仪式都带有明显的伊斯兰文化色彩,已成为维吾尔人传统文化的组成部分。丧葬仪式也带有本民族传统的伊斯兰文化色彩,一般都按伊斯兰教规进行,实行土葬,办丧事比较简朴、节省,但非常庄重、严肃。

　　馕、羊、茶、果是自然环境和历史背景造就的维吾尔族饮食文化的四大特色。馕在维吾尔家庭中是必不可少的主食。维吾尔人菜肴离不开羊,烤全羊是传统佳肴,烤羊肉串儿闻名全国。抓饭、拉面、薄皮包子、烤包子、肉馕、汤面等,都离不开羊肉。大白菜、胡萝卜、皮牙子(洋葱)、恰麻菇(蔓菁)、南瓜等,是一般维吾尔人家主要的蔬菜。清炖羊肉、羊蹄也是维吾尔人生活中很常见的菜肴。维吾尔人也喜食牛肉、黄羊肉等。茶是维吾尔人一日三餐离不开的饮料,客人来了,先要敬茶;在瓜果飘香的季节,也要给客人敬茶。民间办喜事和丧事,茶叶和馕是不可缺少的相互赠送的礼品。甚至在维吾尔民歌和麦西热甫歌舞娱乐活动中,还有"敬茶舞""敬茶歌"。维吾尔人喜欢茶与他们生活的环境和食品结构、气候有关。

　　"开斋节"(亦称"肉孜节")、"古尔邦节"(亦称"宰牲节")、"诺鲁孜节"等,是维吾尔人的传统节日,从古以来一直延续至今。

　　多民族、多语种、多宗教、多元文化的相互交融和影响,使当今的维吾尔族人在语言、文化、饮食、习俗、服饰等方面正在发生着变化。特别是生活在乌鲁木齐和北疆地区的维吾尔人,在保持原有的文化传统的同时,也吸纳各地文化的精髓,不仅说母语,而且懂汉语。如今，维吾尔语中融入了大量的汉语借词，如，"电视""大盘鸡""炒烤肉""手机""电脑"等。各民族文化的相互影响和交流，使维吾尔人的生活习惯、饮食习惯都发生了很大的变化。在城市里，丧葬、婚姻等方面的习俗，也变得越来越现代。传统的民族服装只是在节日或舞台上才穿，传统的维吾尔族长褂子（无领长袍）和皮帽子，也只有在乡村才能看到。这都是较为开放的社会转型中出现的情况。

可爱、可敬的维吾尔人正在进步，正在走向全国和世界。他们也深知"一个不热爱本民族的人，也不会被其他民族所尊敬"，所以，他们在吸纳和接受中，不断丰富着自己的文化，不断在进步和发展。

文／铁来提·易卜拉欣　图／金炜

童话世界里的哈萨克

在新疆北部和东北部森林茂密的崇山峻岭间，土壤肥沃的盆地绿洲里，水草丰茂的草原平川上，瑰丽秀美的湖泊河流旁，居住着一个古老的民族——中国哈萨克族。

哈萨克族主要聚居地被大山环抱。从卫星地图看，哈萨克人就好像大地襁褓里的孩子，守护他们的是雄奇的天山、秀美的阿尔泰山和壮阔的塔尔巴哈台山，因而造就了这个民族山一样的性格和崇高的精神世界。有山就有盆地，哈萨克族在拥有了大山的世界的同时，也拥有众多的盆地和河流。准噶尔盆地、伊犁盆地，伊犁河、特克斯河、额尔齐斯河、额敏河和乌伦古河纵横交错，高原湖泊又点缀其间，让哈萨克族享受着大自然无限的恩赐。他们生活的地方，总是冬季寒冷，夏季凉爽，温差分明。

独特的气候环境，造就了那些盆地周围优良的夏牧场和冬营地。数世纪以来，绝大多数哈萨克人世代居住在这些夏牧场和冬营地里，一点一点地书写着独特的游牧生活和游牧文化，也因此与大自然建立了最深厚的感情。哈萨克族的人生观、生命观，无不烙下大自然的印迹。曾经信奉萨满教，后来伊斯兰教传入，哈萨克族就逐渐信仰伊斯兰教了。哈萨克人的经济以畜牧业为主，绝大多数人过着逐水草而居的游牧生活，有些人兼营农业。

打猎是哈萨克牧民生活来源的一种补充，猎物由参加打猎者平均分配。有很长的一段时间，人们甚至很少去经商，但随着时代的变迁，特别是随着市场经济的发展，现在不少哈萨克人已开始步入经济领域，成为这一领域中活跃的一群人。这可是历史性的变化。

"白天鹅"的象征

哈萨克族的民族沿革进程很长。他们先民中重要的一支为公元前3世纪的塞人和汉代生活于天山北部的乌孙人，他们在世界历史上都曾赫赫有名。哈萨克族是突厥语系民族，到今天为止，其语言文化中都保留着浓郁的突厥语系民族特有的印迹。据史书记载，公元15世纪中叶，从金帐汗国分裂出来的使用突厥语的一些游牧部落的集合体被称为哈萨克，他们建立了哈萨克汗国。历经时代更迭和多次迁徙，至19世纪中叶，中国哈萨克族已成为伊犁地区重要的居民群落。族人对"哈萨克族"这一称谓有十分有趣的解释，说他们是"战士"，也是"白天鹅"。在哈萨克人的文化里，"天鹅"一直是女性的象征，这种象征深入人心。古时候，哈萨克萨满把天鹅羽毛插在帽子上用以辟邪，直到现在，哈萨克人还把羽毛挂在婴儿的摇床上，以求天鹅女神的保护。猎人可以打死一只跑过黄昏的小兔子，但绝不会猎杀一只湖面上的天鹅。

独特的"尖帽"和毡房

由于游牧生活的影响，哈萨克族民族服饰用材多是羊皮和兽皮，包括狐狸皮、鹿皮、狼皮等，这些皮料轻盈，便于加工和穿着。哈萨克族男女老少都有冬帽、夏帽，男人的帽子叫"吐马克"，女人的帽子叫"波丽克"，制作精良，用皮料和绸缎，还有天鹅绒，美观而实用。当然，无论男帽还是女帽，都是尖顶的。这让人联想起公元前波斯大流士碑铭上的那段文字，大体意思是说，大流士生前曾与"戴尖尖帽的塞人争战"。大流士肯

琴弦上的家园

定不会想到，几千年后，那曾经的"尖尖帽"，依然被人戴在头上。哈萨克族妇女的服饰也是多姿多彩的，妇女爱穿连衣裙，讲究头饰，未出嫁的姑娘戴着缀鹰羽的帽子"塔合亚"，这已经成哈萨克族姑娘的标志了。这是一种很漂亮的帽子，下沿大、上沿小，呈斗型，用红色或绿色的绒布衬面，再用金丝银丝绣花，配以彩珠镶成美丽的图案，帽顶上插一撮猫头鹰的羽毛，好看得不得了。待姑娘出嫁的时候，需换一种叫"沙吾克烈"的尖尖帽，确定她的新嫁身份。

为了游牧生活的便利，毡房成了哈萨克族独特的民居。这是一种便于拆迁的居所，主要用羊毛毡、红柳栏、撑杆、卷顶及毛草帘构成，材料可以就地取材，自己制作，或拆或装，应用自如；转场时，驮在骆驼或牛背上就可以浪迹天涯了。一年四季，一日三餐，当然也离不开游牧生活对哈萨克人的恩典。食以肉食、奶食，且奶制品多种多样，哈萨克人制作的马奶酒不仅成了名贵饮品，也成了哈萨克饮食文化的一大标志。

分享快乐的方式

物质生活之外，哈萨克人当然也追求精神生活。为了精神生活的多姿多彩，哈萨克人创作出了大量的诗歌和民间传说，其中最亮的一笔是众多的爱情叙事诗和英雄叙事诗，比如《萨里海与萨曼》《阿尔卡勒克英雄》《白颜少年与黑发少女》等等，仅爱情叙事诗已经搜集出版的就有近200部。此外，哈萨克族还有众多的工艺美术作品，他们善于在木器、银器、骨器上制作，造型能力别具一格。耳环、戒指及手镯，是女人们的最爱，刀具是男人的最爱。当然，哈萨克人也喜好音乐，能歌善舞，民间乐器有冬不拉等。哈萨克族青年男女精于骑术，男人们还喜欢摔跤、叼羊。"姑娘追"就是哈萨克青年男女最喜欢的一种马背上的娱乐游戏，而"叼羊"则是在哈萨克人中最具影响力的马上竞技项目。

哈萨克族的驯鹰术，在新疆多民族文化中，可是一绝。鹰是一种凶猛而灵敏的动物，

琴弦上的家园

驯服它并不是一件容易的事情，哈萨克猎手就有一套独特而有趣的训练技巧。他们多用网、夹子、套子捉来大鹰或小鹰，戴上面罩，关在笼里喂养一段时间，让它站在木棍上，摇它晃它，几昼夜摇摆之后，鹰头晕目眩，然后浇些凉水，差不多半个月左右，鹰就被驯化了。下一步开始喂食，驯鹰人把肉放在手上，鹰已饿得发慌，见肉就会不顾一切……然后驯它捕猎，把活兔子捉来拴在草地上，一次、两次，猎鹰出师。鹰捕猎前，不能过饱，也不能过饿，否则会影响鹰的战斗力，故而，哈萨克猎人总能满载而归。然后，人们会向胜利归来的他们撒喜果。"撒喜果"可能是哈萨克人最好的祝福方式了，那叫"恰秀"，来了客人，有了喜事，老人撒，年轻人抢着吃，是哈萨克人分享快乐最好的方式。

"七"在生活中的独特意义

哈萨克族也是一个对数字很敏感的民族，"七"这个数字在他们的文化生活中有独特的意义。从哈萨克民间文学作品中看，"七"是出现最多的一个数字，其含义总是泛指数目之多。哈萨克人常说"七头怪""七大魔鬼""七天""七昼夜""七年"，多半比喻征途的漫长、生活的煎熬、毅力的磨炼。哈萨克族还把"北斗星"叫"七个强盗星"，传说天上有七个强盗想盗走拴在北极星上的"两匹宝马"，被造物天神惩罚，永远钉在天上，不能动弹。

在日常生活中，哈萨克人也与"七"有不解之缘。婴儿出生后第七天，哈萨克人要给新生的孩子举行摇篮礼和命名礼。从小孩子记事起，父母就给他们灌输前人七代的姓氏。有哈萨克谚语说："不知七代列宗者，父母不教之过。"以此说明不知道七代祖辈姓氏，是缺乏教养的人。所以，年轻的哈萨克人订婚时，都十分注重双方的血缘关系，通常，同一部落的男女，七代之内是不能通婚的，必须"天隔七代"，"地隔七水"（即隔七条河）。所谓"天隔七代"，哈萨克人认为七代之内都是亲骨肉；所谓"地隔七水"，哈萨克传统中常有哺乳期的母亲奶养别人的孩子，他们认为，吃过同一个母亲奶的孩子不管是否隔了七代，都如同亲骨肉。过去，娶妻的人要花七十七匹马，才能娶到媳妇。家有丧事，哈萨克也讲究"七"，"入葬七土"为安，就是死者安放后，送葬的人都要下铲七锨土，第七天为死者举行"头七"祭祀。

热情而好客的民族

人们都说哈萨克是一个热情好客的民族，这话一点儿也没有说错。平日里，路人相见，总要互致人畜平安，这与哈萨克人从事游牧生产密切相关。一年四季，逐水草而居的哈萨克人，身在大山大水、荒郊旷野中，面对苍天与大地，对同类的依恋，可能是与生俱来的。尤其转场迁徙的哈萨克牧民，对前来拜访和投宿的客人，无论相识与否，总会热情款待。哈萨克人认为，如果在太阳落山时放走客人，是件可耻的事情，会被亲朋邻里耻笑。作为主人，哈萨克人待客也有自己的一套完整的礼仪，为常客宰杀羔羊，是常见的礼仪；为至尊的客人宰杀马驹便是上等的礼遇了。

哈萨克人饮食文化中最大的一个亮点，应该是对肉食的食用方法了。他们有一整套完善的肉食规则，细到动物的每一块骨骼。首为上，蹄为下；主骨为上，辅骨为下；客人有客人食用的肉骨，家人有家人食用的肉骨；男人有男人食用的肉骨，甚至于老人小孩，过门的儿媳，上门的女婿，食肉都有说法，程序严谨，绝不能出错。如果上菜的人搞错了程序，上错了肉骨，会带来不必要的麻烦，严重的时候，有可能毁了一次美好的宴请、一项重要的仪式、一次重要的会谈。所以有客人来时，在杀羊前，主人总要先把羊送到客人面前，让客人为大家请福，待进餐时，客人便会得到羊头。客人接过羊头，要用小刀先割一块面颊肉，献给主人家年龄最大的长者，再割一块羊耳朵给年龄最小的孩子或主妇，随意割一块肉给自己，再把羊头奉还给主人，然后主客围坐，食用盘中肉食，细

饮马奶酒。马奶酒味道清香醇厚,既能解渴,也能充饥,还能医治轻微的肠胃病和其他慢性病,维生素含量比牛奶多好几倍,是牧民防寒助食的极好饮料。夜晚,广袤的草原特别静寂,幢幢毡房一片温馨,客人被安置在毡房正面的上方住宿,纯朴、敦厚、诚挚的主人,还会给客人讲述草原的新气象和美丽动人的故事与传说。

这是一个童话的世界,童话的主人是中国古老的民族——哈萨克!

文/叶尔克西·胡尔曼别克 图/宋士敬

帕米尔之巅的迷宫城堡：勒斯卡木村

在帕米尔高原，对于散布在河谷之间和漫滩草甸的大多数人来说，勒斯卡木是一个遥不可及的存在。隐蔽在重重大山之中的勒斯卡木是一个仅有200名居民的小村子，牦牛蹄子下的一条山道是这个小村子与外界唯一的沟通。

眼前的山路越来越窄了，纤细的路像淡淡的彩虹般若隐若现通往山谷深处。有时，甚至道路突然就消失在眼前，只剩下四周空旷的山野。马走在盘山道上，身边就是悬崖。从塔什库尔干骑马出发已经两天了，一路上十分荒凉，渺无人烟，轻易看不见飞鸟在高山上空盘旋，因为大山顶上空气稀薄，气候寒冽。这条小路只有四五十厘米宽，一边是高山，一边是六七十度的山崖，崖底是汹涌的河流，帕米尔不是向每个人都敞开怀抱的。我是在伊力亚这个25岁塔吉克族青年的带领下，才有机会前往勒斯卡木，这个帕米尔高原的村落。

一路上只有一些覆盖在山体上的灌木植物展现着生命的迹象，不时可以看到路边动物的白骨。帕米尔，一个存在于人类想象之外的高原，就绝对海拔高度而言，帕米尔高原并不适宜人类生存。然而，在那些高山之间有一条条纵横分布的峡谷，其海拔高度相对较低，形成了河流和草甸。一些稍稍宽阔的河谷就成了塔吉克族人最好的、唯一的聚居地选择。

一座又一座的高山，模糊的道路像迷宫一般伸延至帕米尔的心脏——勒斯卡木村。爬过无数高山后，夕阳西下时终于到达了勒斯卡木，这个藏匿于山谷与黄昏之中的村落。站在山顶放眼望去，黄昏的阳光像海水一般浸泡着勒斯卡木。在空旷的山谷中没有高大的树木，只有一些矮小的灌木。因为缺少木材，所以勒斯卡木村民的房屋只能用石头来堆建。山谷、石屋、羊群与村民都被镀上灿烂的金黄，勒斯卡木飘逸着一种虚幻的色彩。

几间用石头搭建的石屋，一条河流和几个孩子是我对这里的第一印象。难以想象，塔吉克族人追寻生存之地的足迹竟然没有遗漏如此偏僻的小山谷。伊力亚指着山谷说这

里就是我的家。零星的狗吠声回荡在山谷中，有人从石屋中钻出来向我们招手。

下到山谷中后，伊力亚和村里人相互用右手捂着心口问候，装束奇怪的我引来各家狗的狂叫。一只黄色的大狗冲到我面前凶狠地龇着牙，我站在原地紧紧地抓着我的背包，高度戒备它扑上来。正在僵持时，一个塔吉克族女孩跑过来抓住狗，胆怯地望着我，好像生怕我会伤害她那只凶悍的狗一样。伊力亚走过来向我介绍这名女孩，热娜，吐尔洪的女儿，就要成为新娘了。热娜打量了我一番，牵着她的狗跑开了。

这里的妇女都喜欢穿红色的服装，而男子基本都是绿色的大衣，在青灰色的山谷中分外显眼。伊力亚一路和村民们握手相互问候，向村里的长者介绍我这位远方的客人。塔吉克民族属欧罗巴种的雅利安人的后裔，他们的面部平滑而有棱角，眼睛深陷。在那些黑红色的面孔上有着明亮的眼睛，仿佛可以从中看到帕米尔的渴望。我握到了每一双粗糙的手，坚硬得像甲壳一样的手。

村子西边的一座矮小的石屋就是伊力亚的家。伊力亚这个单身汉的家很简单，一张床、一个锅灶、一个简单的立柜，就是这个家里的所有家当。高原的夜晚很冷，尽管我紧裹着伊力亚的棉被但还是难以入睡。我的高原反应已经好了很多，但还有一点儿感冒。伊力亚起床，往火炉中又加了一些木柴。依然无法入睡，我和伊力亚开玩笑说你们塔吉克族女孩真漂亮，就像热娜。伊力亚认真地对我说，外面世界的女孩才是真正的漂亮。

帕米尔的祝福

这里基本没有任何现代文明世界的迹象，生活都是最原始的状态，每天饮用的水是在村边的河里直接打来的。

很多人认为牧民放羊，所以应该以羊肉为主食，其实帕米尔高原上的塔吉克族牧民生活很艰苦，羊群是他们赖以生存的根本。牧民舍不得宰杀羔羊，一年也吃不上几次羊肉，这里最常见的食物是玉米饼。不同于蒙古族牧民，在中亚的各个游牧民族中，塔吉克族人的草场位于垂直植被带的最顶端。在这个海拔高度，加之高原特定的气候条件，单一的游牧很难支撑勒斯卡木村人全部的生活。因此塔吉克族人在高原河谷间的不断寻找与开拓耕地成为必需。我所见过的最小的地块儿甚至不足一平方米，但勒斯卡木村人依然为了生活执着地种上一些小麦或青稞。

伊力亚是勒斯卡木村唯一没有土地的居民，他每天的工作就是带着一个小黑板和一盒粉笔去村里的各家各户，教孩子们认字，伊力亚是勒斯卡木唯一的老师。因为一个人，伊力亚的生活也简单到了极致。

年轻的伊力亚身上有着一种独特的活力，这也使得他与勒斯卡木村民们有些格格不入。除了教书与照顾自己的11只羊外，就是带着我走访每户老者。塔吉克族男人每天必做的一项工作就是走访每一户老者，向老者送上自己的问候与祝福。塔吉克族人的祝福是那种小心翼翼的，轻微的祝福，好像怕被帕米尔群山听到一般。除此之外，伊力亚基本就没有什么事了。他常常背靠石屋，遥望远方的群山陷入沉思。伊力亚偶尔和我聊天

都是向我打听北京，问我北京和这里有什么不同。

伊力亚断断续续地说着勒斯卡木，他向我说起了喀什，他所去过的最遥远的一座城市，他念念不忘地说喀什什么都比这里好。最后我问他想过离开吗，他慢慢地沉默了。

时间在勒斯卡木是苍白的，像山谷间的河水一般缓慢地、略带温情地流动着。帕米尔高原有着唯一一处高原旧石器文明遗迹，这是高原最早的古人类的一处烧火遗迹。这处遗迹距今8000年至12000年，至今在人种迁移学说中无法解释。

每到黄昏，勒斯卡木村人都喜欢聚会喝茶。一杯酥油茶、一支土烟就是一次聚会的开始。在石屋中时间像天空中凝固的云朵一般。人们沉默地吸着土烟。一缕阳光从一扇小石窗中射进来，洒在勒斯卡木村人安静的面容上。人们对于我的到来感到惊奇，却没有人问我为何来这里，只是默默地把最好的酥油茶不停地倒入我的茶碗。在他们很少的言辞中透露着关于这个村落简单的信息，库尔班家的两只羊跑丢了，哈拉罕病逝了，明年热娜或许就会为这个村落添个孩子……

作为最典型的高原文化类型，勒斯卡木村人在替整个人类做一种最极端的体验和尝试，如同极地的爱斯基摩人和赤道周边的各个部族。在他们的交流中很少听到关于羊群或者庄稼的话题，这就是勒斯卡木的存在方式。

太阳信徒

勒斯卡木可能是这个世界上最大的村落，这个山谷就是勒斯卡木村，从村的这头牵着牦牛走到另一头需要三天的时间。为此，我打消了走访勒斯卡木每户居民的打算。

在走访过勒斯卡木村的大多数人家后，我依然无法得知这座村落的历史。或许这里和帕米尔众多深山中的村落一样，只是在遥远历史中的某一天，一个牧羊人寻找羊群时所发现的。然而，我在斯拉木老人那里听到了一种勒斯卡木式的记载方式。

斯拉木是村里年纪最大的老人，他已是一位风烛残年的老者了。每天中午，老人都会走出石屋，坐到村口的石头上晒太阳，眯着眼睛，望着太阳。

我拜访老人，与老人握手时才感觉到老人的手很奇怪。斯拉木微笑着把手伸出来让我看，原来是一只畸形的手。斯拉木老人很随和健谈，笑起来时花白的大胡子在微风中颤动，我很快和他成了朋友。我向斯拉木询问这座村落的历史，斯拉木没有能够告诉我，但他却用另一种让我惊奇的方式讲述着勒斯卡木的故事。

800年前的另一次旅行让帕米尔为世人所知。具有传奇色彩的意大利探险家马可·波罗和他的《马可·波罗游记》第一次向世人展示了帕米尔这片古老的高原。在《马可·波罗游记》中这里就是一片充满远古时代气息的不毛之地；在《山海经》中这里更是各种妖怪层出不穷。然而就是这样一个高原，在它的历史中也时刻被战争的烽烟所笼罩。君王的刀剑不是争夺帕米尔的黄金，而是争夺它重要的军事价值。帕米尔身处亚洲中央，傲立于几大文明板块的夹缝之中。地理位置决定了它的易守难攻。在古代，谁拥有帕米尔，谁就可以寻求亚洲之王的王冠。

历史离去得太快，烽烟散去，圣洁的帕米尔只剩下一些残破的君王梦。塔吉克族人对这些征战不感兴趣，千年的部族生活早就让他们知道帕米尔是没有人可以征服的，他们只是希望再也不要让战火附加在他们早已沉重不堪的生活上了。

千年过后，塔吉克族人的生活并没有发生太多的改变。人类早期的经历和寓言像琥珀一样被保留至今，这里的生活以一种粗线条存在。我试图去理解是什么原因让勒斯卡木村人热爱并坚守着自己的家园。斯拉木告诉我答案，太阳。

塔吉克族人的图腾崇拜是太阳，任何一个到这里来的人不用听勒斯卡木村人说都会理解这种崇拜。我每天早晨6点就会被冻醒，虽然火塘的火还很旺，但依然无法抵御这3000米高原的寒冷。太阳是最直白的温暖,太阳给予塔吉克族人最可贵的是心理上的依赖，

多 元 文 化 汇 聚 精 彩

是希望,是对生活的珍惜。除此之外日照时数的多少,雪季的长短,草长的好坏……其间,最终极的原因就是太阳。因为帕米尔特殊的地理位置所造成的封闭,当世界上其他地域与文化的族群已远离日神图腾的时候,在塔吉克族人的心中最重要的依旧是太阳。同样,1200年前强势的伊斯兰文明沿着丝路古道迅速蔓延,帕米尔的塔吉克族人在接受先进的伊斯兰文明后依然保留并延续着太阳图腾的崇拜意识。

但是,也正是太阳束缚着他们的生命。来到勒斯卡木一个月后我感到身上的皮肤刺痛发痒,发现身上裸露在阳光下的皮肤开始出现细微的皲裂。

帕米尔之子

村里人们谈论最多的是热娜的婚礼,对于这个只有200人的村落来说这是一件大事,是整个村落的节日。热娜就要出嫁了,在勒斯卡木,孩子的童年是短暂的,从模糊的孩提时代到成人只有短暂的几年。没有学校,只有伊力亚这个"乡村教师",童年的记忆像风吹过这片山谷一般不留痕迹。

在帕米尔高原，一个人是很难应对生活的，需要两个人的力量来共同维持高原的生活。婚礼近在眼前，家人都在为婚礼做准备。热娜一个人和她的大黄狗坐在石头上晒着太阳，无聊地踢着脚边的小石子。我走过去，大黄狗懒洋洋地看了我一眼，又趴下晒太阳。

要嫁人了，热娜的未婚夫是一位20岁的塔吉克族青年，小伙子脸上的青春痘透露着和热娜同样的喜悦。

热娜的婚姻并不是让所有人都感到喜悦的，我知道其中的秘密。她曾经的老师——伊力亚的祝福带着一丝无奈。说起热娜的婚姻，伊力亚先是虔诚的祝福，之后，他又长长地叹口气望着他的羔羊说热娜要嫁人了，剩下的都是孩子，还要等她们再长几年，就像等待羔羊长大一样。我开始有些理解伊力亚对于家园的怨恨了。

热娜的父亲吐尔洪，从不认为勒斯卡木村人生活艰苦或者勒斯卡木有什么不好的，除了向我讲述他们塔吉克族人的光辉传统外，他对自己女儿婚姻满意的神情丝毫不加掩盖。他认为他们的生活很好，他时刻感激着帕米尔的群山，他说帕米尔给予他们的已经太多了。他们有自己的信仰，有自己的生活方式，吐尔洪指着太阳说，100只羔羊也无法换取他在安拉面前的坦然。或许吐尔洪说的并不是没有道理，勒斯卡木没有人会犯罪。

不是有某种约束力量。因为人们内心信仰力量的强大，面对困境与死亡时人们不是恐惧，而是一种谨慎虔诚。生命在这里过于脆弱，自然的力量是强大的，帕米尔高原的各个村落至今还普遍流行着用羊骨头占卜。或许就是因为这种对自然的臣服维护着塔吉克族人的信仰与生活方式。

月光与盐

伊力亚趴在土床上抽着土烟，煤油灯晃动的火光把他瘦弱的影子夸张地刻在石墙上。他让我讲讲外面世界的故事。我说了很多外面的事，但伊力亚都没有兴趣，很久后他抬起头望着我，让我说说外面女人的事，我和他相互望了一眼都笑了。无论任何民族或者种族，只要两个男人在一起就无法回避女人这个话题，我和伊力亚同样。

夜色很深，山谷中一片寂静，只有微弱的风声响起。伊力亚有两个世界，一个是勒斯卡木，一个是遥远的外界。伊力亚对我说起了3年前他和喀什的故事，一个关于渴望，或许爱情的故事。在喀什的那个晚上，他游荡在喀什的大街上，从一条街道游荡到另一条街道,试图去感受帕米尔之外的这个世界。他说他走到了一座有着一面玻璃墙的房子前，里面透着暗红色的灯光，有很多年轻女孩在里面。他被这个奇怪的房间所吸引，这时一个穿着黄色短裙的女孩走到窗前对他微笑，向着他挥手。伊力亚仔细地向我描述那条黄色短裙，仿佛就像斯拉木说起太阳一样。故事的结尾是美丽的女孩突然到来，伊力亚吓跑了。

夜晚久久无法入睡，我在思索那条通往外界的路在哪里。帕米尔最残酷的不是恶劣的自然环境，而是特殊的地理环境隔断了人们的交流。

困惑的对面就是希望与欢乐，勒斯卡木村人的喜悦是狂放的，就如同那些灰色山谷中的红色装束。严酷的高原环境使人的生存无法独立存在，也造就了勒斯卡木村人无论是在生活上，还是情感上的紧紧相依。村里吐尔洪家举办了一场舞会，是献给阿瓦罕的舞会。阿瓦罕的儿子阿里年初生病去世了，他是老人唯一的儿子。现在，热娜要结婚必须经过阿瓦罕的同意，阿瓦罕收起眼泪并为热娜祝福，只有这样热娜的婚姻才可以受到村民的认可。

在石屋中热娜低着头,阿瓦罕缓慢地将那只爬满皱纹的手放在热娜头上。就在那一刻，有一种莫名的力量使热娜的脸上瞬间失去了孩子气，成为一个可以背负帕米尔生活之重的主妇。阿瓦罕摸着热娜的头送上了自己的祝福，顿时手鼓与歌声响起，人们开始了欢庆。

在吐尔洪家门口人们开始唱歌跳舞，悠扬的歌声回荡在山谷中，喜悦飘出了群山。

村民们跳的舞蹈是鹰舞，是塔吉克族人模仿鹰编排的舞蹈。帕米尔的圣山挡住了人们的目光，人们希望能像鹰一样看到这个高原之外的生活。伊力亚兴奋地跳着，挥舞着双臂，青草缓慢地生长着……

阿瓦罕没有加入欢庆的队伍，收起眼泪却无法收起悲伤，她独自离开。我跟随老人回到她家中，在她家门口为她拍照。那个沉默的、饱经沧桑的老者抱着她的孙女凝望着我的镜头。一瞬间，一种人性的力量与关于个体的尊严使我终于明白了塔吉克族人对于家园的爱。

就要离开了，我依然无法辨认来时的路。临走时我再次问起我的朋友伊力亚，是否考虑过离开这片山谷。伊力亚说这里是他的家，他说他无法离开这里。我知道他的心中没有那条通往外界的路。我望着那些通往外界的山路，没有了伊力亚的身影，洒满了月光与盐。

文·图／韩刚

喀什的三种时间

有人说，喀什有两副面孔：老城和新城，因此，喀什也有了两种生活，两种时间。起初很是认同，去喀什总会去两种时间里徜徉一番，然而，现在这个理念改变了，喀什已经变成三副面孔：老城、新城、特区。随之，喀什有了三种生活，三种时间……

喀什老城厚重的土墙挡住了嘈杂，在深邃的小巷里，时光似乎停滞了

"你可以一眼望穿乌鲁木齐的五脏六腑，但你永远无法看透喀什那双迷蒙的眼睛。"作家周涛笔下的喀什，无限神秘但更令人神往。喀什老城俨然是城市里的村庄，泥巴糊的房屋、迷宫式的小巷、古老作坊里的手艺人、闲聊的妇女、奔跑的孩子，这些与喀什市附近的乡村很是相像。老城最多的艺人是土陶艺人，他们固守着古老的手艺，悠然地活在一千年前的时间里，他们在时光里沉浮，仿佛与自己的祖辈在土陶手艺里相会。

喀什的小巷很有名，小巷虽是七拐八绕却又有章可循。提起小巷不得不提小巷所在地高台民居，高台民居维吾尔语译为高崖土陶。既然被译为高崖土陶，肯定有它的来历。随行翻译伊拉木随手抓起一把高台土让我看，我笑了起来："这不就是土吗？"伊拉木也笑了起来："你当然看不出来了，这儿土质细腻、黏性强，最适合制作土陶，鼎盛时期，高台上有近百家土陶作坊呢。"

谈笑间，我们上了一个弯弯曲曲的石板台阶，进入了一条有名的小巷，说它有名，恐怕只是因为小巷深处的两户制陶人家，一户是已经去世的祖侬老人，一户是年轻的吾买尔江兄弟。他们掌握着一门在这座城市里面临失传的手艺——制作土陶器皿。祖侬是第六代，而吾买尔江兄弟则是第七代传人。

小巷的尽头就是吾买尔江兄弟家，哥哥艾尼瓦尔·艾力每天在作坊里制作，弟弟吾买尔江·艾力负责出售。一走进院门，迎面就是四五百年历史的土陶作坊，这是一间完全由土坯盖起来的小屋，推开低矮的木门，房间光线昏暗，仅仅靠对面的一扇巴掌大的

窗户照明。我适应了好一会儿，才顺着吾买尔江指点的方向看清整间屋分了两层，我们站在制作土陶的作坊上层，底层是烧制土陶的窑。

艾尼瓦尔·艾力坐在靠墙的坑里，这坑内置一圆形轴盘，与地面是平的，人坐坑里，踏动轴盘下面的机关，轴盘便转动起来，将和好的泥坯放在轴盘上，蘸上水就可以制作土陶了。上前转动了一下轴盘，看着艾尼瓦尔·艾力和着泥巴的手不停地搓动着，祖祖辈辈，在这轴盘上转了几千年的光阴……右边靠墙的是一个圆洞，下面正是烧制土陶的窑，往下放需要烧制的土陶，往上取烧制好的土陶，窑口边的墙面上搭满了小木板，做好的土陶坯胎就放在上面阴干。

艾尼瓦尔·艾力静静地坐在那里，专注地做着土陶坯子，只有古老的轴盘在沉闷地转着。从作坊走出，走进院子，那里摆放着很多完成的土陶，有盆、缸、罐、坛、壶、盘、碗、烛台、花瓶、油灯，土陶中最漂亮的是上釉的陶器，有黄色和绿色的釉，这釉上后，颜色通透明亮。这可不是一般的颜料，而是从叶尔羌河水冲刷的石头中淘出的宝贝，将石头碾碎后，加入特殊的成分，才是今天看到的釉。

多元文化汇聚精彩

说起喀什土陶，古老得可以追溯到新石器时代的工艺，这个最初仅仅是维吾尔族人盛水装物的日用器皿，在古城过去的岁月里，曾无比重要，无比辉煌，而今天却不可避免地被价廉物美、坚固耐用的铝制品、搪瓷制品、塑料制品所替代。

高台民居上的近10名土陶艺人，如今都已另谋生路，而吾买尔江兄弟却依然固执地坚守着这门手艺。吾买尔江脑子灵活，将土陶转变成工艺品，可以订做，可以刻上名字，并设计制作了许多小型漂亮的土陶，类似于传说中的阿拉丁神灯、小烛台、小花瓶，还有各种规格的土陶碗，让人看到后忍不住想买一两件带走。

喀什人喜欢在果园里烧烤，闻着果树的清香，用果树枝将羊肉熏烤。在烟雾缭绕中，这已经不仅仅是烧烤，更是生活的乐趣。

烤肉必须用红柳枝穿起，必须烧果树枝，这是维吾尔原始烤肉最基础的步骤。木头与肉的融合，成就了烤肉温暖的记忆。当然并不是所有的烤制品都必须燃烧沙枣树，烤牛和马鹿最好用梨树枝，如果实在没有，用核桃树枝也可以；烤羊和烤鸽子用沙枣树枝或杨树枝。这其中还有故事可说呢。梨树枝硬，不容易变形，压火的时间长，同样重量的树木，其他树木燃烧10分钟，梨树枝可以燃烧40分钟，烤牛或马鹿一般都需要6小时左右，时间长短正适合梨树枝燃烧。不仅如此，梨树枝中还蕴含着清香，那股清香似有梨子的味道，又似超越梨子的香味，随着梨木的燃烧，不仅馕坑里的牛或马鹿一直被清香包裹，而且这股清香持久飘荡在果园之中，随着时间的推移，香味从空中逐渐下沉，直到落在我们的鼻尖，引诱着味觉的冲动。

即使在喀什最朴实的乡间，每一个维吾尔族人都知道一个原则：无论用哪一种果树木烧烤，都必须砍老化的枝杈，决不能破坏有生命的果树。这不仅让我想起维吾尔族一个古老的职业——卖柴火，这在历史上早有记载，当年木卡姆之母阿曼尼萨汗的父亲就是这个职业，每天带着阿曼尼萨汗四处砍柴，然后用毛驴车装好，拉到巴扎里卖掉。直

29

到今天，在喀什的巴扎里依然可以看到装满柴火的毛驴车被砍柴人拉着在巴扎里寻找买主，而大部分的买主都是卖烤肉的生意人。将来随着时代变迁，不知道砍柴这个职业会不会就此消失？

喀什新城，正在退却乡村气质，百年前的领事馆成为今天喀什宾馆的地标，维吾尔族美食倏然摇身走进"皇宫"

迪力诺尔·玉素音头裹着纱巾，穿着长长的紧身裙子，从色满宾馆二楼长长的走廊走来，走廊两侧和顶棚布满石膏彩色花纹，摇曳的身姿仿佛从一个古老的传说中走出。

迪力诺尔·玉素音在色满宾馆工作25年了，她的丈夫依布拉音·色满拥有这家宾馆。依布拉音·色满的名字里也有"色满"字样，恰巧跟这条路同名，不过这只是巧合。宾馆以前叫色满庄，而距离宾馆不远处，有色满乡，这个乡里的村民很勤快，每天天没亮，就赶着毛驴车为喀什市居民送菜和瓜，而"色满"两字意为早早起床的人。很巧合，依布拉音·色满也是这个色满乡的村民，而他的父亲名字就叫色满，如今他又接手了色满宾馆，依布拉音·色满爽朗地笑了起来："看来我就是命中注定一辈子都得早早起床，一辈子都要跟这条色满路结缘。"

当年俄国人在领事馆里操纵着喀什甚至南疆地区的经济贸易，色满路就是当时经济贸易的一条"华尔街"，当时的俄国驻喀什领事馆则是这条"华尔街"上的"金融大厦"，不过现在那里已经是大门紧锁，游客们只能在昔日的领事馆外拍照留念，然后在色满宾馆的院子里看看当年两栋也属于领事馆的俄式建筑，它们一直闲置在那里，因为是历史文物，不能使用，又无法维修，就成为院子里的一道风景线了。

迪力诺尔·玉素音刚进宾馆上班时，当时的领事馆内还有少数家具，百年地毯、考究的木制家具，高高的椅背折射出当时的辉煌。迪力诺尔·玉素音向我描述了她记忆中

多元文化汇聚精彩

的俄国领事馆，房屋是很典型的俄式风格，全部是平房，厚铁皮尖拱盖顶，并在表面涂以绿色油漆，屋顶上有通风气窗；屋内铺设厚木地板，墙身厚实，并有大型玻璃窗；屋角内有外包铜皮的高大茅炉，专为冬季取暖用，建造别致，显出领事馆当时的豪华气派。

与色满宾馆异曲同工的是被称为"皇宫"的另一家餐厅，没有了果树的清香，烟雾在一角低调地翻滚，只剩下红柳枝孤独地走进金碧辉煌的"皇宫"，精致的石榴花花纹，古朴的十二木卡姆乐曲，时光慵懒起来，那一刻令人恍惚，这是遥远的喀什噶尔，还是今天的喀什呢？

餐厅是阿孜古丽和丈夫买买提·吐尔孜开的，是喀什市第一家大型维吾尔传统餐厅。皇宫，宫殿的意思，这也是夫妻两人对维吾尔美食最好的期望。不过，开业的第一年，人们对这座金碧辉煌的维吾尔族美食餐厅并不感冒，拌面抓饭烤肉，家家都会做，为什么要去这家餐厅吃呢？阿孜古丽不慌不忙，因为她知道，自己在菜单上做的那些类似于西餐的改进一定会收到奇效。果然，她从乌鲁木齐聘来的大厨带来了拌面抓饭烤肉的新吃法——酸奶伴着抓饭吃，饭后先吃甜瓜再吃西瓜……那些在国际上被称为养生的概念渐渐融入了这座古老的城市。

菜品变化了，阿孜古丽却更注重保持餐厅的传统风格。餐厅进门迎面就是一个高大的乐器柜子，里面放着各种维吾尔族传统手工乐器，旁边放置着一个陶罐，那是从和田皮山县购买的古董。在餐厅里的摆设中，依然可以看到大大小小的陶罐。除了陶罐，廊柱上的花纹、墙壁上的装饰画上还绘有各种维吾尔族古代建筑，以及石榴花、巴达木、葡萄藤图案的挂毯……

快到中午2点，3名手拿乐器的艺人走进餐厅，在餐厅正中的一个维吾尔风格的大床上盘腿而坐，调完乐器，喝了茶水润了嗓子，开始了正宗的喀什十二木卡姆的演唱："情人啊，如果你弹起琴，我就是你的琴弦；情人啊，如果你唱起情歌，我就是你的舌尖……"

多元文化汇聚精彩

除了这样的传统餐厅，因为喀什成为特区生意越来越红火之外，曾经门可罗雀的一些西餐厅的生意也突然火爆了起来。

喀什特区融合了老城和新城，又是凌驾于老城和新城之上，究竟是哪一种？抑或两者兼顾

"东有深圳，西有喀什"，仿佛一夜之间，来自国内外的投资商、游客包围了喀什，在走街串巷地搜寻美食后，一个叫作"一甸咖啡"的餐厅门庭若市，在这里，维吾尔美食与土耳其烧烤、西餐、中餐相融合，在轻缓的音乐中，在现代化的厨房里，彻底丢弃了烟火尘土的维吾尔族传统美食，此时，一甸美食开始呈现国际范儿，而一甸门前的那条色满路也成为最前沿的美食之路，在这条路上，维吾尔美食华丽转身，披上了西餐的长袍，此时，喀什是一座国际都市。

一甸咖啡取自伊甸园的含义，在这个乐园里不能喝酒，这也是秉承伊斯兰教义而定下的规矩。厨师长艾尼瓦尔是阿克苏乌什人，今年才27岁，英俊帅气，维吾尔语和汉语都非常流利，偶尔还会夹杂着英语交流。他曾在乌鲁木齐学了两年的民族餐饮，接着在

33

北京待了10年，学习土耳其餐、西餐。

　　一甸咖啡紧邻着艾提尕尔清真寺，两者看上去却非常协调，就像一甸咖啡的大门一样，第一道非常现代，第二道却是维吾尔古老的大门，至少经历了百年的沧桑，斑驳古朴的痕迹让人恍如走进喀什古老厚重的历史之中。进入餐厅时，已经是傍晚用餐时间，灯光很暗，在淡黄的灯光之下，当地的维吾尔族、外地的游客、国外的客人……各种肤色、各个地域的食客汇聚在一起。

　　喀什是个开放的城市，在西餐厅里，可以吃到正宗乡村师傅做的抓饭，可以尝到来自叶尔羌王朝的宫廷皇帝粥，土耳其的一米烤肉、两米烤肉，还有餐厅独创的核桃烤包子——用核桃、葡萄干、花生米等做馅儿。这多元复杂的滋味和喀什的味道一样，五味杂陈，不断创新，无论有几种生活，几个时间，最本质的东西却永远不变，那就是喀什噶尔的精魂所在。

　　特区在哪里，并没有具体划分区域，但可以肯定的是，喀什特区正是融合了老城和新城，是老城和新城的合二为一，又是凌驾于老城和新城之上、完全现代化的经济特区，

多元文化汇聚精彩

究竟是哪一种?抑或两者兼顾?

斯文·赫定在对楼兰文物进行认真研究后,确认世界上将中国、古印度、古希腊、伊斯兰四大文化体系汇流于一处的,是从敦煌到喀什的环塔克拉玛干古代文明区,而喀什,占据了其中最重要的一笔。

文/周磊 图/包迪 郭晓东 刘新

二、民俗风情让人陶醉

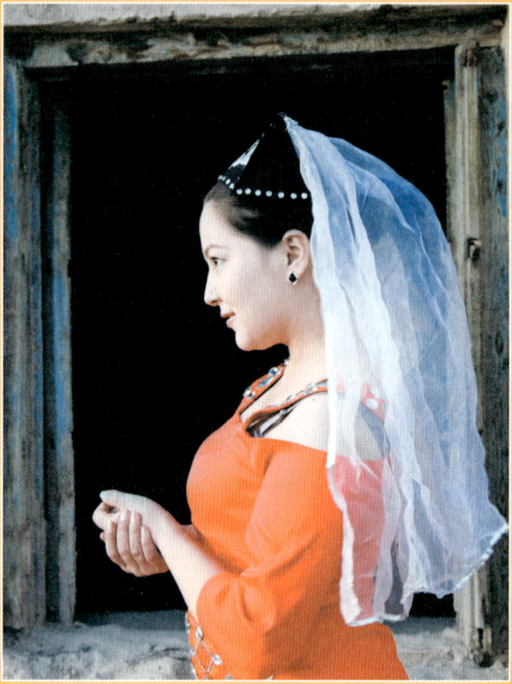

诺鲁孜节：欢庆春天的节日

新疆真的有一个自己的春节，而且这个节日也真的是在春天，时间是每年的3月21日前后春分日开始，到4月5日清明节结束。新疆的游牧民族或有游牧历史的民族都过这个节日，这个节日叫"诺鲁孜节"。

草原上的诺鲁孜节

这是一个欢庆春天到来的节日，游牧民族对这个节日的感情比较强烈。在深山中或大草原上，碰上冬天少雪而该返春时却大雪纷飞的年份，草场不能按时返青，或干旱使得草场只有一片片干土碎石，这时候，大批大批的春羔按时降生了。储存的冬饲料已经吃完，母羊奋力用前蹄去刨沙石里的草根充饥，没有奶水去喂羊羔，羊羔们饿得站不起来，抬不起头。忽而饥饿的羊羔跳起来，疯狂地原地转着圈子，直到一头栽到地上，蹬蹬腿死去——这就是"羊羔疯"。山鹰、狐狸、狼吃死羔都吃腻了，懒懒地蹲在地上，望着成片的死羔，打着饱嗝，眯着眼睛养神。遇到这样一个无情的晚冬，人们只能呆呆地望着饥饿的畜群和满山的死羔。即使是风调雪顺的好年成，被大雪困在冬窝子里的牧民们也窝着一团火，他们盼望着春天的到来，盼望着一夜醒来漫山遍野都绿透，他们可以骑上骏马在花团锦簇的草原上奔驰，与山外边的人见上一面，大家聚在一起向着大山向着草原放声歌唱。人们是多么渴望春天的到来啊！

当春天的阳光慢慢地消融了白色的积雪，草原就舒畅地伸了伸懒腰，从休眠中醒过来。向阳的缓坡上，绿色的草芽钻出了沙土，谷底下的小溪中，已有清冷的溪水在冰隙中哗哗流淌。人们也绷紧了闲散了一冬的筋骨，在草场和畜圈中忙碌，向着草原和大山大声地叫喊，拿出贮存了许久的食物，隆重地、放肆地庆祝春天的到来。

所以，在广阔的亚洲腹地游牧的古代牧人们，就发明了这样一个节日——诺鲁孜节。

塔吉克族的诺鲁孜节

特意介绍塔吉克族的诺鲁孜节,是因为塔吉克族与这个节日的起源有着很深的渊源。

塔吉克族把诺鲁孜节也叫"肖公巴哈尔节",意思是"新日""新年"或"新春",也可理解为新年的第一天。我国塔吉克人又将这一节日称为"且得其德尔",意思是"洒扫庭院"。

塔吉克人传说,伟大的加米西德大帝统治着由东至西的大片土地时,他创造了酒,创造了金碧辉煌的宝座,还创立了肖公巴哈尔节。相传,加米西德大帝正是在肖公巴哈尔节那天坐上他的宝座的,他举办了盛大的宴会。从此,每年隆重庆贺这一天相沿成习,以后便形成现在的肖公巴哈尔节。在中亚统治达230年之久的阿契美尼德王朝(公元前559—前330年)时代,当太阳进入白羊宫时,人们开始过肖公巴哈尔节。至今,中亚和西亚好多国家的民族都过诺鲁孜节。诺鲁孜节还是伊朗除古尔邦节之外最大最隆重的节日。

我国塔吉克族将肖公巴哈尔节这一天看作是吉祥日,预示着美好的愿望将随着春天

民 俗 风 情 让 人 陶 醉

而至。节日前夕,家家户户把屋里屋外打扫干净,清除一冬的污物,然后在屋里的墙上画上花纹图案。塔吉克人认为面粉是纯洁、高贵和神圣的,他们在重大的场合会把面粉撒在墙上或抹在人们的肩头,表示最诚挚的祝福。在肖公巴哈尔节这一天,家里的老妇人会用面粉在各屋的墙上抹出"V"字形的图案,作为节日里最郑重的祝福。

家家户户认真准备各种节日食品,并且一定要烤制一个过年用的大馕。节日期间,妇女们在家中待客,孩子们跟着男人去拜节,姑娘媳妇则携带节日油馕去给父母亲友拜节,热热闹闹地过三天。大家推举一位品行好的男性为"肖公",由肖公率领本氏族的人去各家拜年贺节。主人早已率全家人热情恭迎,肖公向主人道喜,这家的女性长辈将面粉撒在肖公及来客肩上以示祝福,请来客上炕,热情款待。第一道大餐是共同分享节日大馕,肖公将大馕掰成小块,念过祷词,众人一同品尝。

41

其他游牧民族的诺鲁孜节

对以草原为衣食父母的牧民来说，春天的到来就像又一次获得新生，因而对这个节日有着特殊的热情。柯尔克孜族在诺鲁孜节到来的时候，家家户户燃起篝火，由老人带头，一家人争先恐后地从火堆上跳过去，预示着告别严冬迎来温暖的新春。在节日里，柯尔克孜人还要宰羊，大家欢聚一堂庆贺一番。

诺鲁孜节到来的时候，哈萨克族有煮八宝粥的习俗。维吾尔族、柯尔克孜族、塔吉克族等民族也有吃诺鲁孜八宝粥的习俗。制作八宝粥的原料有肉、麦粒、大米、葡萄干等，游牧民族偏爱肉食和动物油脂，农耕民族偏爱粮食和干果。凡是家中有好吃的，只要是互不相克，尽可以拿出来一锅煮了吃。八宝粥是一家人祈祝一年丰收的信物，得由受到大家一致尊敬的老人来掌勺，一家人聚在一起，喜气洋洋地吃八宝粥，就像吃下了美好的期望。

闷在毡房里一冬天的人，这时都迫不及待地走出家门，互相串门贺节，到草地上去踏青，或者唱起歌、跳起欢乐的舞蹈。

已经返青了的草原上，年轻人聚在一起，玩起了叼羊、赛马、赛骆驼、姑娘追、摔跤等活动和游戏。

绿洲的诺鲁孜节

居住在绿洲的维吾尔人也过诺鲁孜节。新疆南部气温高，春天来得早，秋天走得晚。三月初，大地就冰雪消融了，农民们开始翻地、运肥，接着就开始了春耕。三月下旬，杨柳吐絮，野草发芽，到处是鲜鲜嫩嫩的绿色。天也热了起来，中午的阳光下，人们要穿衬衣了。

节日里，一些平常说得来的朋友相约在一起，抱着乐器，提着食物，走出家门，走

民俗风情让人陶醉

出城镇，走到野外的草地里，找个地方围个圈坐下，铺开餐布，摆好美味佳肴，弹起了乐器，大家放声唱起歌来。有人会趁着唱歌的间隙，动情地朗诵自己新写的诗歌。

维吾尔人的婚事虽然是由家长来决定，但他们崇尚纯洁的爱情，认为爱情是天赋人权、天经地义，因而尊重爱情，尊重年轻人的意愿，允许年轻人自由恋爱。诺鲁孜节这么一个富于浪漫色彩的日子，青年男女们自然不会错过。他们一双一对地走进树林，走下塘堤，走到田野中的小河旁，站在远离村庄的水磨坊边，说着他们自己爱听的话，唱着一万年也唱不完的歌。

这个时候，老人也不甘寂寞，他们拄着红柳拐棍慢悠悠地走到野外，找个土坡坐下，望着远处近处的绿色，看着天空的流云，呼吸着清凉的春风。如果是几位老哥们聚在一起，他们就讲笑话、唱歌，他们唱的是跟年轻人一样的歌。维吾尔人的情歌，年轻人唱，孩子唱，老人也唱。虽然不同年龄段的人唱起来感受不一样，情绪不一样，但总是让他们感到生活很美好，身上充满了活力。

《诺鲁孜节之歌》没有直接倾诉情思，它是诺鲁孜节的时候作为开场曲来唱的，歌中唱道：

　　没有度过严冬的百灵，
　　就不知道春天的珍贵。
　　没有受过苦难的情人，
　　就不知道爱情的可贵。
　　虽然没有诺鲁孜冬天依然过去，
　　但是有了诺鲁孜春天就更加美丽。
　　小伙子和姑娘们最喜欢诺鲁孜的来临，
　　他们在小河边歪戴花帽，

43

耳朵上插着红玫瑰。

就连穷苦的人都要放开喉咙唱歌，

就像一只老母鸡刚刚孵出了一窝小鸡……

喜欢欢聚一堂的维吾尔人，有了诺鲁孜节这么一个绝好的聚会由头，自然不会放过。他们还要在家里举办"奥图鲁希"，邀请朋友到家里来热闹一番。在诺鲁孜节的家庭聚会上往往会有这样一个节目：大家给圈子里最有表演天赋的一位朋友反穿上白羊皮大衣，脸上粘上用棉花做的眉毛和胡子，把他打扮成寒冬老人。寒冬老人边舞边唱，大多都是一些幽默歌曲，或者即兴编一些当面揭短的歌曲。

寒冬老人的表演在引人捧腹大笑的同时，也会招来众怒，大家一哄而上，冲上去扒下寒冬老人的大衣，撕下他的棉花胡子，给他套上单衣。有人会大声说："冬天走了，诺鲁孜来了！"

聚会又在欢歌笑语中继续下去。

哈密维吾尔族的诺鲁孜节

哈密维吾尔人把诺鲁孜节发展成为一个农耕文化浓郁的节日。当地人在节日期间以祭青苗的仪式贯穿始终，故有人也把哈密的诺鲁孜节称为"青苗节"或"青苗麦西热甫"（阔克麦西热甫）。

还在冰天雪地的时候，村里品德高尚、家境富裕的人家就应村民之请，用麦粒育出一盘青苗。在春分这天，村民们请出这盘青苗，载歌载舞，牵着肥羊在村里巡游，庆祝春天的到来。

青苗要传递到村里其他人家轮流供养。青苗到了谁家，这家的主人就会郑重地迎接

民俗风情让人陶醉

青苗，精心侍弄；村里德高望重者给主人和前来送青苗的村民祝福，大家唱歌跳舞祝贺。

清明节这天，大家选出一位清纯漂亮的小姑娘做春姑娘。大家将柳条抽去枝骨，做成柳叶冠戴在春姑娘头上，同样戴着柳叶冠的小男孩抬着春姑娘向人们祝福，人们向春姑娘献上杏花和桃花。

大家围坐在柳园中举行歌舞娱乐活动。春姑娘坐在木制大车轱辘上（寓意着四季轮回），由4个小伙子抬着，踏着音乐的节拍边行边舞，绕场一周，由德高望重者揭去春姑娘的盖头，春姑娘走入人群，与大家一起歌舞。

带有表演性质的歌舞娱乐开始。桌台舞是有着悠久历史的高难度舞蹈，得由艺人们表演；牵马舞是一种道具舞，通过为新娘牵马，表现农村的爱情生活，十分生动形象、风趣幽默。

歌舞娱乐活动的高潮是大家一起跳起欢快热烈的集体舞"哈密赛乃姆"。

在大家热热闹闹庆祝春天到来的时候，一部分人要到水渠边，将那盘青苗撒进渠水里，再来到田边，象征性地往田里撒一些麦种。而一群主妇则在树林中架起大锅为大家

45

煮诺鲁孜饭。诺鲁孜饭是用麦粒、玉米、青稞等煮成的五谷八宝饭，盛于馕上，人手一份，大家同食，以此祈求和祝愿当年五谷丰登、生活美满。

诺鲁孜节是一个没有宗教背景的新疆民俗节日，大家无拘无束地游玩，各个民族的朋友聚集在一起，其乐融融。其实在这种时候，大家都已经忘记了谁是什么民族，春天使大家回归了本真。

聚欢需要邀约。到了诺鲁孜来临的时候——每年的3月21日至4月5日，你别忘了约上你的朋友们一起享受绿色，享受欢乐！

文／程万里　图／韩连赟

新疆焉耆回族婚俗

新疆焉耆回族的婚俗和分布在其他地区的回族婚俗一样，既传承了宗教传统，又吸纳了其他民族的习俗，如女儿出嫁前夜的"离娘茶"，与娘家的亲人告别，感谢家人养育之恩；与闺中密友道别，感谢朋友的相助之情，接受亲朋好友对自己身为女儿身最后的教诲和祝福，这是从元代蒙古地区女儿出嫁前的"哭嫁"演变过来的。还有女儿出嫁凤冠霞帔坐花轿，上轿前双脚不能落地，怕把娘家的财气带走了，新娘由娘家舅舅或哥哥抱上花轿，这和中原汉族的婚俗相似。新婚那天撒红枣、核桃，也有汉族婚俗的影子。

说媒

在20世纪50年代前，一般男女青年婚事由父母包办，个别父母也有征求儿女意见的，但不起决定作用。婚俗程序是先由男方家请一位媒人带着糖、茶、干果等四色礼的红包袱到女方家提话（说媒），俗称"走红包"。"红包"一般有四色礼：糖，是甜甜蜜蜜之意；茶，是回味绵长之意；干果多为红枣和核桃，红枣代表喜庆，核桃则代表圆满。到结婚之日撒红枣和核桃的寓意是早生贵子，美满幸福。而前去求亲时，女方的家庭一定要考察的。要了解女方母亲的秉性和茶饭、针线咋样，尤其是锅灶很讲究，所以，媒人去女方家先进厨房看锅台、案板等厨房用品是否锃光瓦亮，应了那句俗语"一进门，四下里看，先看锅灶，后看人"，这家厨房干净，院落整洁，说明女主人是个麻利人，调教出的女儿也一定错不了，便开口说亲。

而女方家经过了解男方家庭情况，尊礼仪，家底比较殷实是首选，并向至爱亲朋和女儿征求意见，如果不中意，在媒人第二次上门时，婉言回绝，并退还礼物；如果还需进一步慎重了解，则托词延缓几天给话。一般在媒人第三次上门时，要做决定，如同意，女方父母就给媒人明确表示，并提出点定的另三位媒人，连原提话的媒人共为四大媒人。然后由男、女方请四大媒人共商定亲事宜，双方互通信息，择吉日下聘礼定亲。

47

订婚

定亲礼随男家心意,一般是依男方生活水平定。给准新娘的金耳环和戒指是一定要送的,还有两套时尚的衣服和一套化妆品。女方给准新郎回赠一套衣服。结婚前,如果恰逢穆斯林隆重的开斋节,准女婿还要去女方家送开斋礼,一般是给老人备四色礼,给准新娘一套衣服。

送大礼

定亲后通过媒人串联决定送大礼和结婚日期,大礼由女方提出自己心爱的穿戴、饰物、用具,写出礼单。通过媒人与男方家反复协商确定,在送大礼的同时决定婚期,然后男女一同去领结婚证。

如今,虽然儿女的婚事基本上是自由恋爱,可规矩还是要按部就班地进行,尽管是走形式,人们还是乐此不疲、一样不落地完成每个环节,不是为了显摆,而是强调对婚姻大事的慎重。

嫁娶

结婚这天,男女家都要搭喜棚,招待亲友。

上午,女方家先给新娘绞脸,即把新娘脸上额前的毛发除去,再打扮一新,然后打发新娘的弟弟或者小侄儿到男家新房门上去钉门帘,这表示女方已准备好,即将发亲了。

这时,新女婿由已婚青年一人做陪女婿(伴郎)及至亲好友十多人,前往女方家举行证婚仪式(娶亲),娶亲队伍到女方家后,先认亲,然后由阿訇念"尼卡哈"(证婚词)。1950年后,阿訇念"尼卡哈"前必须询问是否领过结婚证,还要由阿訇写"伊札布"(确认书)。阿訇念"尼卡哈"时会按教规询问双方是否同意结为夫妇,男方念"盖毕尔图"(愿

民 俗 风 情 让 人 陶 醉

娶），女方由窝其力（至亲）代答"达旦"（愿嫁）。在这个过程中，来参加婚礼的穆斯林亲朋好友们一哄而起，争抢起桌上的红枣、核桃等喜果来，据说红枣就是女孩，核桃就是男孩，谁抢得多，将来会子女双全，此时，婚礼达到了高潮！

1950年以来，发亲前先由娶亲来的人，将小面值的红包和糖果、花生、干果向围观的人抛撒，然后新媳妇由已婚至亲做伴娘，另有女方至亲送亲，并带上嫁妆（过去回族女孩长到十三四岁，母亲就要教针线刺绣，学会刺绣后，就要慢慢给自己刺绣嫁妆），嫁妆包括绣花衣裤、鞋袜、床上用品、木制油漆床柜、木箱或皮箱、首饰等。新媳妇娶来先摆开嫁妆让参加婚礼的宾客欣赏和品评新媳妇的针线刺绣手艺。从20世纪60年代起就免去了刺绣品，代之以衣柜、梳妆台、桌椅等。70年代陪送改为家具、缝纫机、自行车。80年代开始从洗衣机、收录机、黑白电视机，进而彩电、电冰箱及其他家用电器。现在

49

新结婚的90后，新房里电脑、液晶电视、环保冰箱、全自动洗衣机、微波炉、电磁炉也是样样俱全。

　　新娘上迎亲花车之前，新女婿由家族里品行好、相貌英俊、风趣、知书达礼、年龄相仿的陪女婿（伴郎）相伴，在女方长者的引领下向每个新亲戚说赛俩木（问好），表示认亲，并邀请新亲戚到婆家去"下汤"（认认门）。有人戏耍新郎和陪女婿，一会儿要行大礼，弯腰要九十度；一会儿抱个婴儿来让新女婿和陪女婿行礼，这时，不管娘家人怎么开玩笑，新女婿和陪女婿都不能急眼，这就看陪女婿解围的本事了。

　　当娘家的小辈在媒人的陪同下为新房钉上喜庆的红门帘时，就表明可以发亲了，男方家赶紧做好迎亲的准备。喜车快到男方门前时，男方客人要给公公反穿皮袄，倒骑毛驴，背上插扫把，脸上抹黑灰；婆婆戴纸糊高帽，耳朵上挂两串红辣椒。公公婆婆前往迎亲，也有的婆婆在彩棚前候亲。过去迎送新娘有"姑不娶亲，姨不送亲"的规矩。新郎要抢在新娘前进入洞房，俗称"占房"，表明从今天起，他是一家之主，要担当起养家的重任，要为自己的妻子提供衣食无忧的生活。

晚上要耍床（闹洞房），一般只限于青年和小辈之间，现在改为参加婚礼的青年人和新人一同唱歌跳舞，越热闹越好。

下汤

第二天一早娘家弟弟给新媳妇送"睁眼包子"，以示父母关心女儿，也是对女儿由女孩变成女人的一个美好祝愿，愿女儿从这天起用新的身份在新的环境开始新的生活。同时新女婿由陪女婿作陪到岳父家行谢礼，并在岳父家吃睁眼包子。新女婿吃"睁眼包子"，先要给岳父岳母道赛俩木，改口称之为"阿达阿妈"，所以"睁眼包子"也称"改口包子"，岳父岳母乐呵呵地给新女婿和陪女婿送上红包。这个时间也是娘家姨娘姐妹戏弄新女婿的机会，有的亲友和好事者还在个别包子中包上盐巴、辣椒等物，以试探新女婿是否精明，一般聪明的新女婿在陪女婿指点下，用筷子夹包子时审慎挑剔，否则就会夹上盐巴或辣椒馅的包子，只要咬开，不管多么难吃，新女婿都得吃下去，这会引起一场哄笑。

而还在婆家的新媳妇吃完"睁眼包子"后，由送亲的人领着先认公婆，改口叫"阿达阿妈"，公婆也会赠送比较贵重的礼物。然后，按照辈分一一认婆家的大人小孩，婆家人用娘家人戏弄新女婿的招数开始"刁难"新媳妇，给这个道赛俩木，给那个道赛俩木，一上午下来，新媳妇头晕眼花，压根就没有记住哪个是姨婆，哪个是姑婆，只是保持着端庄的笑容，有分寸的行礼。

中午，新女婿和陪女婿乘车前去娘家接新亲戚来新家，娘家人携带"下汤"的礼品去婆家拜访。礼品除了糖、茶、枣、核桃等干果的四色礼，娘家妈要呈上的"摆作"（礼物），有女儿待嫁时给公公、大伯子哥、小叔子的手工制作的千层底布鞋，公婆的枕头，婆婆和小姑子的是绣花鞋，那都要出自新媳妇的手。还有娘家妈一针一线为女儿和女婿缝制的衣物，有女儿的绣花盖头、绣花衣裤、绣花鞋，女婿的服装也是从头到脚准备齐全。在20世纪50年代前这种婆家七大姑八大姨品论新媳妇和娘家妈针线活的热闹场面还是常见的，而现在没有几个女人会女红了，"摆作"被成品服装和皮鞋代替了，只是没有了当年那份女孩出嫁前为婆家大小准备见面礼时的紧张、羞涩、担忧和向往的味道了。娘家的礼品是铆足了劲儿要给女儿争光，为的是让婆家感觉到新媳妇是娘家人的手心宝，祈盼婆家人要善待新媳妇。

娘家人摆完"摆作"就进新房四下观察，看看女儿房间的摆设，就怕女儿会受委屈。

婆家为了表示对新亲戚的尊敬，会摆上精心准备的"十三花果碟"，一般待客都是"九花果碟"，由婆家人亲手制作的各种小点心、油果子、糖、瓜子、葡萄干、杏仁等干果组成，品种多、样式美、口感好的果碟既表明了婆家人的诚意和重视，又体现了婆家人的经济实力，所以，娘家人是否有面子就看婆家人先上的果碟子。

撤去果碟子后，婆家就端上了传统的待客饮食"九碗三行子"，或"花席"或"面子席"，现在多数是上荤、素、凉、热搭配比较齐全的菜。这时候，新媳妇在伴娘的陪伴下给娘家大小行礼问好，娘家人为了给新媳妇长面子都会准备一份拿得出手的礼物给新媳妇。新女婿和陪女婿要围桌向坐首席位置的人道赛俩木，请大家开始用餐。回族待客是男女宾客分别就座，公公、婆婆要分别到男女新亲戚桌前说赛俩木，热情招呼客人愉快用餐。

过一个多小时，婆家人再次把娘家大小请上桌，端上一碗碗色香味俱全的"臊子汤"，摆上一大盘滑溜细长的手擀面，放几碟精致的小菜，这是"下汤"的最后一道程序，吃完面，娘家人与婆家商定好回门的时间就告辞了。

回门

第三天，新婚夫妇和公婆到女方家拜谢新娘父母，叫回门。回门那天娘家依旧是竭

民俗风情让人陶醉

尽全力用最高的礼节款待新亲家，旨在拜托对方善待自己的女儿。此后，婆婆还要带着新媳妇到娘家各亲戚家去认亲。所到之处亲戚礼节越周全，新媳妇在婆家的地位就越高，而新媳妇在婆家的表现也越加贤惠。婆家带新人告退时，娘家妈要给新女婿送上一份厚礼，给跟随来的小姑子和小孩一份礼，希望大家善待女儿，使她在婆家有个宽松的生活环境。

下四道面

第四天，娘家妈和舅母、姨妈至亲女眷（窝其力）带着几斤新鲜的羊肉和切好的长面，还有女儿出嫁前穿过的旧衣，新围裙，也就是送女儿进厨房"下四道面"。这天表面上是展示新媳妇茶饭的本事，其实是婆家验证娘家调教女儿的能耐，也从侧面反映了娘家妈的厨艺水平。女儿的厨艺强，受到婆家人的赞誉，娘家妈很风光；反之，则会颜面扫地。回族养女之道就是"孝敬公婆，相夫教子，上炕的裁缝，下炕的厨。"从小在妈妈家"娘家门上十个锅灶能玩转，婆家一个锅灶伺候难"的严格训导下长大的回族女子嫁为人媳，

53

不光要有好性格，孝顺公婆，奉茶端饭，还要在操持锅灶方面特别麻利，为的就是不能给娘家抹黑，处处体现出涵养。所以，在婆家做这顿饭，回族女子会倾尽全力施展厨艺，目的就是为娘家妈争光，也为自己在婆家立足争一席之地。

其他

婚后感情不和允许离婚，女方的代言人就是证婚人——窝其力达和妈。离婚后的妇女要等一百天后才能改嫁，这叫"守限子"。这样的规定，一方面是为了让双方重新考虑是否复婚；另一方面是查看妇女是否怀有身孕，以免酿成不必要的纠纷。

文／寇玉英　图／谭成军　董基春

婚礼甜蜜了整个牧场

秋天是深居在高原、草原里的牧民最为丰硕的季节，他们收获了牛羊，也收获着亲情。这个季节，无论是草原上的蒙古族、哈萨克族、维吾尔族，还是高原上的塔吉克族，结婚是一个家庭，甚至是一个民族最为盛大的节日。

新娘，从甜蜜的长调中走来

蒙古人的婚礼，是展示长调的最好场所，可以把男方、女方，接亲、送亲，哭嫁、迎嫁的各类程序，以长调的形式，演示得淋漓尽致，所以，观摩一场蒙古人的婚礼，无异于参加了一场长调的会演。

新娘高娃，是位相貌秀丽的蒙古族姑娘，新郎才登·巴力则是魁梧俊朗的蒙古族汉子。婚礼邀请来了许多不同牧区的长调高手，作为传统的民族婚庆，长调的介入，维系着草原最具特色的礼仪。

还没有跨进新郎家的院门，悠扬的长调声就已经缭绕耳畔了。两间屋子拥满了人，依据尊长，顺序落座，都是着各色蒙古袍服的男宾。屋中央的茶几上摆放着水果和糕点，一只牛角杯在歌者手中传递。一曲唱罢敬给老者，受敬者不会推辞，一饮而尽，而后接着再唱。一曲歌罢，酒杯又传给旁边人，以此循环，酒杯和长调始终不会间断，可以通宵达旦。歌词都是每位歌者依据自己的情感随性表达的，不尽相同，曲调也是随意选用的，没有重复，这使得婚礼上的歌唱，极具心理期待的独创性。

新郎进屋向长辈辞行，今夜他将去女方家接亲。三位长者高举牛角杯，三曲送别长调，伴着三杯酒下肚，一身豪气便依附在了新郎艳丽的蒙古长袍上，腰间配着彩带，头顶红缨帽，脚蹬高筒靴，与同样盛装的伴郎、祝颂人、接亲人等一同上马，驾驭彩车、携带礼品，才登·巴力气宇轩昂地策马出门，前往女家娶亲。

虽然夜已渐深，但行至女方家院门口时，依然听到了悠扬的女声长调。早有望风者折进通报消息。

新郎的随从赶紧从车上卸下一箱箱聘礼，推开院门时，新娘的舅舅已手举马鞭，等候门口，轻轻地抽打每一位进入的接亲者。

女方家客厅，十几位年龄不等的妇女围坐在一起，头发花白的老者端坐中间。伴郎端上方糖、茶、饼干让长者品尝，祝颂人向每位女尊者一一唱诵一曲接亲的长调民歌，新郎再依次敬酒。一轮敬完，再端上煮熟的大盘羊肉，歌声再起，酒从头再敬。两轮结束，再端上水果、馕饼，开始最后一轮酒歌，三轮唱罢，已是子夜时分了。

最后，新郎和伴郎手捧哈达、美酒，向新娘的父母、长亲逐一敬酒，行跪拜礼。礼毕，娶亲者入席就餐。晚上，再摆设羊五叉宴席，并举行求名问庚的传统仪式。在仪式进行中，长调和酒始终密切相随，直至深夜。

第二天一早，新郎要用各种办法敲开新娘房门，将送给姑娘的礼品用哈达一件件包好，一一递进房间，取得伴娘的同意后，才能进得闺房，将新娘邀请出门，向父母和亲人告别。

早晨告别时的《哭嫁歌》，是长调中最具感染力的。当新嫁娘手端酒杯，向着自己的爷爷奶奶、爸爸妈妈依依话别时，长调响起，以女声为主，凄切委婉、凝咽悲凉，竟有了生离死别的悲怆感。高娃已87岁高龄的老奶奶，一边拥抱着孙女抽泣一边低诵着歌谣，环围的歌者都已是泪迹斑斑，轮到告别母亲时，更是音律低回，忧郁苍凉，不能不使人产生悲叹和忧伤的情绪，高娃搂着母亲，早已泣不成声。新郎则毕恭毕敬地站在门口，等着新娘挨个告别完之后，才能进入室内。岳母会将一根蓝色布质的新腰带系在女婿腰间，以示从此将成为顶天立地、养家糊口的男人了。最长者——高娃的奶奶——手端着两碗洁白的鲜奶，回赠给两位新人，在祝福中话别。盖上红盖头，新娘由叔父或姑夫抱上彩车。新郎骑马绕新娘乘坐的彩车三圈，然后，在长调的旋律中，娶亲者和送亲者一同返程离去。

当娶亲队伍回到男方家后，新郎扶着新娘站立在家门口，在长者的主持下，用鲜奶

民俗风情让人陶醉

祭拜太阳和祖宗。然后,新郎、新娘双双穿过两堆旺火,接受火神的洗礼,以示爱情纯洁,生活兴旺。进入房间后,先拜佛祭灶,然后拜见父母和亲友。礼毕,由梳头大娘给新娘梳头、换装,等待婚宴开始。

婚宴通常摆设羊背子或全羊席,各种奶酪食品、糖果烟茶。婚宴开始前,由作为长者的主持人,高声宣读亲戚赠送的礼品,比如大姨妈送绵羊五只,二舅送骆驼一只,三叔送奶牛两头等,这些礼品都不在现场,但已经是属于这对新人的财产,可以随时到牧场去领取。宣读完毕,新郎提银壶,新娘捧银碗,向长辈、亲友,逐一敬献哈达、恭敬喜酒。喜庆长调成为渲染气氛的最好表达,此起彼伏,委婉悠扬,这时的长调以欢快和苍劲为主,一扫娘家话别的悲凉。小伙子们高举银杯,开怀畅饮;姑娘们伴随着马头琴,放声歌唱。宴席中央会空出一大块空间,酒过三巡之后,这里就成为舞蹈的海洋,在长调的旋律中,男女老幼踊跃登场,与其说在展示自己的舞姿,不如说是呈现欢乐的心情。

把一种艺术门类与自己的生活结合得如此协调而紧密的,非蒙古族长调莫属了,我们能从他们所表达的各种旋律中找到音乐的真谛,也找到快乐的归属。我想任何艺术从诞生的那一刻起,都承担着给人类带来愉悦的责任,长调从蒙古族人的身上找到了回应,就像我从长调的律动中找到了自己的激情一样。

宾客,在欢歌曼舞中如醉如痴

维吾尔族婚礼,都要举行一种"尼卡"(证婚)的仪式。新疆由于地区不同,举行的时间和方式也略有不同。南疆有些地区的"尼卡"是在婚礼的前一天举行,而北疆的有些地区则是在当天举行。这种仪式是在女方家。除了新娘、新郎、伴娘、伴郎及新娘新郎的父母和亲属之外,一般不邀请其他的客人。

为举行"尼卡"仪式,女方家要进行各种准备,除将屋子院内打扫干净外,还要准备馕、馓子、水果、糕点等各种食品，对亲家的人和亲属进行招待。

"尼卡"由阿訇主持，仪式开始后，男女两厢站定。新娘这时要放声大哭，和自己的母亲泪别，表示姑娘对母亲及家人的深厚情感。主持人会分别问新郎和新娘，是否愿意结为夫妻，是否永远相爱而互不抛弃等。一般要询问三次，新郎则是在第一次询问时就干脆而响亮地回答，表现出对女方的热恋和坚定。而新娘则要到问第三遍时才回答，而且声音很小，羞羞答答，其他人几乎听不到，只有身边的伴娘才听得清楚，而后由伴娘大声代替回答："愿意"。这时，人们会高兴地笑起来。新娘不愿意马上回答，并不是在犹豫，而是有意在逗逗小伙子，当然也有不好意思和怕羞的缘故。

在回答完问题之后，一位姑娘端出一个精致的托盘，上面摆着一小碗盐水，里面泡着两块小馕。托盘姑娘站在新娘和新郎中间，新郎和新娘当众抢着吃下碗里蘸着盐水的馕。刚才还低垂着头，扭扭捏捏的新娘，在抢碗里的馕时，境况却大不相同，她勇敢而果断，动作敏捷而迅速，这是因为谁先抢到馕，就表示谁最忠于爱情。所以在抢馕时，男女各不示弱，表示他们从此相亲相爱，携手踏上新生活的决心。这个仪式是为了纪念一个叫依布拉欣的圣人，他为人们找到了维持生命的盐。有了盐，人们才得以生存，所以维吾尔族人把盐视为一种珍品，倍加爱惜。而馕又是维吾尔族生活中不可或缺的重要食品。选择盐和馕作为"尼卡"的一项内容，比喻永不分离，白头到老。

"尼卡"结束后，男方回家筹备婚礼，下午要组织人马到女方家来娶新娘，隆重而又热闹的婚礼将在男方家举行。

下午新郎穿上结婚的礼服，打扮得英俊潇洒，新娘也装扮得如花似玉，头蒙面纱在家等候迎亲队伍。新郎由亲友们簇拥着向新娘家进发，路途近的可步行，路途远的可乘车或骑马。一路上新郎和小伙子们高唱欢乐歌曲，奏起各种民族乐器，兴高采烈地来到新娘家，新娘的女友们得知迎亲的队伍来到时，立即把大门堵上，索要礼品才允许迎亲

民 俗 风 情 让 人 陶 醉

的人进门。新郎和迎亲的人进屋后,新娘早已蒙着面纱等候在那里,新娘的女友们招待接亲来的宾客,并给每位宾客赠手帕等礼物。

当新娘离家出门时,和家人分别,并流下喜悦激动的泪水。这时女方的歌手模仿新娘母亲的口气唱起告别歌。歌词大意是请多多关照我的女儿,愿青年夫妻和睦相处等。唱完歌之后,同新郎来迎亲的小伙子便打起手鼓,弹起都塔尔等乐器,唱着喜歌走在前面,新郎和新娘分乘彩车随在后面。

接亲的队伍来到男方家之后,门口早已点燃一堆火,这火是用来避邪的。客人们分别夹起一点火炭,在新娘头上绕三圈。新娘向客人们分送礼品,然后绕火堆转一圈,才可登堂入室进入洞房。

第二天是婚礼的高潮,在男方家举行揭盖头仪式。这一天同样是在欢宴中度过的。女方家的亲戚到男方家去,男方家热情款待,用具有民族特色的烤馕、抓饭和羊肉招待客人。宾客们边吃边谈,异常兴奋,小伙子们更是情不自禁地弹起都塔尔引吭高歌,跳起欢乐的维吾尔族舞蹈。饭后,年长的客人们都告别离去,只有青年男女们留下,等待

59

为新娘揭盖头。

揭盖头时，男女双方的主要客人必须在场。女方客人在左，男方客人在右，同做"都瓦"（祈祷），这时男方有一客人（一般是妙龄少女），突然从人群中跑出来，轻巧敏捷地将新娘头上的面纱揭去，新娘的真容显露，整个新房便欢腾起来。欢乐的歌舞开始了，一对对青年男女，在手鼓和热瓦甫的伴奏下，踩着鼓点，和着乐曲，跳起传统的歌舞，新郎新娘在大家的邀请下，也步入会场，举步轻舞，所有在场的人都纷纷加入，当节奏渐急时，舞者观者情绪更加炽热，喝彩欢呼，此起彼伏，整个新房沸腾了，宾客们在欢歌曼舞中如醉如痴，直至夜阑人静，方尽兴而归。

赛歌会，庆贺草原上又一对青年人结合

哈萨克族结婚有一系列程序，主要包括说亲、定亲、送彩礼、出嫁和迎亲。婚礼中最热闹的是男女对唱"加尔加尔"婚礼歌。

举行婚礼时，草原上的亲朋好友都来祝贺。新娘子来到男方家时，陪嫁人拉起红色帐布，让新娘走在中间，男方家人出来迎接，女方家人这时将准备好的糖果、奶疙瘩等食品撒向人群，青年男女和小孩去拾完有喜气的食品。新娘和新郎来到父母的毡房正式举行婚礼，毡房中有一堆火塘，新郎和新娘在火塘前，面对正中向长辈和来宾三鞠躬。主婚人便拿着系有红绸子的马鞭子，在新娘面前唱逗歌。歌词大意：欢迎新娘的到来，祝福夫妻相敬互爱，尊敬老人，勤劳致富。唱罢，来宾们席地围坐，这时有一个在胳膊上系有各种颜色的布条，手持嫩树枝或马鞭子的男人走出来，随机应变地唱起风趣幽默的开场歌。新娘的婆婆则拿出"恰什吾"（即奶疙瘩、乳饼、糖果、包尔萨克等混合在一起的食品），一把一把撒向新娘和来宾们的头上，人们欢笑祝福，小孩子们拾拣"恰什吾"。在欢笑声中，歌手又唱起《揭面纱歌》。歌毕，揭去新娘的面纱，此时的新娘，屈右膝向

民俗风情让人陶醉

公公、婆婆、哥哥、嫂子等长辈施礼，人们争相观看新娘子的面容。歌手又开唱，歌词都是赞美新娘子如何美丽动人，祝福她幸福美满的内容。在这天，阿肯们和歌手进行赛歌对唱，一直唱到第二天红日当空。婚礼在歌声中开始，在歌声中结束。

哈萨克人的婚嫁，和其他信仰伊斯兰教的民族不同，不用毛拉主持婚礼，而是由伴娘、伴郎和大家一起唱歌，这种婚礼歌哈萨克语称为"加尔加尔"。它只有一定的曲调而没有固定的唱词，歌词都是根据现场的实际情况，随时编唱。每种歌都反映了不同的内容，也代表了不同人的心情。姑娘在出嫁时，因要离别自己的父母和兄弟姐妹，心情是悲切的，歌中倾吐了对亲人和故乡的留恋，对新生活的忧虑。如歌中唱道："我的新房安置在什么地方，那里像不像这里水丰草旺？虽说那里也有亲人，却不像在妈妈跟前那样无忧无挂。我走了，看不见门前的青松和泉水，请亲人们常把我去看望。"

当姑娘来到新天地，小伙子们唱《拜塔夏尔》，即《揭面纱歌》，使她跟亲人见面，表达亲人对姑娘的赞美。歌中唱道："新娘是个贤淑的姑娘，她的心像金子一样明亮。她是别的部落山上翱翔的雄鹰，她是别的部落湖山遨游的天鹅。啊唔！天生的一对，是我们的榜样，阿吾勒的人会把你请进毡房，你的阿吾勒就像天鹅飞翔……"

接着，歌中还要唱到新娘子怎样料理家务、尊敬公婆、跟邻居和睦相处等内容，然后用马鞭将新娘头上的面纱揭去。

新娘来到婆家，婚礼虽然结束了，但歌声并没有结束，在新婚的夜晚，人们还要聚集在一起，开展各种形式的赛歌会，以庆贺草原上又有一对青年人的结合。

同骑一马把家回

生活在帕米尔高原的塔吉克族青年男女，彼此表达爱情的方式非常有趣，通常男子在送给情人的荷包中装一根烧了半截的火柴棍，表示爱情之火已将他的心灼伤；女子给

意中人的信物中，藏一颗杏仁，表示已将心献给了他。

随后由老人出面提亲定亲，直至完婚。婚礼一般为三天。

决定婚礼顺利进行的人是谁？第一天青年男女都要将本村本年内家中发生不幸的村民请来，将一面手鼓放在他们面前，请他们擦去悲伤的眼泪，为新人祝福，如客人敲响手鼓，即表示同意婚礼如期进行。

第二天，新人所有的亲戚和男女老少都前来祝贺，女客每人带一些面粉，撒在主人身上，以示祝福。

这时户外已响起欢快的手鼓和鹰笛声。青年们有的引吭高歌，翩翩起舞；有的扬鞭策马，投入到激烈的叼羊赛马中。

下午新人们各自着装，按照传统，新郎新娘都要戴有黄白两色绸带的戒指，新郎头上还需缠黄白两色的绸带，直垂到肩。白色象征牛奶，黄色寓意酥油，取二者相融合之意，表示婚姻美满的意愿。新郎骑高头大马，在亲人的拥簇下伴着鹰笛和乐鼓声去迎新娘。沿途不时有年轻人窜出来，往新人身上撒面粉，以示祝贺。当迎亲队伍来到新娘家的门

民俗风情让人陶醉

前时,娘家代表迎候,给新郎献上放了牛奶的酥油,让新郎当众喝光,表示接受新娘家的盛情美意和新娘的甜蜜爱情。进屋后,新娘新郎交换戒指,娘家人设宴招待新郎和迎亲的客人。当晚由阿訇按照惯例主持"尼卡"仪式。之后,两家客人簇拥着新娘新郎来到一间宽敞的屋子通宵娱乐。

第三天,娶亲队伍与新娘父母和娘家客人告别辞行。新娘和新郎同骑一匹马,在亲人的簇拥下回到家。

此时,等候多时的婆婆亲手给儿媳端来两碗放了酥油的牛奶,儿媳需喝光才能下马。新郎新娘踩着新毯或新毛巾进入新房,客人则在新郎家又唱又跳,直到太阳落山才渐渐散去。

文/熊红久　图/赵登文

嫁出去的新郎　娶回来的新娘

手风琴声划开了晨曦，尖叫声、欢呼声惊醒了安静的青河小镇，打开窗户向外瞧去：原来是塔塔尔族邻居马斯胡提一家正在"嫁新郎"。

塔塔尔族的婚俗很特别，新郎要到女方家住上数月，称为"嫁出去的新郎"；之后再由新郎娶新娘回家，意为"娶回来的新娘"。这样的喜事，机会难得，不容错过，我迅速盛装打扮了一番加入到塔塔尔族女子玛丽娅和哈萨克族男子阿苏别克幸福甜蜜的婚礼现场。

缘起"撒班节"

叶尔兰是个热情的手风琴手，他将本民族的历史娓娓道来：塔塔尔族是中国人口很少的民族，名称最早见于《阙特勤碑》突厥碑文中，唐代文献称为"达旦"，之后文献里出现的"达达""鞑靼""达怛"，都是"塔塔尔"的不同音译。15世纪中叶，鞑靼建喀山汗国，居处伏尔加河、卡马河一带。20世纪初起，该族人部分迁入新疆，比较集中在伊宁、塔城、乌鲁木齐等城镇。另外，奇台、吉木萨尔、青河、阿勒泰等县的农牧区也有少数的塔塔尔族。根据第五次全国人口普查统计，塔塔尔族人口数为4890人。

人口比例这么小，塔塔尔族若选择本民族的配偶一定很困难吧。叶尔兰看出了我的疑惑："塔塔尔族虽然在相貌上与其他少数民族不同，但是和信仰伊斯兰教民族却有相通之处。塔塔尔语属阿尔泰语系，曾用过以阿拉伯字母为基础的文字，现一般通用维吾尔文或哈萨克文。"

2013年夏，塔塔尔族独有的"撒班节"（又称"犁头节"）在阿勒泰市举办，照例有歌舞，还有摔跤、拔河、赛马等集体活动，这其中最受欢迎的是"赛跳跑"。塔塔尔族姑娘玛丽娅和哈萨克族男子阿苏别克同时参加了这项活动。每个参加者将一个鸡蛋放在汤匙中衔于口内，鸡蛋不能落地，先跑到者胜。在两人默契的配合下，阿苏别克和玛丽娅一同跑

民 俗 风 情 让 人 陶 醉

到终点。在相互的对视中，两人彼此产生了好感，阿苏别克被热情、美丽的玛丽娅迷醉了。

在"撒班节"结束之际，当着大家的面，阿苏别克对玛丽娅说："从现在起，我开始追求你。"他的大胆、野性和霸气令玛丽娅羞怯，继而欢喜，她就是喜欢这样的男子，有爱有胆识。她答应在阿勒泰市逗留上几天以增进对阿苏别克的了解。三天里，他牵着她的手走遍了阿勒泰市的角角落落，在"姑娘追"的雕像边起誓爱她一生一世！

嫁出去的新郎，娶回来的新娘

塔塔尔婚俗里的"库拉克绥云切"，即媒人的三番五次登门求亲，得到女方家长允诺，男方再向女方下聘礼；聘礼下过后，订婚也有道道坎，需要考验真情、试探婚心、开箱订婚三阶段；如此上上下下持续一两个月之久。

这也是对相爱的青年男女之间耐心的考验和考量。

阿苏别克渴望早些与玛丽娅在一起，所有的考验都抵不过他真情的告白。在玛丽娅离开后，他度日如年，三天后他带着弟弟的朋友努尔扎提（媒人）一起来到青河县会见心上人；十天后，阿苏别克就要带玛丽娅见他的父母。

2014年3月，阿苏别克再次到青河县登门拜访，媒人阵容里又增加了朋友哈那提。陪着朋友相亲，是每一个年轻人都喜欢的美差，而哈那提更是有缘邂逅了美丽的塔塔尔姑娘阿依古丽（哈萨克语，月亮）。

2014年9月24日，新郎阿苏别克在8位伴郎及亲朋好友的陪同下前往玛丽娅家成亲。

青河县所有的塔塔尔族聚集在一起迎新人，也有哈萨克族、维吾尔族亲戚过来帮忙，他们中有的人是第一次参加塔塔尔族婚礼，都感到新鲜和好奇，纷纷用镜头将塔塔尔的婚礼场面记录了下来。

"因为随着时代的前进，传统的东西正在被演化和改进，塔塔尔婚俗很难再保持原汁

65

原味，像今天这样的婚俗场景也很难遇到了。"70岁的塔塔尔族扎开（音译）老人感叹道，"在新疆，不管哪一个兄弟民族，只要举行庆典和婚礼，都少不了塔塔尔族乐曲、民歌和舞蹈。过去塔塔尔族男女老幼都喜欢穿宽袖、竖领、对襟的白色绣花衬衣，领口、袖口、胸前绣着十字形、菱形花纹，色彩和谐又美观。在白色衬衣外，再套一件齐腰短背心，头上戴黑白两色的绣花小帽，下穿宽裆紧身黑裤，脚蹬长筒皮靴，如果再骑在高头大马上就显得威武又潇洒。"

站在老人旁边，听他回忆起当年率马队赶着马车迎娶心上人的情景，半个世纪过去了，他依然还记得妻子娇美的样子……

"唉，现在年轻人结婚都不骑马了，全坐的是豪华小汽车；也不再穿传统的服饰，都是西装礼服，老派的东西都不时兴了！"

"是呀，如果戴着花帽，穿上塔塔尔族传统服饰，新娘会更美丽。"摄影师遗憾地说。

这时，玛丽娅穿着一袭红裙前来迎新郎，"你终于要嫁过来了……"玛丽娅深情款款看着如意郎君。此时德高望重的长辈们开始做恰秀（当地的祝福仪式），那撒向空中的糖

民俗风情让人陶醉

果纷纷落下，吃上一粒，心甜蜜得都要被融化了。

新郎阿苏别克先要绕着玛丽娅家的院落转一圈，然后才到门前。而此刻新娘家大门紧闭着，阿苏别克要献礼物才能进去。等他进门后，坐到床边，与玛丽娅一起吃饭，互送喜钱。玛丽娅还要踏花毡，这是阿苏别克给她的礼物，也是他们将来生活的必需品。

结婚前，阿苏别克已把为新娘制作的全部服装、炊具、陈设和婚礼时使用的物品及自己的"嫁妆"送到女方家，其中包括给玛丽娅父母马斯胡提夫妇的礼物（称"克以特"）。婚礼在马斯胡提家举行。婚后，阿苏别克可以在岳父家住若干月，甚至一年；也可以在玛丽娅生过小孩之后再返回自己的家，塔塔尔族把这叫"克亦吾莱提吾"。

阿苏别克非常尊重塔塔尔族习俗，他先"嫁"到玛丽娅家，再按照哈萨克习俗将玛丽娅娶回去。

马斯胡提慈爱地望着女儿和女婿，眼睛笑成了一条缝。他不断地捋着胡须，嘴里一个劲地念叨着："好啊，好啊！"这一刻，他由衷地替他们高兴。

67

这时，弟弟牵来了一匹黑骏马，姑妈玛依拉端来蜂蜜水让新郎涂抹到马鬃上，意为新娘就如马鬃般温顺，以后日子如蜂蜜般甜蜜，同时也希望新郎像骏马一样奔驰在草原上，不忘塔塔尔族的游牧生活传统。之后阿訇诵经，并询问两位年轻人是否愿意，待男女双方回答"愿意"之后，再由阿訇呈蜂蜜水送给他们共饮，象征生活甜甜蜜蜜、夫妻白头到老，相伴相偕度一生。

爱的祝福

前来祝福的客人很多，陆陆续续地在当地最大的餐厅"阿克恰秀"会聚。天上下起了蒙蒙细雨，入秋的雨有些阴凉，但是喜悦荡漾在人们心间，站在雨里竟然没有感到丝毫凉意。

塔塔尔族对待女婿如同对待亲生儿女一样热情。阿苏别克在玛丽娅家居住期间，岳父、岳母要拿出上好的食品款待新女婿。塔塔尔族妇女素以烹调技艺高超著称，善于制作各种糕点。阿苏别克可以吃到"古拜底埃"（用面粉、大米加奶酪、鸡蛋、奶油、葡萄干、杏干烤制，其外部酥脆，内层松软，风味驰名新疆），还能吃到"伊特白西"（将肉和大米混合烤成的点心）。坐在干净舒适的家里，吃着玛丽娅制作的精美可口的馕，喝着风味饮料"克儿西麻"（类似于啤酒，是用蜂蜜发酵制成的）和"克赛勒"（用野葡萄、砂糖和淀粉制成），阿苏别克感到温馨和惬意。

阿苏别克和玛丽娅都接受过高等教育，也在努力继承和适应着传统的习俗，并在此基础上有所变化和创新。阿苏别克在阿勒泰市上班，相距青河县600公里，公务在身，他嫁到玛丽娅家来不可能住一年或者几个月，在短短的婚假里，他要尽快熟悉玛丽娅家里所有的亲人。

阿苏别克在岳父母家小住后再娶新娘回家，因为之前双方都已经协商好了，婚后他

民 俗 风 情 让 人 陶 醉

就带着塔塔尔族新娘玛丽娅回到阿勒泰市开始新的生活。

玛丽娅离开娘家，要带走全部嫁妆。玛丽娅的伴娘团也是豪华阵容，由8个貌美的女子组成。他们一路欢歌奔向阿苏别克的家，在接近阿苏别克家不到500米的时候，就看到了家门口站满了亲朋好友：他们端着糖果，手捧鲜花翘首迎接新娘玛丽娅，孩子们欢快地牵着红线上前拦婚车，玛丽娅和阿苏别克张开怀抱，再次接受爱的祝福。

文 / 樊琴　图 / 关学丽

达里雅布依：胡杨林里的悄然隐者

1896年，瑞典探险家斯文·赫定在塔克拉玛干沙漠中寻宝，在沙海中找到汉唐遗址丹丹乌里克和喀拉墩两处古遗址后，经过了一片后来闻名遐迩的树林。他在他的著述《亚洲腹地旅行记》中说："树林中的老居民是真正的隐者，连中国皇帝管理着新疆都不知道。"他在书中称这里是"通古斯巴孜特"，把这里的居民称为"半野人"。此地遂声名远播，在国外的地理、历史、考古界的知名度并不亚于楼兰遗址、交河故城。

在20世纪50年代，新疆于田县政府派出工作组北进沙漠，询问当地居民这里是什么地方？老乡说，是达里雅布依，汉语意为"大河沿岸"的意思。于是，通古斯巴孜特便有了一个新的地名：达里雅布依。不过，高大的沙丘依然挡住了人们的视线，这里仍是个悄然的隐者。

1982年，在塔克拉玛干沙漠中寻找石油的沙漠车由北向南隆隆开进了达里雅布依，突如其来的机械轰鸣声和庞然大物般的沙漠越野车，惊动了达里雅布依放牧的人，吓得他们四处躲藏。不敢相信大漠深处还会有人家的勘探队队员同样被吓坏了，以为遇到了野人——长发、身后有尾。"塔克拉玛干沙漠深处发现长尾巴野人"的消息，一时间震惊了国内外。

随后的考察证实，这不过是对历史的淡忘和对现实的忽视。事实上，这里一直是于田县木尕拉镇管辖的一个村，居民说维吾尔语，信仰伊斯兰教，自称克里雅人。1989年，于田县政府在此设"达里雅布依乡"，乡政府驻地铁里木距县城240多公里。再次声名大噪的达里雅布依越来越清晰地走出沙堵尘封的帷幕，亮相现代人搭建的舞台。

从新疆于田县城出发，沿着源于巍巍昆仑冰川融水的克里雅河一路再向北；穿过绿洲，穿过胡杨和芦苇，翻过沙丘；再过红柳、胡杨，再翻沙丘，直达塔克拉玛干沙漠的肚腹，263户、1290名克里雅人就散居在塔克拉玛干沙漠中心唯一的沙漠绿洲——面积3.2平方公里的克里雅河下游沿河两岸的胡杨、红柳和芦苇中。

这个被称之为"塔克拉玛干肚脐"的绿洲，除了在乡政府驻地铁里木的 8 户人家外，其余的人居住都特别分散，户与户之间相隔几公里乃至几十公里，散布在胡杨林之中的院落，或隐在沙丘边，或藏在茂草里，或卧在河滩上。传统克里雅人的生活极其简单：一群羊、一口井、几间房足矣。

　　这里的羊以红柳、胡杨枝叶和苇草为食。每天，脖子上挂着铃铛的头羊领着羊群在胡杨林里采食胡杨树叶。夏天时克里雅河两岸成片的芦苇是不让羊吃的，人们割了以后要储存起来，一同储存的还有秋天胡杨的落叶，留着冬天再给羊喂食。

　　无需牧鞭的克里雅人却离不开斧头，所谓"野人的尾巴"不过是克里雅人别在腰后的斧头长柄。牧羊人要用斧头砍下高处的胡杨枝叶来喂羊，此外还要劈砍枯死的胡杨，用作烧饭取暖的柴火。

　　早晨的阳光透过稀疏的胡杨木排列的墙，被切成一道道的，映在艾拜汗的身上，她跪在厨房火塘前揉面，准备家人的早餐。他们房子的全部建材就是胡杨、红柳和掺入芦苇的克里雅河淤泥——克里雅人的房子也都是如此——这里也仅有这些东西。

民俗风情让人陶醉

房子都是四方的、粗的胡杨木构建房子的框架，细的红柳编成一排便成墙，房顶亦是，因为这里几乎没有雨天。厨房都设在大门边，除去厨房都是卧室。厨房、夏卧室、冬卧室的区别就在于红柳编排的疏密——为了通风和透凉。只有冬卧室的墙壁会在红柳缝中抹上泥，而且墙壁没有窗户，只留着天窗。住房里都搭着大炕，每个炕上可坐二三十人。庭院周围也是用枝条和树干围成的，整个院落不见砖瓦和水泥等。

在达里雅布依，见不到有人家用锁。70岁的买提库万告诉我们，他们晚上也不关门，谁要路过家门口，肚子饿了，就可以进来找东西吃。虽然粮食都是从沙漠外面运进来的，价格昂贵，但老人说，谁吃了他们的粮食，他们还觉得高兴呢，给饥饿者提供食物，真主会给更多的食物。

主食是一种名为"库买奇"（用沙子烤熟的面饼）的面食。火塘里永远有一堆沙，胡杨在火塘上燃烧时，艾拜汗将茶壶放在火边，开始揉面。没有什么技巧，就是将面和水均匀地揉在一起，再用拳头将面团捣压成饼，厚约半指。这时火塘里的沙已被烤热，艾拜汗拨去烧尽的胡杨炭火，将面饼摊在热沙子上，再盖一层热沙。大约十来分钟，面饼熟了，茶水也沸了。艾拜汗拍去面饼上的沙，一家人就着热茶，嚼着外焦里软的"库买奇"。通常克里雅人的正餐就是如此。茶是药茶，取自维吾尔草药，夏季和冬季各有不同的配方，用以祛病健体。

当有客人时，克里雅人则宰羊款待，多数是清炖，有时也把羊肉叉在红柳上，架在火塘边烤。或者把肉剁碎了夹在"库买奇"中，这样的"库买奇"就成了一个饼状的烤包子。过去克里雅人很少有人吃蔬菜，现如今，除了皮牙子（洋葱）、恰麻菇、胡萝卜、大葱、大蒜这些根茎类的蔬菜，其他的几乎都不被接受。

11月10日是艾西汗·白克尔出嫁的日子，她的娘家和夫家要邀请所有的克里雅人，一起庆祝一个新家庭的成立。家里有喜事，主人家必须提前20天甚至一个月，骑着毛驴，

琴弦上的家园

一户传一户，将信息传递至胡杨林里的所有人家，而参加婚礼的人们，也要提前几天动身。婚礼是沙漠村庄里最隆重的聚会，被请的人家不论家住多远都必须赶去参加。

排球场般大的院子里聚满了男女老少，家住的最远的客人也已到达，他们骑骆驼在沙漠里走了四天，此刻正坐在人头攒动的屋子里享用婚宴。事实上婚宴很简单——大约每三位客人享用一盘抓饭，一人一碗解腻的浓茶。婚宴上没有酒，这里的人也不抽烟，克里雅人有句俗话：抽烟喝酒的人，不要请进家门。克里雅人不事农耕，大米需要从沙漠以外的县城运来，吃顿抓饭是克里雅人较为奢侈的享受。

精明的商人也把摊点摆到了婚礼现场，整个院落就像一个熙熙攘攘的集市，叫卖声、欢笑声、讨价还价声、婴儿啼哭声混成一片，院外胡杨树下的小毛驴也不甘寂寞，不时嘶上几嗓子。事实上，婚礼也是沙漠里最大的"服装博览会"。年轻人大都着新装，姑娘们除穿上色彩鲜艳的裙装外，还用缤纷的丝巾精心把长发包起来，中老年妇女一律穿着当地的传统"礼服"——这种黑色长袍只流行于于田县一带维吾尔族妇女中，长袍周边和胸前镶着蓝色花边，带有风帽，帽顶缝着药瓶大小的羊皮小帽，透着几分庄严。来参加婚礼的客人和夫家接亲的人一拨接一拨地赶来，在家门口的胡杨树下，人们排队依次握手致意，嘘寒问暖。这时感觉所有的克里雅人都是亲戚——事实上也是如此——女人们不愿离开胡杨树下的家园外嫁，外面的女人也不愿在胡杨树下安家，而这里的男女老少总计才1200多人。

这里老人的老人们曾经说过，400年前，罕曼·塔克和玉木拉克·巴拉克有一天结伴沿着克里雅河放羊，来到这片一望无际的胡杨林，后来两人把家人从克里雅河上游绿洲迁到这里定居放牧。双方约定以河为界，东岸就叫塔克塔木，西岸就叫巴拉克塔木。后来，两个部落之间因为争夺水源和草场经常发生矛盾，极少来往，更不通婚。这种状况直到20世纪80年代才有所改变。

民俗风情让人陶醉

婚礼的高潮无疑是揭开新娘的盖头。不过与其他地方的维吾尔族习俗不同的是新娘的盖头不是由新郎揭开，而是她的娘家人，在娘家的屋里，而且要连揭三次——娘家的婚庆比夫家要热闹得多。

日落时分，蒙着盖头的新娘终于坐在毯子中间被抬出娘家门，然后坐上一辆北京212吉普——过去是毛驴，但并不去新郎家。在娘家的房前屋后转悠一圈后，新娘下车又走进娘家门，坐着等待娘家人的一位代表在短暂的舞蹈中揭开盖头。新郎则老老实实地陪在身边，之后，新娘才又重上汽车，真正迈进自己的新家。

克里雅河下游曾有过古老文明，斯文·赫定当年发现的丹丹乌里克和喀拉墩两处遗址就在克里雅老河床附近，此后，探索沿克里雅河古代文明的脚步一直在沙漠中延展。

地质和考古学者证实，源于昆仑山的克里雅河自离开山口，经过山前平原，冲入沙漠正好纵贯塔克拉玛干沙漠。历史上，克里雅河一直流到沙漠北缘的塔里木河，连接了丝绸之路中道的龟兹国（现新疆库车）和南道的扜弥国（现新疆于田）。现今的达里雅布依，位置正处于这条古通道的正中，以乡政府驻地为中心的西半圆内，西北14公里即玛坚勒克遗址，北24公里即喀拉墩遗址，喀拉墩遗址西北41公里即为园沙古城。翻过一道道沙梁，越过一条条古道，克里雅人时常造访这些先民留下的遗迹，他们牵着骆驼，在历史和现实中穿梭。

于田，汉时为扜弥国。东汉时，扜弥西部的邻国于阗国力强大，吞并扜弥，并入古于阗国。约在2世纪，佛教传入于阗，于阗渐成佛教的圣地。至1006年，于阗被喀喇汗王朝所灭，伊斯兰教在于阗国地域传播盛行。

买色迪·阿不都拉坐在沙梁上望着眼前的喀拉墩古城凝思。喀拉墩曾出土有精美壁画的佛寺，当时民居的搭建与克里雅人似乎并无两样，都是用胡杨、红柳和掺了芦苇的克里雅河淤泥——考古学者称为"木骨泥墙"搭建。那时信仰佛教，和现在信仰伊斯兰

民 俗 风 情 让 人 陶 醉

教不同，他说："这里离我的房子那么近，和我的房子那么像，只用半天就可以走到，可怎么就走回到了1700年前？"

很多社会学家在达里雅布依考察过，但对达里雅布依人的来历、血统，尚无一个确切的定论，一说是罗布泊人西迁的后裔；一说是蒙藏人的子孙；一说是丁零人与回鹘人的血脉，但认为是维吾尔人的居多。

只有沉默的克里雅河知道克里雅人的来历。有人将克里雅人称为古西域的"活标本"，可至今仍无人能说得清这些"克里雅人"的来历，以及他们离群索居历经过多少代。

文／张鸿墀 沈桥 图／沈桥

转场：从冬窝子走向春天的草原

> 走路最多的是哈萨克人
>
> 搬家最勤的是哈萨克人
>
> 哈萨克人的繁荣在迁徙中诞生
>
> 哈萨克人永远追逐着绿色……

三月的新疆西部天山牧道，积雪开始融化，伊犁河谷涌动着春的气息。经过漫长寒冬和暴风雪洗礼的哈萨克族牧人，遥望着河谷两岸春牧场上沐浴的阳光。

在伊犁哈萨克自治州霍城县远东冬牧场里，哈萨克牧人加尔肯一家忙着将冬窝子家中所有的家当和瘦弱的牛羊，装上一辆双排座汽车，准备迁离生活、放牧了近四个月的冬窝子，向春牧场转移。"冬窝子"是牧民们对冬季牧场的称呼，多为背风、向阳的山间盆地，气候相对比较暖和，是牧民和牲畜度过严冬的地方。

翻过四周雪山的乌云开始遮住西斜的太阳，西北风裹挟着寒意阵阵袭来。特意赶来帮忙的阿尔腾克烈老人看着天空，督促女人和孩子们尽早上车启程，因为春牧场还在370多公里的雪山那一边。加尔肯告诉我们：老婆孩子和弟媳妇乘车当天夜里就能到达春牧场，也许能够躲过这场春天的大雪。据新疆伊犁哈萨克自治州的气象部门预报：由西伯利亚南下的强冷空气近一两天将入侵伊犁地区，天山西部山区将有大到暴雪。

哈萨克族转场主要包括春牧场、夏牧场、秋牧场、冬牧场四季牧场的转场，牧民祖祖辈辈过着逐水草而居的生活，每年搬几十次家。过去牧人转场搬家全靠牛、马和骆驼，背驮着所有的家当，跟随畜群一起转场。从冬牧场转场到春牧场之前，男人们先要将笨重的不便携带和运送的大件物品打包后放置在不易发觉的山洞里或附近不转场的亲朋家中，然后清点牲畜，并赶至住所附近，给转场坐骑钉马掌，整理鞍具等。妇女们则在家中修补围毡、运驼拉绳、牵鼻绳、接羔袋、冲洗晾晒家中的花毡、衣物等，再将冬宰剩

民 俗 风 情 让 人 陶 醉

余的干肉装袋，用毛绳扎牢袋口。再将先食用的肉和接羔时食用的"库腾"等食物装入花纹木箱中保存。转场前一天，她们还要将锅碗瓢盆装入各自专用袋。

如今，春牧场上牧民们大多都建有固定的定居住所，一些笨重不便携带和运送的大件物品都留在了定居点的家中。近年来，政府投资新建的牧道，为牧民转场提供了方便，老人小孩和转场途中不用的生活用品，也可以乘坐汽车转场，减少了家中老小长途迁徙的艰辛。

送走了一家老小，清理好棚圈，加尔肯和弟弟开始赶着牛羊和骆驼向春牧场迁徙。因为，大批怀孕的牛羊，如果用汽车运输会受惊流产，只能赶着向春草场迁移，370多公里的山路，牧人至少要走7天才能和家人会合。三月上旬的伊犁草原，正是哈萨克族牧民从冬窝子向春牧场转场的时节，古牧道上，牧人赶着成群的牲畜，形成一条绵延不断、浩浩荡荡的迁徙队伍。远冬牧场是伊犁州最大的冬牧场，每年的这个季节都有5000多名哈萨克族牧人和40万头牲畜从这里出发，穿越果子沟古道，回到伊犁河谷。

"哈萨克"的意思是"白色的天鹅"。这个名字象征着哈萨克人群居和迁徙的传统，而哈萨克悠久的历史和丰富多彩的游牧文化就集中体现在贯穿一年四季的"转场"生活中。在新疆，有山就有草原，有草原就有哈萨克人的足迹。这些草原以其地势、气候特点及牧草生长周期的不同，形成大小不等的草原牧场。

伊犁河谷各季草场相距远近不一，转场可以及时给牲畜提供充足的牧草，合理利用草原资源关系到哈萨克族牧人一年的生活。每年冬季，伊犁河谷都有10万余名牧人带着200多万头牲畜在各地冬牧场越冬。三月过后，大批的牲畜必须尽快转入春牧场。这时候春牧场上的草尖开始泛出绿色，对于度过漫长冬季的瘦弱牲畜，可以说是最好的"营养品"。100多万只孕母羊在春牧场就要生产，保证顺利接羔育幼，是牧人一年创造财富的关键。

强劲的寒风卷着暴雪扫荡着赛里木湖畔。加尔肯和弟弟赶着牛羊艰难地翻上一道山梁，又被凶猛的暴风雪阻挡在山梁上。

畜群挣扎着拉锯般地前行。加尔肯兄弟将牛羊赶到了避风处，走进山梁下的毡房，这是一些精明的哈萨克人开设在转场途中的简易食宿店，为途经这里的牧民提供服务。

民 俗 风 情 让 人 陶 醉

牲畜和牧人都累了,兄弟俩准备在这里过夜,也期盼明天的风雪会小一些。

哈萨克人把冬天称作自己的冬天,只有体味在风雪中驱赶羊群的滋味,才能真正理解冬天的严酷。忍受寒冷、孤寂甚至饥渴,造就了哈萨克人不畏艰难、豪爽热情的民族性格。牧人的羊鞭下,是一个家庭全部的财富。每一次转场,都承载着哈萨克族牧人对美好富足生活的希望。

　　走路最多的是哈萨克人
　　搬家最勤的是哈萨克人
　　哈萨克人的繁荣在迁徙中诞生
　　哈萨克人永远追逐着绿色……

第二天一大早,加尔肯走出毡房,风雪小了。兄弟俩抓紧时间收拾行装,他们要赶在风雪再起前穿过果子沟口的松树头。

81

琴弦上的家园

翻越天险果子沟，就快到水草充沛的定居点了，那里有修葺一新的棚圈，热气腾腾的奶茶和亲人们的一声声问候。接近松树头沟口，加尔肯挥动羊鞭，顶着暴风雪，吆喝追赶着羊群，雄厚的吆喝声，如同一首壮美的牧歌在冰封的赛里木湖和雪山之间回响……

文·图／沈桥　赖宇宁

新疆最后一个满族村落见闻

满族是新疆的13个世居民族之一，有着光荣和漫长的历史，在18世纪中叶以后，清朝派驻新疆的官兵及其眷属陆续来到新疆，保卫边疆，屯垦戍边，使满族分布于全疆各地。由于满族的不断迁徙，在新疆渐渐地形成了一些满族人相对集中的居住地区，如巴里坤的满城，乌鲁木齐的老满城（今农业大学一带），乌鲁木齐的皇城（今团结路），伊犁的惠远城，以及南疆的疏勒，东疆的吐鲁番，北疆的塔城、玛纳斯、精河等地。早在康熙、雍正年间，清政府曾在新疆的吐鲁番一带驻扎过满族军队。但在辛亥革命后，大部分"满营"兵丁散于民间，四处迁徙，满族人相对集中的居住区渐渐消失。还有一部分满族人，是新中国成立后支援新疆建设调来的，然而，他们也是居住在新疆各民族之间，没有形成居民区。今天，新疆各地约3万满族人，大多是他们的后裔。

如今，在伊犁伊宁市的潘津乡仍保留着一个叫"苏拉工"的满族村，这是新疆最后一个满族相对比较集中的村落。苏拉工村距伊宁市约20公里，柏油马路直通到村里。

从2005年到2011年，我曾多次访问这个村庄，第一次，是新疆社会科学院满族研究员萨克达·东晟（2011年因病去世）和我一起去的，他的家乡就在苏拉工村，这里有他童年美好的记忆，也有许多他的乡亲，我就从第一次走访苏拉工说起，说说它的特色。

满族人礼大

"苏拉"是满语，意为"没有当兵的闲散人员"。"工"是屯垦单位。据记载，乾隆三十一年至三十七年（1766年—1722年），满族官兵被允许带家眷在伊犁惠远和东大村（即惠宁城在今巴彦岱）驻防，这些人就是现在伊犁满族人的前辈。伊犁将军长庚在伊犁大力推行屯垦，解决军需、民食。按照清政府对八旗官兵"出则为兵，入则为民，耕战两事，未尝偏废"的要求，将一部分老年体弱的兵丁派往苏拉工和苏拉一起屯垦，这就是今天伊宁县潘津乡苏拉工村的由来。240多年过去了，当年的"苏拉"的后裔仍坚守着这块土

琴弦上的家园

地，同当地的各族人民一道团结一致，开荒造田，艰苦奋斗建设家乡，在这里繁衍生息。

走进苏拉工村，无论从服饰、居住和语言以及礼节上，满族遗留下来的一些文化习俗，已不是很多了。我们走门串户，访问了许多满族人家庭，我们见面时，已不见传统的满族人行"打千"礼，即屈右膝半跪，右手沿膝下垂，女子是双手扶左膝，右腿微屈。他们说那是旧的礼节。现在都行握手礼，见面后都热情握手并问候："你好！"萨克达·东晟见了乡亲，却不一样了，他们见面，行抱见礼。抱见礼，满族古老的男性礼俗，也称抱腰接面相见大礼，是请安礼节之一，是满族中最亲密的大礼，常用于至亲的人久别重逢、重要宾客前来或重要的外交场合，以表示亲昵。其形式是，右手抱腰，左手抚背，并互相贴面。小辈见长辈叩头抱脚，长辈抱小辈的背，平辈彼此抱肩。也有小辈抱长辈膝，也可在马上行抱见礼。看来，满族的大礼形式还挺复杂的。

2011年11月，我参加苏拉工举行的庆祝颁金节活动时，满族同胞见了我也行抱见礼，显得格外亲切，让我颇有感触。我想这主要是我去多了，和他们成了好朋友的缘故。满族是一个重礼仪、讲文明的民族，俗话所说"满族人礼大"，200多年来，这里的满族人虽然和其他民族生活在一起，也融入了其他民族的习俗，但对于自己民族的热情好客的重要礼节，却一直保持着，这在全国其他满族人聚集区都不是能看到的景象啊。

苏拉工的满族人家小院

昔日主要是满族人的村落，达千余人，如今的苏拉工村已成为多民族的村落，全村有4200多人，满族有80余户，225人，其余大部分是维吾尔族，还有少量的哈萨克族、回族和汉族。据当地一些满族老人回忆说，前辈们讲，"苏拉工"村原是一片荒凉的地方，人烟稀少，"苏拉"们在这里开荒造田时，主要是满族人，后来从南疆陆续来了"塔兰奇"（维吾尔语，开荒种地者的意思），他们同维吾尔族农民一起共同开发这片土地，后来渐渐地又来了其他民族,使这个村落人口和民族成分渐渐增多。

由于他们四周居住的都是维吾尔族,许多维吾尔族的文化元素,也潜移默化地影响着他们,使他们的生活充满了多种文化元素。我们看了许多满族人新盖的民居,其房屋建筑形式融合很多维吾尔族的文化元素,家家都有一个小院,小院的南侧有一字排开的房屋,一般有五六间土木结构的平房,不少人家已盖起了砖混结构房屋,外面还贴了瓷砖。屋前搭有较大的葡萄架,葡萄不仅自给有余,还可以酿酒或出售。夏天多在葡萄架下乘凉或是待客。住房的右侧是牛羊牲畜的棚圈或是鸡舍,葡萄架的前方有半亩左右的菜地,种有果树、花卉和蔬菜。甚至连外墙刷的颜色也是维吾尔族喜欢的灰蓝色。不过,室内的布局仍是满族人习惯,西房为主卧,其他房则为儿女的房间,屋内有立柜、五斗橱、床、桌子、椅子等家具。从外面看人们还以为是维吾尔族的民居,不过,在村里有一座满族风格的建筑,有300多平方米,在建筑的正门上,用汉满两种文字雕刻有"苏拉工村满族文化中心"的字样,那是1996年由县里资助和满族同胞捐款修建的。

颁金节与满族特色食品

每年的农历十月十三日,全村的满族同胞穿上了节日的盛装,载歌载舞,在"苏拉工村满族文化中心"庆祝满族传统节日———"颁金节"。2011年的颁金节,我又来到了苏拉工村,这天,全村热闹起来了,人们兴高采烈地来到"苏拉工村满族文化中心",除了满族同胞表演了传统的民间歌舞外,还有维吾尔族、哈萨克族、锡伯族、汉族等民族表演了精彩的文艺节目,人们载歌载舞庆祝满族的颁金节。在这个村里各个民族之间相亲相爱,如同一家人。

满族人除了在庆祝节日时表演歌舞节目外,还有个内容就是做满族的传统的食品,庆贺节日。我们来到满族同胞张国兴家,听说他的妻子何桂芬要做满族的传统食品三样

民俗风情让人陶醉

包子，真令人高兴，平时，他们也没有时间做满族食品，只有过年过节他们才会露一手。这次，恰是颁金节，所以才会做起满族食品，机会难得呀！

我们坐在客厅，主人很快给我们端上了茶，接着，又端上了酥皮点心和萨其马，今年已近50岁的何桂芬告诉我，这些点心是前几天就做好的，都是满族的传统食品。我问她："那些满族的食品还会做吗？"她笑了笑说："会做，没有忘记。我们这里的许多满族人都会做，我们的妈妈、奶奶教给我们的。"接着，她又说，"满族人不会做满族的食品，怎么算满族人？现在，我23岁的女儿婷婷，也都会做满族食品，我们就这样一代传一代往下传下去，这种传统不能丢呀！"

我们尝了一下何桂芬做的酥皮点心和萨其马，点心里还有豆沙和枣泥，外皮酥松可口，吃到嘴里就化了，多年未吃到这种点心了，那味儿真不错。

接着，我来到厨房，只见有四五个满族妇女埋头在干活，桌上摆了七八个盆子，有的已装上了剁好的肉馅，有的已摆上了切碎的白菜和土豆丝，有的在盆里搅拌切成小丁的羊尾油和砂糖及芝麻，有的在案板上揉面，大家有条不紊，配合得很默契。这些东西虽然还没有做熟，还未吃到嘴，但厨房里已飘荡阵阵诱人的香味。

原来，今天她们要做满族传统的"三样包子"，还有"双合饼"及"锅贴"。这时，何桂芬说话了："满族的食品很多，鸡鸭鱼肉都有各种吃法，像最讲究的有'满汉全席'那种饭我们做不了，那是宫廷和达官贵人吃的，我们老百姓吃的是家常饭。另外，我们还有黏豆包、黏糕、撒糕、淋浆糕、松仁糕、打糕等各种糕，但是我们这里条件有限，有的我们也不会做，今天给你们做的是满族人百姓吃的三样包子，另外还加了一种肉包子。"

那么什么是"三样包子"呢？原来是糖包子、油包子、菜包子，今天又加了一种肉包子，这样算起来就有四种包子了。糖包子的馅有羊尾油、白糖、炒熟的面粉、核桃仁、芝麻、

87

葡萄干、红枣；油包子的馅有羊尾油、香豆子、炒熟的面粉、盐等；菜包子的馅有白菜、大葱、羊肉（或者是牛肉）、花椒、姜粉、清油（植物油）和盐。肉包子的馅主要是羊肉和白菜、葱等。

　　双合饼是把炒好的菜卷到饼子里再吃，而炒的菜有讲究，一般有白菜粉条、青萝卜丝、土豆丝、炒绿豆芽、油泼蒜泥、熏马肉、卤肉等。不过，我看到她们在烙饼子时，很有意思，饼子擀得很薄，直径约有20厘米，她们在烙饼子时，不是一张一张地在平底锅上烙，而是把两张饼子摞起来一起烙，这面烤熟了，再烤另一面，这样两张饼子同时熟了，饼子很软，容易把菜卷住。今天她们还准备了羊肉葫芦馅的锅贴，看来真是丰富多彩，叫人饱尝口福啊！

　　据我了解，按着满族人的习惯，逢年过节都要吃猪肉，这次为什么没有猪肉呢？何桂芬给我做了解释。她说，过去，我们这里的满族人都吃猪肉，也养猪，后来，这里的维吾尔族、哈萨克族、回族逐渐多起来，他们是穆斯林，信仰伊斯兰教，不吃猪肉，渐

民 俗 风 情 让 人 陶 醉

渐地我们也随了他们，不吃猪肉。现在吃猪肉反而不习惯了。我们将猪肉改成羊肉，猪油改成羊尾油，在我们的饮食里吸收了不少维吾尔族、哈萨克族、回族的饮食的花样。现在，各民族互来互往，都在一起吃饭、喝茶，都不避讳，生活得很融洽。

我想，一个人口较少的民族生活在一个人口较多的民族中，其生活习惯、饮食习惯都会发生一些变化，他们在保持原来的、传统的习俗之外，还会吸纳和融合不少其他民族的文化，成为自己文化的一部分，这大概是新疆少数民族的一个特点，也是新疆满族的一个特点。

这边包子还没有吃几个，主人又端上来了葫芦馅的锅贴，馅中有羊肉，这种锅贴似饺子，但比饺子大得多，外面焦黄，油亮生辉，香喷喷的，顿时勾起了我们的食欲，大家又纷纷开始尝锅贴，那味道一个赛一个，吃得大家心花怒放。

等我们吃得差不多时，主人将桌上的包子和锅贴全部端走了，接着，又给我们端上来六个菜，还有蒜泥和油炸辣面子，中间放一盘薄饼，主人说，这叫"双合饼"。接着给我们示范，先将白菜丝、萝卜丝、土豆丝等菜放在饼子的中间，然后再调上蒜泥、油炸辣面子，用筷子夹住饼子的边，逆时针卷起来，然后抽出筷子就成了。我们按着主人教给我们的技巧，把饼子卷起来了，吃一口，哇！真香。住在城里的人，已多年没有吃过满族农家的饭，这次，让我既饱享了口福，又饱享了眼福。

平时，这里的满族人都吃些什么？都是满族的传统食品吗？我们来到72岁的满族老人敖原清家里做客，他的妻子为我们炒了两个菜，在羊肉菜里放"皮牙子"（洋葱）和辣皮子，做了正宗的维吾尔族的拉条子，拉得又细又长，味道可真够足的。他们说，维吾尔族的饭菜很香，他们已经习惯了，喜欢做抓饭、薄皮包子、拉条子、手抓肉，喝奶茶，吃酥油、烤馕等维吾尔族的饮食。不过，满族人的饽饽、三样饺子、包子、大饼等也会做，只是逢年过节或是来了客人，才会做满族的饮食，以显示满族的热情。

89

新疆满族人的生存智慧

节日里，我们来到满族同胞张国兴家里做客时，我们发现不时有维吾尔族老乡来串门。他的妻子何桂芬告诉我们，张国兴开过磨坊、榨过油，在村里是先富起来的农民，几年来已把10吨多的面粉免费送给了贫穷的维吾尔族乡亲，而何桂芬也收养了三个维吾尔族的孤儿，十几年来一直精心地照料他们，直到帮他们成家立业，所以维吾尔族老乡十分尊敬和感激他们，有了好吃的好喝的总是要请他们去尝尝，有事也总愿意找他们聊聊。

在苏拉工村，像张国兴这样的家庭还不少，大家都能团结友爱，互相帮助，生活在一个和谐的环境里。我们在了解中还发现，这里的满族人已不穿长袍或旗袍，平时的服饰几乎跟其他民族没有什么两样，从服饰上已很难分清他们和其他民族之间的区别。在一些满族人家里还保留着长辈们留下来的旧服饰，由于年代过久，已无法穿了，一些中年人和青年人做了新的满族服饰，只有到了节日或是喜庆的活动时，才穿出来亮一亮。

如今这里的满族人娶媳妇、找对象已不限于在满族范围，而扩大到其他民族之中。我们来到一个叫阿茹甫·达吾提的家里，这位40多岁的维吾尔族汉子告诉我们，他爷爷是正宗的满族，到了他这一代已信仰了伊斯兰教，他娶了一位维吾尔族妻子，名叫艾丽拉，现在有5个孩子，种了9亩地，有自己的小院，养了两头奶牛，日子过得挺红火的。这里的满族人不仅和当地的其他民族建立了深厚的感情，同时还进行联姻。据了解，这里的满族人除了和维吾尔族联姻外，还有和汉族、回族、锡伯族和蒙古族联姻的。这里的满族人原来有1000多人，后来有的到外地读书，有的到了北京、乌鲁木齐、伊宁工作，目前，这里的满族人只有200多人。在苏拉工满族人外出的越来越多，满族人口逐年减少的情况下，为了保证下一代的健康，这也许是一种明智的选择。

这里的满族同胞告诉我们，他们已不识满文和不会讲满语，这里也没有满族的学校。他们的孩子现在都在汉语学校读书。有趣的是，在和维吾尔族的交往中，满族的男女老

民 俗 风 情 让 人 陶 醉

少都会讲一口流利的维吾尔语,他们不仅跟维吾尔族人打交道时讲维吾尔语,而且连满族同胞之间也用维吾尔语对话,他们觉得这样交流更方便和准确。更有趣的是许多满族人除了自己汉文的名字外,还有一个维吾尔族名字。

外出的有许多人还十分惦念这个出生和养育过他们的地方,经常回来看看父母和亲人,看看家乡的变化,倾吐对家乡深厚的情感,也祝福家乡的美好的前景。在这里已生活了200多年的苏拉工的满族,他们在这块土地上已传承了几代人,不仅适应了当地少数民族的风俗习惯,还和当地的少数民族和睦相处,同时还较好地保留着自己传统的饮食文化,这可真是一件可贺可喜的事情啊!

文·图／楼望皓

柯尔克孜族取名习俗
民族历史文化的活化石

柯尔克孜族是跨国界分布的民族，主要分布在吉尔吉斯斯坦，此外，在中国、乌兹别克斯坦、塔吉克斯坦、哈萨克斯坦及阿富汗等地也有分布。柯尔克孜族仿佛自古就和"迁徙"结下不解之缘。历史上，柯尔克孜族有过多次西迁，西迁的路线是从叶尼塞河流域经阿勒泰、伊犁河谷、天山，到达帕米尔高原。到16世纪中叶，由于沙俄的东扩，侵入叶尼塞柯尔克孜地区。柯尔克孜族全民族的抵抗进行了大约1个多世纪，最后被迫离开发祥之地，举部西迁。到18世纪初，完成西迁的柯尔克孜族开始在帕米尔高原、天山山区重建家园。在我国，柯尔克孜族主要居住在新疆克孜勒苏柯尔克孜自治州。

新生命的诞生对于任何一个民族来说，都被视为大事，柯尔克孜族也是如此。柯尔克孜族迎接新生儿也有一系列的人生礼仪：诞生礼是在婴儿出生当天举行的，由孩子母亲的家人宰羊炖肉招待来宾。席间还穿插各种传统的民间娱乐活动，以表对新生命的美

民 俗 风 情 让 人 陶 醉

好祝愿；取名礼是在孩子出生的第3天举行，是当地的一件大事；摇篮礼是在孩子出生第7天或第9天举行，要宰牲设宴，规模不大，参加者仅限妇女，在宴会期间要唱《摇篮曲》；在小孩出生第40天时要举行"满月礼"，当天要将40勺盐溶于40勺水为孩子沐浴，并穿着40块布头缝制的衣物。

　　一般来说，在取名礼之前，孩子的父母先给孩子取个小名。年轻的柯尔克孜族夫妇不敢轻易决定给孩子取什么正式名字，他们会在取名礼上邀请长辈或地位显赫的人来到家中，给孩子取名，或者请他们斟酌孩子的名字是否合适。取名之前要念经文，并要由尊贵的长者在孩子的耳畔呼唤名字，还要由宾客代表表达对孩子的祝福。柯尔克孜族随父姓，一个完整的柯尔克孜族名字的顺序为"本名·父名"，其中的"父名"就是父亲的名字，同理，在父亲的名字中，"父名"是爷爷的名字，以此类推。柯尔克孜族要记住自己往上至少七代的名字，这一习俗直到今天仍然被恪守。但是，在日常生活中一般只称呼本名，只有在正式的场合才称呼完整的名字。此外，柯尔克孜族往往还有一个小名，小名和大名往往有联系，男性在本名的第一个音节再加上"坎"或"坎西"，女性往往在

93

本名的第一个音节后，加上"英"。这个小名不是所有人都可以称呼，只有关系密切的人之间才称呼小名。

从取名看民族的历史文化

从柯尔克孜族的人名可以看出父母的期望与祝愿，如："艾尔肯"，意为自由；"白克图尔"，意为站稳、别趴下；"巴合提"，意为幸福；"努尔"，意为光明；"努尔拉"，意为一片光明（"拉"表复数）；很多男性取名为别克（王侯），如"阿地力别克"，意为公平的王侯；"古瓦提别克"，意为有力量的王侯；还有些柯尔克孜族男性叫"苏里塔"，意为国王。

柯尔克孜族的人名还蕴含着人们对美的向往，有不少女孩以月亮为名，柯尔克孜语发音"阿依"。如"阿依古丽"，意为月亮花；"阿依努尔"，意为月光；"阿依布拉克"，意为月亮泉水；"阿克阿依"，意为白月光。

宗教信仰在其名字中也可看出烙印，柯尔克孜族中如"曼别特"，是穆罕默德的转音；"阿布都拉"，原为安拉的仆人；"玉素甫"，为《古兰经》中使者的名字。

为了让孩子好养，有的孩子取名为"托合提""吐尔逊"等，意思是留下、留住。

柯尔克孜族的人名还可以反映出特殊年代或事件，如：出生在革命年代的人有叫"英克拉普"的，意为革命；纪念战争胜利，取名为"捷恩西"，意为胜利；2000年出生的人有不少叫"克勒木"的，意为世纪。

通过柯尔克孜族人名的含义往往就可以分辨出性别，男性的名字往往比较大气、威武，女性的名字柔美、贤惠；除此之外，还可以通过人名中的词尾部分分辨男女。

柯尔克孜族常以大自然中的事物来命名，可以是山、水、植物、动物等等，如"伊拉比热孜"意为雪豹；"克勒什"意为剑；"帕米尔"是地名。

民 俗 风 情 让 人 陶 醉

　　柯尔克孜族不忘祖辈，表现之一就是以祖辈之名为名，如和爷爷、太爷爷同名等，以这种方式提醒自己，不要忘记自己的血源。

　　当然，柯尔克孜族的名字所蕴含的内容远不止以上所述，可以说是一个封闭又开放的文化和心理系统，其中还有很多规律有待人们发现。在取名的过程中积淀形成的取名制度、种类、方法与取名习俗，同一定的社会历史、民族传统、文化心理之间存在着十分密切的联系。名字，往往微缩了广阔的社会生活，积淀了深厚的历史文化内容，渗透着本民族的道德追求、社会理想和审美情趣。每一个民族的名字，都是考察该民族地域环境、社会发展、宗教信仰、伦理意识和文化心态等领域的一把钥匙，是民族历史文化积淀的活化石。

文·图／李玲玲

三、风味小吃 新疆味道

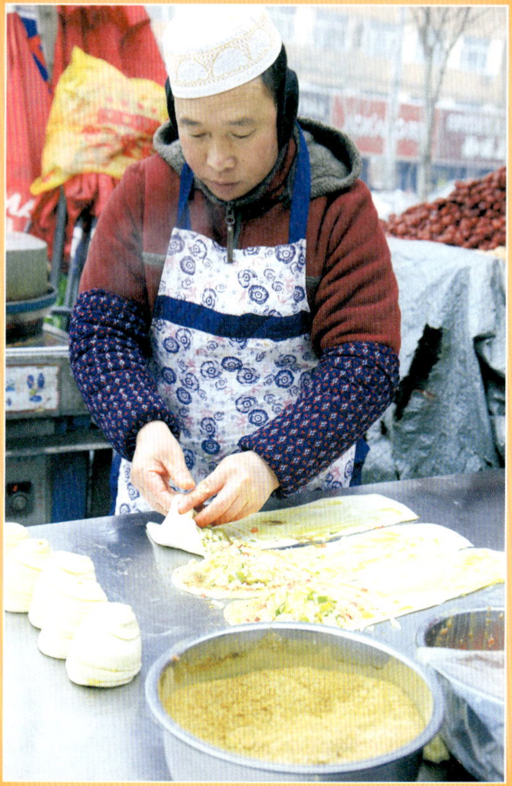

新疆味觉旅程之肉食盛宴

在新疆做一个"吃货"是幸福的。

新疆美食中的各种食材在大自然的眷顾下，悠然生长，蕴含着一个季节，甚至多个季节的故事。

新疆日照充足，绝少污染，一粒粒小小的种子神秘地变成一棵棵令人欣喜的植物，在大自然的安排下成熟起来并为人们提供了食物。相对原始的生产方式，烹煮食物时的耐心等待，能够给食物足够的时间蜕变，我们由此才能够有幸吃到真正纯美的食物，这的确是值得"吃货"们感恩。

新疆是肉食者的天堂，各种动物快乐放养，很多牧区还保留着原始的转场游牧，塔城地区是唯一一个还保留着四季转场的地域，这使得塔城托里、裕民的牛羊肉香味十足，奶制品因为脂肪含量高而口感更浓郁，这也是塔城冰淇淋格外好吃的原因之一。那里的牛羊马骆驼不用牧人驱赶，一到时候就自己上路了，循着草的踪迹而走，与其说是牧人赶着牛羊，不如说是牧人跟随着牛羊寻找丰美的牧草。新疆的牛羊马吃的是中草药，喝的是矿泉水，睡的是宝石窝，肉味不变。食材好，这就不难解释新疆的肉食为什么简单原始而豪迈，不需要更多的烹饪，繁复的调味。

新疆的肉食主要是烧烤和清炖。烧烤按照肉块的形状分为：烤全羊、大烤、小烤。烤全羊，带着贵族范儿，南疆多见，在吐鲁番的"巴扎"上飘着它特有的香味。在北疆除非特别定制，寻常市井并不常见到。烤全羊选肉时又特别强调选生长在较干旱地区的绵羯羊，而且是2岁以下的肥羊，这样的羊肉不仅嫩，嚼在嘴里满口香，且营养价值高。因为干旱地区的草水分少，盐味浓。羊选好之后宰杀，剥皮，去头、蹄和内脏，用有大铁钉的木棍，将整羊串在上面，羊脖子正好固定在铁钉上。再用蛋黄、盐水、姜黄、孜然粉、胡椒粉、白面粉等调成糊状的腌料，涂抹在羊的全身。有的根据口味需要也掺入

琴弦上的家园

辣椒粉。这些调料可以增减，灵活掌握，但其中新疆特产的名贵调料孜然粉因与羊肉特别相宜而不可缺。然后，头朝下放入炙热的馕炉，使其悬立在其中。盖严炉口，用湿布密封，不时地转动那木棍，这样焖烤一个多小时取出即成。现在，一些大饭店和宾馆，为了烤全羊的造型美，连头烤制，且在烤熟呈金黄色的羊头上挽系一条红色的彩绸，在羊嘴里夹进一把鲜绿的香菜或芹菜，造型漂亮，但口味却还是巴扎上的地道。

大烤也叫馕坑烤肉，因为串长肉块大，烤肉炉不易烤制，需在馕坑中烤制。墨玉等地的市场上出现了串烤肉的另一种形式，民间称它为"米特尔喀瓦普"，意为"1米长的串烤肉"，其烤肉扦子足有70—80厘米长，肉块也大，立在馕坑里烘烤，一次可烤出10串，吃起来格外过瘾。除了肉块，串烤排骨也是馕坑烤肉常供的，是最招人爱的，大排肥瘦适宜，烤得火候适中，层层有肉汁，软糯可口，咬下去层次分明，肉汁喷满口腔，咀嚼间肉香带着特有的甜，很是过瘾。小排很有嚼头，调料十足，肉质酥香，且弹口弹牙，那肉在唇齿间脱骨时可以啜到贴在骨头上的肉汁，需得细心品味，倘若狼吞虎咽，可就尝不到那其中的滋味了。另一种大块排骨烤制方法很独特，属于焖炉烤制，乌苏市阿布拉音农家乐的烤排骨被誉为新疆最好吃的烤排骨，精选的羊排骨，肥瘦相宜，秘制腌料，特制焖炉，用泥封了口，撤去木柴，离火烘烤，火候掌握精准，恰巧在肉汁饱满、外皮酥脆之时起泥封装盘，端上桌还听得到滋滋的脆响，香飘十里。

将排骨或带骨的羊肉切成小块儿，挂在特制的钩子上放入馕坑中烤制的架子肉，也很受欢迎，装盘时配上鲜切的皮牙子，一口肉一口皮牙子，肉香调配着皮牙子的辛辣甜爽，很过瘾。这里火候很讲究，如果烤干了，肉就柴了。大烤里比较普遍的品类还有烤塔顶，即羊前腿俗称腿把子，一盘烤塔顶如将军般挺立着，外皮金黄油亮，用手拿起，一口奋力咬下，表皮酥脆，滋味十足，里面的腿把子肉疙瘩因为有着粘筋，肉汁饱满，滑嫩无比。真是豪爽！

琴弦上的家园

小烤则是最常见的各色烤串了,烤羊肉串以突出食物本味为上乘,除了必不可少的盐外,不放任何调料,这对羊肉的要求很高,要求十足的新鲜,用这种肉烧烤,要的就是品尝肉的鲜香味,甚至能吃到草原上阳光的味道。也有喜欢口味重的,辣子多放、孜然多放,各种香料的使用,口味浓烈,能吃出驼队的风霜和江湖气息。爱好烤羊杂的人也不在少数,烤腰子、烤肝子、烤板筋、烤肠子、烤心、烤塞皮(将洋葱制成的馅料酿进羊脾脏烤制),应有尽有。烤肚子带着羊肚子特有的草香,柔韧耐嚼,透着原始的香味。烤板筋有着征服者的快感,一片片方正黄白的板筋裹挟着香料,入口后咀嚼,咸、辣、香、韧一应俱全,最终下咽,使得平日里吃的精细软烂得不到锻炼的牙齿很是舒服。烤腰子则满足了人们吃哪儿补哪儿的心理需要,脆嫩爽口,不知道是不是新疆男人都爱吃烤腰子,所以才男人味十足。现在的烧烤很讲究,烤炉必是雕花星月顶,体型硕大无比,功能齐全,有着烤整扇羊排的大馕坑炉子,有挂烤大小排骨串的中号小号馕坑炉子,也有足以同时烤制千串的明炉。打下手的维吾尔族小伙子个个英俊利索,肉也烤得漂亮,肉串鲜亮,上等南疆孜然,就是盐也是调制过的,说是加有南疆一种含盐的盐土,故而特别好吃。还有一种大烤羊肉串用了一种特殊腌料,选用数十种南疆香料,辛香味浓,这种腌制过的烤肉肉嫩且香。

另外,不可错过的还有一些独具特色的烤肉,更让人惦记良久。南疆的一种烤肉,只是将羊肉带着骨头穿在红柳枝上,在树枝火堆上烤,烤熟后只撒少许盐即可,羊肉的鲜味十足,纯纯的羊肉香。还有一种更绝的,将整只羊的肉剔下来塞进洗净的羊肚子里,再倒进些盐水,把肉块拌匀,然后把口系牢,撒上盐,再将肚子用树枝别好,挖好沙坑,将羊肚子埋进去,盖上沙子,在沙子上面烧树枝,等到树枝燃尽冷却后,把羊肚子取出,拍去沙子,将羊肚子切开,香气一下就喷涌而出,羊肉鲜嫩多汁,满口香。其实,这是用羊肉本身的汁液蒸熟的,烧烤的只是那肚子。显然,这种烤肉方式也是最原始、最久远的人类食物风俗之一。

新疆的牛肉也是多半炖煮了。清炖，是民间最为普遍的食肉方式。手抓肉，是最具代表性的，因为块儿大、连骨，唯有用手抓，方能体现游牧民族的豪爽。和田民间称"萨勒干果西"。新疆煮肉的流派有哈萨克族、维吾尔族、蒙古族，每个民族煮制的方法略有差异，最大的不同是装盘时骨头的种类，哈萨克族认为最尊贵的骨头是江巴斯（带肉的胯骨），哈萨克族最古老的贵族宴会，会做煮全羊。最通常的煮肉方法，锅一开，一定要撇去浮上来的血沫，把盐放足，然后小火炖煮。据说，这样肉香，汤也香。但手抓肉香嫩的关键还在于煮肉过程中不断地扬汤。有民谚为证：抓饭的关键在于"炒"，炖肉的关键在于"扬"。

清炖羊肉和羊蹄，是产妇的特殊食品，如同汉族民间的产后吃"清炖母鸡"或"鲫鱼汤"一样，是个约定俗成的讲究。人们认为，"一只羊的营养全在头上"。据说，产妇吃了羊头肉，喝了汤，有助于在分娩时松散脱节的骨头及时复位，也有助于下奶。

新疆有句话，吃肉不如喝汤，喝汤不如啃骨头。跟一块骨头慢慢较劲，将骨头吃的干净洁白的人，据说能够娶到漂亮老婆。最受欢迎的是牛骨头汤，大锅煮骨头，骨头捞出来，盛在大盘里，配发剔肉小刀，连肉带筋，吃得满口流油，骨管里的骨髓也不能放过，拿筷子挑出来，吸溜进嘴，只有一个字，香。汤则加丸子、粉条或粉块，夹沙肉，香菜，就着油塔子吃，很过瘾。新疆男人们头天喝多了，早晨巴巴地去喝一碗牛骨头汤，精气神儿就回来了。

风干肉也是新疆人热爱的，过去肉食不易储存，就用盐腌制风干，装入面粉袋里保存，风干肉就不会变味。风干肉的煮制方法也和手抓肉同理，煮好的风干肉，无论牛肉、羊肉均咸香肥糯，而且丝丝入味。乌苏盛产优质啤酒，这里的人们有时会奢侈的用啤酒煮制风干肉。这种啤酒风干肉，因为啤酒的润泽，少了陈味，添了香味，口味更加咸鲜。

风味小吃新疆味道

　　冬季里，三五好友，煮一锅风干肉，开一箱老窖，围炉夜谈，开怀畅饮，是新疆冬日里最温暖的味道。风干肉还有一种特色吃法——风干肉炒麦仁，将风干肉切成丁丁，小火炒香，放入麦仁一起小火炒到色泽金黄，放少许盐，辣椒丁就好，越嚼越香，麦仁吸饱了风干肉的咸香，还依然带着麦子的独有回味，一勺一勺吃不够。熏马肉、马肠子是哈萨克族独有的美食，将腌好的肥彪马肉悬挂晾干，用柏树枝熏制，马肉咸香中透着柏树的清香，马肠子分碎肉马肠和带骨马肠子。带骨马肠子一匹马只能做八根，制作工艺复杂，没有经验的牧民是做不好带骨马肠子的。新疆人入冬后都要吃熏马肉，通常一顿熏马肉讲究的是要上全套，即煮好端上桌的一盘熏马肉要有马肉、马肠子、马肚子，深红色的熏马肉像石榴石，马油则黄如琥珀，香气四溢，入口油润肥糯，嚼至最后是瘦的马肉丝，余香满口。

　　还有一些烤制不易，因而很少见的霸气烧烤，由于发展旅游的关系，重新得到挖掘，比如烤骆驼、烤全牛，据说曾经的烤骆驼是骆驼中套羊，羊中套鸡，鸡中还要套鸽子。

文／黄俊立　图／高新天　郝晓颖　刘英智

新疆味觉旅程之特色主食

新疆民俗专家楼望皓曾在《新疆美食》一书中这样描述新疆的饮食文化：新疆位于欧亚大陆的中心，其中沙漠和戈壁占新疆总面积的40%以上。这里干旱少雨，温差大，典型的大陆性气候。在这种自然地理环境下，形成了蔬菜的品种少、数量少的现象，所以新疆形成了以牛、羊肉以及面食为主的饮食文化。

馕

新疆人的主食最经典的是新疆三剑客，馕、拌面、汤饭。馕是用吐努尔（馕坑）烤制而成，品种很多，根据加料不同，有油馕、肉馕、奶子馕、芝麻馕、葱花馕等。根据形状不同，有窝窝馕、片馕、厚边馕等。库车的大馕，个体巨大、薄脆，有的馕上面还

撒着南疆一种香料，样子很像芝麻，但没有芝麻的腻香，糊香中透着一点孜然的味道。哈萨克族烧滚一壶奶茶，放上奶皮子，调成香浓的奶皮茶，把热馕掰开在奶茶里泡一泡，就像奥利奥的吃法，带着奶茶的咸香味混着阳光般面香的馕真是美味。配烤肉吃当然是葱花馕，薄软，放在烤肉炉上烤热后，把烤肉串用葱花馕一夹，把烤肉捋下扦子，烤肉就着馕一起吃，绝了！厚边馕是馕中最适合炒的，把羊肉炒香，加黄萝卜、洋葱一起炒熟，在汤汁醇厚时放入切成小三角块的厚边馕一起炒至汤汁水变浓，这里面的馕便是精华滋味。随着炸制小吃流动车的流行，在炸鸡腿、炸素鸡、炸年糕、炸丸子等品种之外，又增加了炸馕片，炸脆的馕刷上调料酱，香辣好味。火锅店里也有馕，在最后，下馕片，煮得筋筋的，吸足了火锅汤汁，很够味。

拌面与汤饭的诱惑

拌面是新疆男人的筋骨，一天不吃一顿，那就等于没吃饭，腿软了。每个新疆男人最期盼的温暖场景是：美丽勤快的老婆，在厨房里忙活着拉面，菜板上，切好的红的是西红柿，红白相间的是羊肉，紫衣白瓤的是皮牙子，白的是大蒜，绿的是辣椒、芹菜或者豇豆等蔬菜，炝锅，炒菜，案板上醒好的面，在女人灵巧的手指尖变成细圆的面，女人拉面的身形腰直臀翘，性感迷人，拉面在滚开的水中旋转，煮好的面在晾好的水中漂去黏液，变得爽滑劲道，盛在白瓷描画着花卉图案的敞口大碗里，把拌菜浇在面上，拌的时候就香气四溢，满碗吃下，再喝一碗面汤，原汤化原食，饱得满足。在人们食量大的年代曾经有一种豪华版的拌面，就是在面和菜上盖了一个煎鸡蛋。

汤饭是晚饭的经典，羊肉丁炝锅，西红柿炒出红汁，加水烧汤，如果有炖好的羊肉汤那就完美了，将醒好的面剂子拉开，大拇指食指中指用力快速将面捏薄揪断扔进滚汤中，揪面片片在滚汤中翻滚盘旋，面揪完了，下香菜，一碗酸香爽口的汤饭就好了。到别处出差的新疆女人返程的路上就开始盘算着那一碗汤饭了，一进家门，立即进厨房，先和面，醒上，在醒面的当口，切肉丁、西红柿、蘑菇丁、香菜段、大蒜片，炝锅烧汤，揪面片，然后心满意足，额头鼻尖冒着细细的汗珠，肠胃服帖了，找到了回家的感觉。汤饭除了揪面片，还可以搓成二截子，就是手掌长短的拉面段儿，还可以揪成指节长短的拉面段，叫炮仗子，揪起来比面片更见功底，得有好的手劲儿。

曾经的老新疆人一天的食谱是这样的，早餐：奶茶、馕，简单版；如果加上干果、果酱、酥油，就是豪华版。午餐：家常拌面（杂合菜居多），如果加上过油肉、酸辣土豆丝、辣皮子、辣子炒茄子等多个菜式，那就是豪华版了；皇家品级的就是鸽子拌面。晚餐：汤饭。豪华版羊肉汤汤饭，羊肉汤野蘑菇汤饭。

汤饭还被幽默的新疆人分成了干部汤饭和农民汤饭，干部汤饭是炝锅清水汤饭，而农民汤饭是肉汤汤饭，解释得也很有趣，干部平时伙食好，油水多，所以要素汤饭；农民辛苦卖力，所以要肉汤汤饭，要不没劲儿干活。

新疆抓饭

都说东北大米好吃，其实新疆的米更好吃，雪水灌溉，日照充足，颗粒饱满，晶莹如玉，蒸出饭来不就菜单吃就很香甜可口；做成"粕烙"，就是抓饭，更是粒粒分明，油亮剔透。抓饭是新疆独有的美食，传说一位叫阿布艾利·伊比西纳的医生晚年身体很虚弱，吃了很多药也不奏效，后来他把羊肉、黄萝卜、皮牙子、葡萄干、米一起加水加盐小火焖熟，就成了美味营养的抓饭，每天吃一碗，食疗的方法居然让他的病好了，而且容光焕发。抓饭用手抓确实比用勺子吃更有滋味，四个手指弯曲，将抓饭拿取适量，再用大拇指捏实，送入嘴里，温度适合，分量适合，稍捏实的抓饭比饭勺舀的松散的抓饭少了空气的缝隙，更香糯，手已经试过了温度，量过了分量，一口刚好。新疆的抓饭根据颜色分黑抓饭和白抓饭两种，白抓饭是羊肉外皮煎的金黄，黄萝卜嫩黄，米油亮腻白；黑抓饭是米色和羊肉的颜色较重偏黑，其中的奥妙其实就是皮牙子，把皮牙子炒得偏焦但不至于煳，皮牙子与葱不同，葱焦了会发苦，但是皮牙子偏焦却透出一股甜香，不但给米和肉上了色，还增加了一种特殊的香味。

根据肉的新鲜度的不同，又可分为新鲜牛羊肉、风干牛（羊）肉抓饭；根据肉的种类又分为牛羊肉抓饭、鹅肉抓饭、鸡肉抓饭等。新疆的米还有一种最常见的吃法，那是菜盖饭，北疆会炒杂合菜，通常是辣子、西红柿、皮牙子为灵魂，随主妇喜欢，想放什么就放什么，洋芋片、芹菜、白菜、茄子等，都可以混合在一起，居然浑然一体，菜汤并不收干，连菜和汤汁一起浇在晶莹的米饭上，一拌和，滋味很足，这是新疆的拌饭。南疆会做炖菜，将羊骨头炒香，和黄萝卜、土豆一起炖煮，炖至汤汁浓稠浇在饭上，满口香。

各式特色主食

不能不提的还有包子。烤包子算是新疆的包子代表，分普通烤包子和酥皮烤包子两种，都是放在馕坑里烤制而成，普通面皮皮是脆香的，酥皮因为是油酥皮制成的，所以酥香，吃的时候要先拍拍，酥皮拍松了，层层分明，有了空隙，吃起来口感更好。包子的馅料是羊肉、洋葱、黑胡椒拌制而成，简单而突出羊肉的香味，咬开脆韧的包子皮，里面满是经过烤制高温用自身水分蒸熟的馅料，汁多味美。普通的发面包子中最好吃的是卡瓦包子，即南瓜包子。美味营养，被誉为抓饭伴侣的是薄皮包子，皮薄如纸，晶莹透亮，馅料饱满，轻轻咬开一个小口，汤汁便流了出来，有的人喜欢先吃掉皮，将馅和着抓饭拌着吃，倒也别有一番滋味。在新疆还有一种炸了再蒸的包子，是一种先用油炸再用蒸笼蒸的包子，包子皮油炸后再蒸过变得油香酥软，风味很特别。

新疆人也吃馄饨，维吾尔语叫曲曲，在新疆出土文物中就有一千多年的馄饨。馅料是羊肉洋葱胡椒，包好的曲曲，皮薄馅大，用西红柿炝锅加肉汤煮熟，汤酸辣，馄饨馅香满口，用勺吃，一个馄饨一口汤，浑身暖暖的，微微出汗，每个毛孔都很满足。

新疆那仁饭是古代新疆游牧民族的传统美食，历史悠久，美食中透着远古的气息。那仁饭在很多哈萨克饭店都有，就是煮好肉，用肉汤下宽面片，装盘时把面片、皮牙子铺在盘底，把煮好的肉放在上面，点睛之笔是最后浇上的那一碗用滚热的肉汤烫熟的加盐的皮牙子汤，咸香味顿现。熏马肉那仁尤其受顾客欢迎。

新疆人也爱喝粥，普通的有用肉汤和米熬制的，有用牛奶加米熬制的，很营养，适合老人和孩子。特色的有皇帝粥，这个可是不容易吃到的，制作极其费工费时，光把面做成米粒大小且熬煮出来还有米的筋道，就非易事。肉汤熬煮，放了南瓜，恰马古，咸香美味。还有一种诺鲁孜粥，类似八宝粥，是哈萨克族在诺鲁孜节煮的应节食品，先煮肉汤，加入麦仁、米，熬煮成粥，咸甜适口，整碗将春夏秋冬的轮回煮进了粥中。

文 / 黄俊立　　图 / 刘耀明

新疆味觉旅程之美味飞禽

新疆的"三盘鸡"

新疆人吃的禽类主要有鸡、鹅、鸽子。鸡的做法在新疆最著名的有三盘鸡，分别代表着不同的口味和做法。第一盘当属大盘鸡，这个充分融合多种饮食文化的做法，风靡全国，享誉疆内外。大盘鸡在新疆分为两个流派，沙湾派和柴窝铺派，其中滋味各有千秋。沙湾县凭借一盘鸡而一举成名，就像江苏盱眙，因为一只小龙虾而驰名天下。

大体上，大盘鸡的做法是融合了辣子鸡、红烧鸡的做法，加入了洋芋（土豆），最精妙的是最后在大盘鸡的汤汁里下一盘皮带面，因为汤汁满是精华味道，所以皮带面吸饱了汤汁自然格外有味道，这是在吃完鸡肉之后的点睛之笔，将大盘鸡的美味推向了最高点。

第二盘是酸菜鸡，这是地地道道的老新疆人的做法，源于乌苏西湖镇，先将土鸡块、干辣皮炒香，最后下酸脆的酸菜爆炒，酸菜以西湖酸菜为正宗，用清冽甘甜的井水、翠绿的豇豆、嫩黄的胡萝卜腌制出的酸菜，酸爽可口，是新疆人桌上少不了的美味。

红彤彤的干辣皮，黄澄澄的土鸡肉，切成小丁的酸菜，鸡肉的香味和着酸菜的爽脆形成了复合的口感，香辣酸爽，一吃就难以停箸，最后再下一盘白皮面或者盖一个面饼，蘸着浓浓的汤汁，让面或面饼吸饱满是鸡肉香和酸辣精华的汤汁，那叫一个幸福，那叫一个满足。

第三盘是满氏八块鸡，因为乌苏九间楼乡的满氏一家做的口味最好，又获得了新疆名菜的称号并注册而得名。在老新疆人的八大块基础上，提升改良而愈发出彩。这里将土鸡切成八大块，不放水，用秘制香料干炒成熟，装盘时，鸡肉金黄，干干净净，不见汤水调料，吃起来，鸡肉的香气十足，绝无其他滋味叨扰，就是单纯的鸡香味。曾经首府的人们为了这一块鸡而驱车来到乌苏，吃完还不尽兴，还要打包带回。

新疆有名的还有椒麻鸡，因为这是一种凉吃的，一般不作为主菜，但却是夜市主将，做法也很讲究，将土鸡放入锅内加姜、葱段、精盐煮熟晾凉，不用刀具，用手撕成小块，浇上泡好的海椒、姜、葱、尖辣椒、盐炒制且用鸡汤熬煮花椒等调料调合成的料汁，麻辣清香。地道的椒麻鸡，吃到嘴里麻的就像刮大风，辣的头上冒大汗，吃起来鸡皮脆香，肉又筋道。乌苏夜市上曾经有一家椒麻鸡，味道完胜的秘诀是，将煮好的鸡放入带冰块的冰水中冰制，这样能最大限度地保证鸡的鲜味，同时鸡皮下会有一层鸡冻，口感绝佳。入口先是辣，继而是麻，强烈的刺激中一种满足感油然而生，这时必须大口啜饮刚下线的正好零上4℃的冰爽可口的乌苏鲜啤，那个舒服，无以言表。

美味飞禽

鹅以塔城飞鹅最有名，主要以塔城、额敏两地的为最佳，塔城有五弦之都的美誉，额敏更有额敏河的润泽，生态良好，生长的鹅个头健硕，号称飞鹅，足见其自由姿态。新鲜的鹅肉做成大盘红烧鹅，香辣咸鲜，炒制不易，费时费力，所以大盘鹅不常供，最多的制法是风干鹅，鹅油经过风干，不见油腻，渗入鹅肉之中，使鹅肉不柴，或蒸或煮均风味十足，很有一种烧腊的咸鲜。

鸽子基本的吃法是烤和清炖。在南疆最为常见，几乎所有的巴扎上都有烤鸽子，皮脆肉嫩，鸽子的鲜嫩的口感让人一吃就难以停下。烤鸽子的火候很讲究，以鸽子的翅膀尖是否烤焦为标准，如果翅膀尖没有烤干，而鸽子肉已经成熟，那么就是火候刚好，这时的烤鸽子吃起来滋味十足，而且肉汁饱满。如果翅膀尖烤干了，证明火太大太急，这样的烤鸽子要么没有熟透，要么没了肉汁，比较干了。鸽子汤最好的炖法是一大锅鸽子一起炖，这样肉汁很浓，容易出汤味。单个鸽子炖起来不够醇厚，放上新疆红枣、枸杞，营养美味，口味清甜。乌鲁木齐有一家鸽子馆，远在城边，但是门庭若市，一套鸽子餐由烤鸽子、香辣炒鸽子、卤鸽子胗、八珍鸽子汤组成，需得早早占座，经常要站在正就餐的宾客旁等候，咽着口水闻香挺立着，那是怎样的一份坚持啊。

红嘴雁是新疆人的新宠,做法也是大盘红烧,入锅后得将红嘴雁炒制水干出油,方才下料炒香煨制,否则会有腥气。红嘴雁肉紧实,不像鹅脂肪肥厚,别有一番风味。

新疆人的餐桌上带翅膀的还有火鸡,新疆的火鸡没有烤制的,也是大盘红烧,取香辣口味。托里县有一家有着30年历史的火鸡饺子馆,入座后,先上四碟小菜,分别是火鸡胗、火鸡肝、火鸡心、火鸡翅段,让你酌酒开胃;然后上一大盘红烧火鸡块儿,任你狂浪海吃,最后的惊艳之举是在火鸡汤汁里下了一盘精致的火鸡馅的饺子,红亮稠厚的汤汁,白亮饱满的饺子,怎是一个美味了得。只可惜,老人家年纪大了,干不动了,秘制烹饪方子若无人继承,也许有一天,美味的火鸡饺子馆只能是回忆了。

文/黄俊立 图/眉宇

新疆味觉旅程之美味点心

新疆点心被炒得很热,缘起网络上所谓的"切糕体"。其实这种被内地人称为切糕的东西,在新疆跟切糕一点儿关系都没有。

玛仁糖与下午茶

新疆有一种玛仁糖,是南疆维吾尔族采用传统特色工艺制作的点心,选用核桃仁、玉米饴、葡萄干、葡萄汁、芝麻、玫瑰花、巴丹杏、枣等原料熬制而成的民族特色食品。因出售时一般用刀从大块玛仁糖切下小块,被称为切糕。就核桃玛仁糖系列产品来说,药用价值极高,其干果仁含有蛋白质、脂肪油、粗纤维、钙、铁、胡萝卜素、维生素C等;吃0.25千克核桃仁,相当于喝4.5公斤牛奶或吃2.5公斤的鸡蛋。其口味纯正,口感香醇,酸甜适度,清香袭人,甜而不腻,又营养丰富,无任何人工添加剂,在和田地区已有几百年的历史。就其制作工艺和用料,玛仁糖本身就是一种价格不菲的点心。

新疆人有着喝茶的习俗,喝茶的茶桌上摆放的要有干果类(杏仁、巴旦木、核桃、红枣、圣女果干、葡萄干、杏干等)、果酱类(草莓酱、杏酱、苹果酱、桃酱、马林酱、酸梅酱、红莓酱、蓝莓酱等),糕点就是主角了,都是用精美的瓷盘、水晶盘盛着,美食美器。暖暖的午后,慵懒的阳光,雕花窗棂,铺着精致绣花亚麻桌布的条案,摆满了高高低低的玲珑器具,各式茶点飘着甜蜜的香味,一个蛾眉云鬟、丝绒长裙的美妇用图案纹饰艳丽的茶炊为你奉茶,这是多好的时光。

中西融合的糕点

也许是受丝绸之路的影响,新疆自古是中西方文化的交汇点,是多个文化的融合地,新疆的饮食也就有了多元化的特质。新疆人的点心有古老的民族印记,也有着西方的传统元素,透着各民族的智慧。维吾尔、俄罗斯、塔塔尔、哈萨克族等少数民族家庭中,

妇女大多数都会做各式各样的糕点，比较常见的有巴哈利。这是新疆少数民族最喜欢的一种糕点，因为是用蜂蜜烤制的，也称"黑蛋糕"，其主料还有牛奶、鸡蛋、花生、葡萄干，入口绵柔，味道甜美。

塔城地区因为受俄罗斯风情影响，比切尼很盛行，比切尼在俄语中是"点心"的意思。新疆的俄罗斯族妇女非常善于做各种糕点，而且味道非常可口。一首俄罗斯族的儿歌中唱道："明天是星期天，家中会把点心添。"可见，俄罗斯族妇女不仅在节日才做点心，平时也常做。点心是他们生活中不可缺少的食品，除了用来招待客人外，也是每日早餐中不可缺少的食品。他们制作点心的花色品种很多，饼干、奶油饼干、夹心饼干、奶油蛋糕、果酱夹心蛋糕、小面包、夹心面包、"苏哈力"（面包干）、"帕哈力"（用可可粉、鸡蛋、奶、糖等做成的点心）等，每种糕点做工都很讲究，形状有方有圆、有大有小。

列巴是最具特色的俄式点心，伊犁地区至今还有手工制作列巴的作坊，作坊里有着代代相传的揉面的木盆，传统的烤炉，坚持纯手工制作的匠人，烤制产量不多的美味面包，之所以味道远超过机器加工的面包，是因为匠人们用长达数小时的手工揉醒面团，将制作面包的心意和虔诚都揉进了面团，面剂子在烤炉中慢慢膨胀成熟，变得油亮香甜。一旦烤制面包，那浓郁的香味总能飘到十里八乡，整个空气都是甜香的。

新疆特色糕点

在新疆有一种特色民族饼干，民族的样式、民族的花纹，亦中亦洋。曾经铁艺店铺里都做各色漂亮的饼干模具，女人们用纹饰美丽的陶瓷盆和面，洁白的牛奶、浅黄的奶油、晶亮的鸡蛋、动物油脂、香料，有时是白糖，有时是炒过的焦糖。和好的面呈奶黄色，在案板上擀成薄厚均匀的面皮，再用模具刻成一个个形状纹饰各异的饼干。

一块块放入烤盘，刷上蛋液，送入烤炉，不大一会儿，酥香的饼干就出炉了，这种纯手工制作，用原始烤炉烘焙出的饼干，原汁原味，放入口中，奶香十足，绝无现代饼干甜腻背后的冷漠。这种饼干最具特点的是上面都撒有白砂糖。除了特色饼干，新疆还有一种带馅料烘焙的点心，有的果酱在外，有的果酱在内，最好吃的是南疆和田的玫瑰酱点心，外表如一个个月牙，咬开酥酥的外皮，里面馥郁的玫瑰香气顿时让你仿佛置身在玫瑰园中，甜美的滋味久久让人不能释怀。

馓子是新疆少数民族主要的节日糕点，一层一层地向上盘旋摆放，盘好的形状像比萨塔，立得很正的，一点不斜，与别处的馓子不同的是新疆的馓子和面时加入了油脂，所以炸好的馓子外皮上有着一个个小泡，而别处的馓子是光溜的。口感上，新疆的馓子酥脆，而别处的馓子是干脆。新疆炸馓子一般是几个街坊大姐们一起做，今天在这家，明天去别家，大家一起搓馓子，一人灵巧地用两根长长的一头粗些一头细些的木筷架好馓子的两端，下油锅炸至定型，然后抽出长木筷，馓子在油锅中炸至微黄便起锅滤油，然后一层一层地压边摆放，盘成圆形。盘好的馓子从上往下一层一层地吃，可以直接掰

着吃，也可以泡奶茶吃，面酥油香。还有一种叫糖馓子的，虽然叫馓子，但是外貌和馓子差别还真大，是宽薄的，边是波纹状的，上面还撒有白糖，十分香脆。

　　油果子是新疆对油炸的各色甜点心的统称，形状有翻花、贝壳、棉花包、江米条、麻花等，口感是酥脆甜香的。有的巧手们还能做出双层翻花，一层酥油皮，一层红糖或焦糖皮，口感层次分明，油酥皮奶香焦糖皮甜香。制作时的工具也很有趣，贝壳状的是将一个个切成小方丁的面块在干净的梳子上或者筛箩上用大拇指一搓，面块在变薄的同时卷曲起来，外面印上了梳子、筛箩的一条条纹路，真的很像小小贝壳。孩子们在吃的时候，满怀着对大海的憧憬，编织着甜蜜的梦想。

　　在草原牧区，进餐的程序是这样的，先喝茶，再上酒，最后上饭，这里所说的饭就是煮好的手抓羊肉，不知道习俗的游客往往会犯这样的错误，茶点这一环节就吃饱了，等到上炒菜上酒的时候已经吃不下，当最隆重的手抓羊肉上来的时候，香气四溢的肉香更让游客们后悔不已，嘴馋肚饱。客人们入座后，主妇们先铺上包裹了包尔沙克、酸奶疙瘩的餐布，然后会摆上一盘盘彩瓷碟装盛的饼干、干果、糖果，水晶杯碗里盛着淡黄的奶油，两种塔尔米，一种是用羊油砂糖炒过的塔尔米，一种只是单纯炒熟的塔尔米，白瓷碗里盛着奶皮子、苏子别，这些都是进餐前喝茶的茶点。

117

包尔沙克是哈萨克族的即时点心，是用发面制成、用羊油炸制的呈菱形的点心，和奶茶配上很香。主妇将滚烫的奶茶倒入青花薄瓷碗端给客人，客人可以在奶茶碗里随个人喜好放入奶油、塔尔米，手拿着包尔沙克，就像泡奥利奥那样，包尔沙克吸足了奶茶、奶茶上的奶皮、奶油，咬一口，油润香腻，如此这般喝上三碗茶后，这时候再吃泡酥的塔尔米，微甜油香。如果去回族家做客，茶点中必有油香，油香是一种油炸面食品，色泽金黄，味道香酥。油香有普通油香、糖油香、肉油香三种，各地回族制作油香的方法和用料大同小异，以面粉、盐、碱、植物油为主要原料，具备这几种原料就可以做出味道鲜美的油香了，也可以根据不同的口味或需要而选择辅料的种类。昌吉回族自治州的油香品种最多，辅料主要有红糖、鸡蛋、蜂蜜、香豆粉、薄荷叶粉、肉馅等，配上粉汤，口味绝佳。

新疆的糕点近年来发展很快，也走上了西点化、工业化的道路，但是各式西点屋、民族面包房依然保留着新疆人的口味和喜好。匠人们坚持着传统，选用原始的传统材料，比如奶油，保持着过去女性们在制作点心时的那种温暖与爱意。

文／黄俊立　图／左月

新疆味觉旅程之饮料冷饮

格瓦斯与啤酒

新疆的饮料以纯天然无添加绿色著称，口味多姿多彩。新近电视广告的饮料新宠——格瓦斯，虽然叫格瓦斯，但其实质上是仿格瓦斯口味的饮料，因为格瓦斯是一种发酵饮品，含酒精，更何况塑料瓶是不具备装盛条件的。格瓦斯是新疆的土制啤酒，经俄罗斯传入，非常具有吸引力，是清凉解暑的佳品，也是开胃生津、消积化食、防治便秘的保健饮料。色泽呈琥珀色，气足泡多，酸甜适度，清凉爽口，伴有酒花味，尤有一种特有的麦乳与酒花发酵的芳香。小时候，邻居列娜奶奶经常在家做格瓦斯，有时候发酵的格瓦斯气太足了，把瓶塞顶得飞出去，所以夏夜里嘭嘭嘭的瓶塞响便成为美妙的乐曲。

在新疆，带劲儿的饮料首推啤酒，新疆人常喝一种啤酒，那就是乌苏啤酒，乌苏啤酒泡沫丰富，味道醇厚，余香满口。乌苏啤酒的好味道来自乌苏良好的生态环境，纯净甘甜的天山冰川水，优质的大麦，传统的酿造工艺。生活在乌苏啤酒原产地的乌苏人，有着得天独厚的条件，可以喝到最新鲜的啤酒，最快的18分钟就能喝到刚下线的鲜啤。乌苏人都有闭着眼睛就能尝出本地产啤酒的本事，乌苏啤酒的味道培养了新疆人喝啤酒的味道取向，乌苏啤酒是父辈的酒，老朋友的酒，是带着浓厚情谊味道的酒。

曾经有一段时间，乌苏人用脸盆、用塑料暖瓶打啤酒，成为特别的场景。乌苏酒街打造了世界上最长的空中酒廊，坐在空中，树木的枝杈在身边，感觉像是在树屋，因为就在乌苏啤酒原产地厂区门口，所以使打开龙头喝啤酒的调侃成为现实，这里成为新疆人喝啤酒最具有味道的地方。

奶酒

"克姆孜"是哈萨克族、柯尔克孜族、乌孜别克族等少数民族最喜爱的饮料。因为这是一种经发酵的马奶子，也有人管它叫"马奶酒"。到了盛夏，在天山北麓的伊犁、博尔

塔拉、塔城和阿勒泰的草原上，几乎每座毡房里都备有马奶子。一首民歌中唱道："骏马遍山坡，马奶流成河"。在牧区还有用骆驼乳做骆驼奶子的，其色雪白，浓度大，味甘醇，据说比马奶子更富有营养，在骆驼较多的地区，人们就饮骆驼奶子。骆驼奶子不仅是消暑解渴的饮料，而且是治疗肺结核、胃病等疾病的良药，所以特别受到牧民的青睐。如今的人们很注重保健，于是骆驼奶饮品和奶粉成为保健品的宠儿，曾经养育了新疆很多孩子的乌苏奶粉的产地——乌苏哈图布呼镇，如今生产的骆驼乳粉供不应求，时常缺货，尤其是深受各地游客的欢迎，可见这种饮品也已经被草原之外的人们所接受。

果酒芳香

新疆是瓜果之乡，盛产水果，不同季节都有可口的水果散发着熟透了的香味。大街小巷，到处都可以听到瓜果的叫卖声，所以新疆人也擅长制作各种瓜果的果酱，然后用水冲调，加蜂蜜或砂糖，冰镇后饮用，清凉解暑。老乌鲁木齐人喜欢饮用酸梅汤，过去，乌鲁木齐有条件的家庭在夏季都爱自己制作酸梅汤。讲究的人酸梅要取库车的酸梅，用

凉开水浸泡后过滤杂质，加入冰糖水，再添加适量的桂花、玫瑰。此外，还要兑凉开水少许。过浓、过淡、过酸、过甜都不可取。值得注意的是酸梅不可煮，因为高温会使酸梅失去固有的香醇，变得酸而不香了。炎热的季节里饮上一杯冰镇酸梅汤，酸甜可口，如甘露入腹，真的很惬意。塔城的酸梅相比库车更大一些，一样的酸甜可口，酸梅酱是塔城人家必备果品。

新疆的喀什地区是盛产石榴的地方，每年都有很多红彤彤的石榴卖到各地，石榴好吃可是吃起来比较麻烦，所以用机器压制的石榴汁开始流行于巴扎中，这种半自动的压汁机有个摇把，把石榴放到一个铁的槽子里，转动摇把，铁板挤压石榴就会让石榴粉红的汁液顺着下面的一个小嘴子流出来，流到杯子里。最漂亮的是用水晶玻璃盛着的石榴汁，红红的石榴汁呈现出诱人的玫红色，鲜艳的像少妇的红唇，芬芳的香味仿佛嗅到了暖暖的枝头春花。这种工艺是什么时候开始的已经无从可考。石榴汁酸酸的，是开胃的好饮品。

新疆的黑加仑是目前最工厂化但添加剂最少、口感保持最好的饮料，伊犁和额敏的黑加仑已经成为其代表。黑加仑小浆果学名黑穗醋栗（Black currant），哈萨克语"卡拉哈特"，具有软化血管、降血脂、降血压以及增强人体免疫力等营养保健作用，同时，具有抗癌和防癌功效的生物类黄酮和γ亚麻酸的含量也很高。喝起来酸酸甜甜，爽口爽心。

王家卫在电影《东邪西毒》中，有这样一个片段：黄药师带来一坛酒，说是喝了之后可以忘记一切。在新疆就有这样一种神秘的酒，叫穆塞莱斯。这是一种介于葡萄汁和葡萄酒之间的饮料。在南疆一些地方，几乎家家都酿制穆塞莱斯。据说，不同人家酿制的穆塞莱斯，会有不同的口味不同的性格。猛者之酒烈，温和者酒柔，长者之酒余味悠长，青年人之酒霸气阳刚。情人之酒有玫瑰花的味，而失意的人的酒，喝完让人更加沮丧。据说，穆塞莱斯，代表的是遗忘。喝了它，所有恩怨情仇，世间一切浮华便可统统忘却。穆塞莱斯口感微甜带香，入口绵顺，口感滑畅，回味丰厚，沙漠的干燥炽热和葡萄浆果的丰盈多汁形成强烈的对比，这也是大自然的神奇所在。这种穆塞莱斯难得的是在酿造过程中对葡萄的要求很高，几乎是三三制才能酿好。如今已经工厂化酿造了，而且加入了很多珍贵药材，成为一种口味别致的补酒。

穆塞莱斯还有一种尊贵版的，极其罕有。有人在博客中叙述道：这种酒是用鸽子血和葡萄酿的，用很普通的黏土烧制的壶子装着，但是真正的或者说正宗的穆塞莱斯每年只能产几百斤，都是特供的，即使是当地人，也基本没什么机会喝到。正宗穆塞莱斯用的鸽子血是天山的野鸽子，这鸟吃的是天山雪莲的籽，喝的是天山矿泉水，巢筑在峭壁上，是很难抓到的，维吾尔族人有的用天山野鸽子血文身，长好了以后，是看不到的，但是你只要一喝酒，文身图案就血红血红地显出来了。很神秘吧？所以浮想联翩，想给王家卫的《东邪西毒》加上这样的片段：黄药师离去了，欧阳锋已经知悉西域白驼山恋人的情愫，于是喝下了那坛酒，想忘记所有，可是胸前心口处用天山鸽子血文的文身鲜艳刺目。那是恋人的名字，如此刻骨铭心的爱情让人荡气回肠。

酸奶

新疆酸奶子的加工制作，早在1000多年前就已经开始了，代代相传兴盛不衰。制作十分简单。它以新鲜牛（羊）奶为原料，经高温煮沸消毒后放凉，再加入已发酵的酸奶子发酵而成。新疆人几乎都会自制酸奶，酸奶是普通家常饮品，常常是自做自饮。一般奶制品是这样分的，品质最好的奶才能做酸奶；次之做果味酸奶，添加各类其他成分，这里的奶含量约五分之一了；再次之的做含乳饮料，有没有奶含量要靠良心了。

新疆的牛奶品质很好很安全，再加上传统的工艺，醇厚浓郁，奶香满口，是可以用勺子挖着吃的，虽然酸点，需要加糖调和；还可以加上葡萄干，或者浇上果酱吃，口感更丰富，清清凉凉，欲罢不能。夏日里，没有一碗酸奶的夜晚是最难将息的。新疆的自制酸奶和现如今那些兑水兑糖甚至加皮鞋的所谓酸奶相差真的很远，不禁感叹，酸奶和叫酸奶的，差距咋这么大呢？

特色冰激凌

生于20世纪70年代的也许是最后一代能很容易的吃到原始刨冰的一代了。夏天里，艳阳高照，街头的篷布摊子下，一张桌子上摆着白色搪瓷盆，盆里装着盖着白布的冰块。摊主一手拿碗，一手拿起一个手掌心大的刨刀（小铲子），在一块洁白的冰块上，使劲地铲下一些豆子般大小的冰碴子，然后从另外一个大盘子里舀一些酸奶或者果酱，或者果汁盛进碗中，再配些砂糖，搅拌均匀后，就可以食用了。那是怎样的一种冰爽，经常是在舌尖上吮吸着小冰块，感受着小冰块凉凉的滑滑的越变越小的神奇变化。刨冰，维吾尔语称之为"多尕普"。每当寒冷的冬季，人们就来到已经冰封的河面，用榔头、石镐、锥子、铁锹、坎土曼等工具把已经冻得很厚的冰面砸开（俗称"打冰"），然后把大块的冰分割成便于运输的小块冰，拿绳子捆绑后，用马车或驴车运回到自家挖掘的地窖（沿

地面垂直挖掘出几米深的一个洞，然后再平行开挖出一个圆形的直径更大的洞，多用于储存蔬菜等）中密封，待盛夏来临时再取出来食用。新疆"打冰"的季节，一般都选在最寒冷的三九或四九天，这样冰层冻得比较厚，也更结实，在砸取的过程中不容易敲碎。这当然取决于优质的生态环境和洁净的河水。在现如今，一方面生态环境的破坏；一方面现代制冰技术简便且符合卫生标准，这种打冰习俗就已经成为旅游观光的民俗项目了。

新疆的传统冰激凌做法其实很简单，现做现卖，用白砂糖、鸡蛋还有鲜奶加上水配好料，倒进一个叫"佛尔玛"的机器里，机器有里外两层，里面的内桶是铜做的，用来放配料，外围像一个大木桶，中间的空隙放着冰块，不过冰块上要撒一点儿咸盐。机器在电动机的带动下不停转动，在冰块的制冷下，料就会结晶成冰激凌，然后再用大木勺从内桶里舀出来，放入盆子里。目前伊犁还保留着大量这样的冰激凌摊，炎炎夏日里，像这样的自制冰激凌摊铺在伊宁市的大街小巷都能找到，很多人还是喜欢吃这种自制冰激凌的。塔城的冰激凌因为多少年保持着一贯的品质，现在被誉为新疆平民价格的哈根达斯。塔城冰激凌好吃的原因除了牛奶的脂肪含量高以外，还有一个重要的原因是在制作过程中不停地手工搅拌，正是这个过程，使得塔城冰激凌软绵细腻，因为在制冷过程中避免了结晶过快而口感发硬。

新疆羊油冰激凌是新疆维吾尔人自制的一种冰激凌，其实不是用羊油做的，是用优质羊奶做的，因为不脱脂，所以色泽呈深奶黄色，观感很像黄油。这种冰激凌与其他冰激凌味道相似但又有自己的独特之处，黏稠的就跟刚融化的黄油一样，那味道怎么说呢？用现在的说法就是蛋奶味道，甜而不腻！自制冰激凌的还有乌孜别克冰激凌，乌孜别克冰激凌又叫"玛拉俊"，工艺基本相同，但味道稍有区别。

可以说，新疆饮料的好味道仰仗的是蓝天白云绿草碧水，货真价实的原材料；源于新疆人对传统工艺朴素的坚持。

文／黄俊立　图／雷小丰

新疆味觉旅程之特色小吃

小吃，往往是最能体现一个地域的风情、生活情感，甚至历史的印记。新疆的传统小吃中愈来愈少见的当属面肺子和米肠子。

面肺子与米肠子

面肺子和米肠子是维吾尔族最传统古老的美食，维吾尔语叫"欧普盖"与"叶斯普"，指用牛羊的肺脏和大肠做出的珍馐。根据其用料和烹制特点，前者汉译为"灌面肺"，后者意为"灌米肠"。把羊肺和羊肠买回家之后，首先是用清水灌洗。直到粉红色的肺叶洗净发白，油肠壁冲洗得一干二净。其次是把洗干净的羊小肚反套在肺的气管上，把气管与羊的小肚用棉线密集地缝在一起，使羊小肚成为与肺管连成一体的"漏斗"，以备往肺里灌面汁子时用。面肺的咸淡与色香，全在面汁子的调配。所谓面汁子，就是把和好的面洗出面筋，沉淀后，倒掉清水的一大部分，把剩下的搅拌成面浆，往面筋里倒适量的熟菜籽油、食盐、孜然粉等，搅匀而成的。这两项准备工作完成后，一边坐锅烧水，一边往肺叶里灌面汁子。

灌面肺是一项技术性较强的技术活，也是面肺烹制成功的关键。通常是由经验丰富的妇女进行。灌米肠虽不像灌面肺那样需要谨慎小心，但也需要一番细致的功夫。把冲洗干净的油肠很熟练地反过来，使油面朝里，光面朝外，并截成若干段扎紧一头备用。再把羊肝、羊腰、羊油等切碎，加胡椒粉、孜然粉、食盐水淘好洗净的大米搅拌成馅儿，灌入油肠内，灌至八成满时用线绳扎紧。将灌好的油肠放入凉水中加温烧开稍煮之后，还要不时地用粗针或细铁丝扎破肠壁，使之漏气，否则，会因肠壁的破裂而前功尽弃，使之成为一锅肉米粥。米肠的味道，常因各地人们的嗜好，相应调料的增减而有所不同。如和田人灌米肠时，大多用做抓饭的料，烹制出抓饭味的米肠。

如今，这一传统美食，因为制作工艺烦琐，需要经验的积累，而且利薄，已经越来越少。

羊杂

清水羊头、羊蹄是新疆男人们喜欢的零嘴儿，清水煮出的羊蹄、羊头原汁原味，不腥不膻，来一盘就点小酒，是新疆男人们最好的消遣，比吃大餐来劲儿。尤其是最后一个环节，那就是用刀顺着羊上下颌骨接缝处先斩后撬，打开羊头骨，用勺子挖出羊脑，直接吃，脂肥软绵，也有人撒上孜然盐面吃。这种彪悍的吃法，是新疆人豪迈的性格决定的。

羊杂是新疆人爱吃的那一口，在担心胆固醇的今天，原来遍布街巷的羊杂馆不怎么好找了。乌苏东郊冬梅羊杂，有清煮羊杂，有炒羊杂，小小的店面，饕客不绝，数十年如一日。羊杂的原料都是店主亲自挑选，亲自收拾，用心烫煮、用心搓洗，不用碱泡，所以弹口弹牙，保留了羊杂固有的味道，但是绝不膻臭，别有一番风味。爆炒羊头也是这家羊杂馆的招牌菜，纯手工拆下羊头肉，包括羊眼、辣皮子、鲜辣椒、大蒜片，简单的配料，在铁锅中爆炒出锅，香辣过瘾，羊头肉紧实弹牙，羊眼周边的滑糯的胶原蛋白很香，就像一句老话：好吃不过羊眼睛。喀什老城区街巷里的清水羊杂摊子，干干净净的推车，洁白的搪瓷盆中盛着煮好的羊杂，如有客人要买，帅气的摊主麻利地切好羊肚、羊小肠，浇上料汁和腌制的辣椒酱，小小的白瓷碗里，白肚子、黑肚子、小肠段，红红的辣椒，调料很香辣，但是绝对不会掩过杂碎的香味。

新疆"三凉"

凉皮子、黄面、凉粉是夜市上点餐率极高的小吃，每一个烤肉摊子旁边总有一个卖凉皮子、凉粉、黄面的摊子，相生相伴。凉皮子有点像陕西的擀面皮，但是面皮蒸制的要软薄，调味上在回民的基础上又融合了民族口味，自成一派，主料有蒜水汁、油辣子、有着芥末的秘制汤料，这秘制的汤料可是各家的看家本事，绝对秘不外传。还有油辣子的配制也很讲究，要辣得香，而不是干辣呛口，这也是各家有各家的法子。配菜码有黄瓜丝、香菜段，酸酸辣辣，是新疆女人的最爱，逛街时的必备项目。石河子的小三凉皮，工艺讲究、品种多样、配料独特，吃起来有筋骨有嚼头，香辣甜酸，是一种融合了别的地区与新疆口味的复合味道，就像肯德基到了中国后的亦中亦洋的中国味道，成为石河子美食中最让人惦记的，很多人慕名前去，甚至成了出差石河子回来馈赠亲友的礼品。

黄面是新疆的特色凉面，是手工拉出凉拌着吃的面，因颜色油亮金黄而得名。面细润滑，酸香辣凉，黄面很细，手工能拉到这么细，其主要原因是加入了蓬灰水。这是用新疆戈壁上的野生植物制作的纯天然的食品添加剂，和面时先用淡盐水、土碱水把面和匀，此时加入蓬灰水，并要不断地边揉面边拉，直到面被揉得光滑有力时为止。然后放在案板上稍晾一会儿，稍后把面拉成细条状，煮熟后要过两次凉水，把水洒尽后，放在案板

风味小吃 新疆味道

上晾凉,再均匀地抹一些熟清油拌开,防止粘连。这样整个制作程序就全部完成了。吃的时候,把凉面盛在大些的盘中,浇上提前拌好的料汁、醋、蒜泥、油辣椒、芝麻酱等佐料,吃起来,又酸又辣,又香又凉,很是过瘾!在昌吉市、奇台县、米泉县等地的回族人中间,多有出名的拉黄面师傅,拉出的面细如游丝,柔韧耐嚼。再加上配料精致独到,蒜、醋、辣味俱全,深受群众欢迎。在夜市上,人们喜欢边吃烤肉边吃凉面,有的人把扦子上的烤肉用筷子捋下来放在黄面上,这一独特吃法,生出了另一小吃,并且还进入酒楼宴席,名字叫"黄面烤肉",很受欢迎。

新疆凉粉好看更好吃,在新疆有一种专门刮凉粉的工具,是一个圆圆的、有着小洞洞的漏勺状的勺子,以铜质的为最好,洞有大有小,洞大的自然凉粉粗些,洞小的便细一些。南疆的凉粉口感好,品质也比其他地方的略优一成,因为南疆的地理位置优越,全年日照时间长,温差悬殊,水源充足,无病害,不打农药,是天然的绿色蔬菜基地。所以,吃起来自然就大有不同了。南疆巴扎上的凉粉摊,案子上的凉粉像一座座和田玉塔,柔韧颤动,晶莹剔透。丰腴美丽的女人拿起一个彩瓷的精致小碗,捏一撮清白相间的萝卜丝,放在碗底,熟练地用特制工具蘸一下水,按在凉粉上,飞速转一圈,凉粉就

129

变成了细嫩的凉粉条，盖在萝卜丝上，抓一把炒熟的鹰嘴豆撒在凉粉上，然后，操起一把铜制的精美小勺，挖一点炸好的蒜末，勾半勺过油的红辣椒，舀一勺调制好的鲜蒜水汁，泼上两勺老醋，酸辣爽口，冰凉宜人。南疆伽师尼扎琼凉粉有30多年的历史了，在当地是出了名的，其味美料香，凉粉筋道，柔软滑顺，回味悠长，粉丝众多。

据当地人说从喀什地区各县甚至是阿克苏地区，专门来吃尼扎琼凉粉的人络绎不绝。北疆夜市上的凉粉多数是切成块状的，调料中有腌制的辣酱，蒜要加两种，一种是油炸的蒜油，一种是熬制的加了生蒜的调料水，过油的辣子也以当地产的干辣皮为最好，香辣浓郁。老新疆人还有一种凉粉调和方法，将蒜末、干辣椒末、新鲜辣椒丁、葱末放在调料碗里，加入醋、白糖、盐，泡好的蒜水，加热油泼滚，这样做出的调料味道独特，因为蒜和辣子等未被油炸的很透，所以既保留了蒜的原有的辛香味，也透出了油炸过后的香味，很是清爽。把凉粉块儿做汤，就是粉汤了。

特色小吃

炸油糕是新疆地方小吃里的一绝，油糕的味道香甜，口感酥软，整个的油糕也只有手掌的一半那么大，最外一层酥酥的，第二层糯糯的，里面的馅料核桃香、红枣甜，吃起来真是无比的醇香。

新疆小吃烤南瓜很美味，新疆的南瓜因为日照时间长，降水量少，因此很甜很面，一经烤制，外表咖啡金，里面蛋黄一般，甜香的味道让人难以抗拒，喀什烤南瓜最有名，是喀什美食中历史比较久的一种，无论季节怎么变化，你都能在巴扎中见到喀什烤南瓜的身影，哪怕是没有看见，那诱人的南瓜香也会把你吸引过去的。

哈尼木是维吾尔族的一道传统美食，哈尼木在维吾尔语里的意思是女士，是一种层层面皮层层馅的蒸制馅饼。厨房里的女人挽起袖管，露出白嫩的小臂，在印着四叶草图

风味小吃 新疆味道

案的搪瓷盆里用清水和面，面团是多么的幸福啊，被美人这样揉着！揉好的面团被女人擀成薄皮，女人将大葱、卷心菜、土豆、青椒切成丝，西红柿切成块，羊肉切成肉丁，加入盐和黑胡椒粉搅和在一起制成馅料，将做好的馅料均匀地铺在面皮上。从面皮的一侧慢慢卷起，将面皮卷成圆桶状。将卷好的面桶放在蒸盘上，放进蒸笼里蒸上20分钟。取出后在平盘中斜着切成10厘米长的面段，摆在盘子里就可以了。用蒸笼蒸好的哈尼木热气腾腾地摆在桌子上，香气四溢，面皮晶莹油润，咬一口滋味层层不同。

喀什老城里的小巷中，有一种奇特的小吃，现做现吃，用擀制的面包裹上肉馅，形状像大一点的春卷，下油锅炸至酥脆，出锅沥去油，撒上白糖即可食用。入口时皮酥脆，砂糖的颗粒咯吱响，接着馅料的肉香油润，甜咸混合，居然很搭，尤其是白糖的甜美和着炸制的面香，滋味很是奇妙。

总之，新疆的小吃就像新疆的美景，你想一下看完是不可能的，你想一天吃遍也是不可能的。

文／黄俊立　图／陈辉

新疆味觉旅程之特色水产

新疆渔业由来已久

饕客们很少提到新疆的水产，甚至很多没到过新疆的人认为新疆没有水产。其实新疆多河流湖泊，为鱼类的繁衍生息提供了自然条件。新疆的渔业由来已久，《山海经》和《大唐西域记》均对新疆的渔业有着记载和描述。新疆生态环境很好，水质优良，故而水产丰富，不但有着品种丰富的冷水鱼、淡水鱼，还有天山雪蟹、小白虾等，水产类好吃的秘诀依然是食材好。

按照渔产的分布，南疆以塔里木河为纲，北疆以伊犁河为纲，科塔之交者为额尔齐斯河，也就是说，塔里木盆地周缘、罗布泊、伊犁河流域、额尔齐斯河流域、乌鲁木齐周边自清代以来就是新疆的主要渔产区。

新疆人古老的捕鱼法南疆的是药鱼，南疆有一种土产的植物药草，煮汁然后将其汁液涂在葫芦籽上，待春暖雪融，投入水中，鱼吞下后便醉而浮出水面，这时只管徒手摸鱼。北疆主要是额尔齐斯河流域，冬令冰合，渔民凿冰为孔，燃火其上，鱼见火便竞濯而出。

南疆北疆烤鱼香

新疆的地产鱼的烹饪方法，传统的有烤鱼、清炖、红烧。烤鱼，按照产区不同，方法各异。南疆以沙雅为代表，沙雅的烤鱼既是当地一道特色美食，又是一道民俗风味浓郁的风景。生活在塔克拉玛干沙漠边缘的沙雅人世世代代以捕塔里木河的鱼为生，这些鱼小的有三五公斤，大的能达到十多公斤。烤鱼时先烧火堆，整鱼刨开两半不切断，最好不清洗，以保持原汁原味。用红柳枝条把鱼撑开穿好，从鱼的上部和下部横穿两条小木棍，再用一根稍长的木棍由下穿到上。串好的鱼插在火堆的周围然后慢慢烘烤，一个个串好的烤鱼像一个个风帆，围在火堆边，等鱼烤得差不多七八分熟时，再往鱼的身上撒盐、辣椒面和孜然粉让鱼更加入味，以这样原生态方式烤出来的鱼吃起来是满嘴生香，这种特别的烤鱼技艺只有在沙雅当地才能见到。

还有一种烤法，不是用柴火，是先把石块烧热，然后撤去柴火，把用木棍串好的鱼围绕石块围成一个圆锥体，用石块散发的热量把鱼烤熟，这样的烤法，需要先将鱼腌制入味，串好后等待烤制的这段时间，鱼的水分已经迅速蒸发至半干，烤熟后，鱼皮焦脆，鱼肉筋道，丝丝入味。

北疆的烤鱼以福海为代表，福海水面很大，水温很低，盛产冷水鱼，每年冬捕节吸引了众多游客，全鱼宴闻名遐迩。福海里的鱼味道纯正鲜美，所以在福海的夜市，各摊上几乎都有烤鱼。品种有狗鱼黑、鱼花翅子、五道黑、九道黑还有名贵的红鱼、中华扁和高白鲑。狗鱼得名是因为这鱼牙上有倒刺，像狗牙。在专用的烧烤架子上，用炭火烤到皮脆肉嫩，嫩嫩的鱼肉，浓浓的孜然香味混合着鱼肉的鲜香，让人欲罢不能。

捎带着提一句，福海的全鱼宴中有一道算下酒菜的干炸小鱼，名字叫干炸小日本，起因是曾经有一个不怀好意的日本投资商，先是提供鱼苗，高价回购，结果两年后，日本人消失了，可是留下的鱼苗在生长过程中吃掉了很多福海的野生鱼苗，对福海的渔业造成了致命的破坏，而且这种日本鱼不易消灭，于是福海百姓就全民自觉行动，发起了吃掉小日本的行动，发明了各种吃掉日本鱼的办法，其中干炸小日本逢餐必点，成为一种爱国菜。

毗邻著名景区喀纳斯的布尔津县，因为有着布尔津河和额尔齐斯河两条河流流过，河水是天山上流下的雪水，所以河水无污染，河里盛产冷水鱼，鱼的味道纯正鲜美，所以在布尔津的夜市，各摊上几乎都有烤鱼。美景美食，幸福的布尔津人自豪地这样说自己的家乡：北京、天津、布尔津。

伊犁河畔的烤鱼，讲究的是时令和就地取材，伊犁河现捕现捞的鱼，一出水就宰杀，用河水略洗洗，就整条穿好上了烤炉，烤得外酥里嫩，上桌后鱼皮还在滋滋冒油，香气四溢。咬开后，鱼肉雪白，尤其是鱼皮和鱼肉之间的胶质如冰似玉，入口即化。

丰富水产

乌苏古称"西湖"，有着九莲泉等著名水景，水产丰富，相传林则徐发配伊犁时，曾经途经乌苏且小住，在乌苏吃过鲤鱼和四鳃鲫鱼。乌苏人吃鱼最具特色是椒蒿鱼，一种用干鲜椒蒿烹制的红烧鱼。椒蒿，这种植物气味浓烈，味道更是独特，微麻中带着独有的香味。乌苏人很喜欢这种味道，将新鲜的鲢鱼，配上葱、姜、蒜，有的人家还放西红柿，主角当然是椒蒿，或炖或烧。这鱼配上椒蒿，不但没有了腥味，而且放大了鱼肉的鲜味，于是汤鲜味美、滋味特别的"椒蒿鱼"成了乌苏人餐桌上的宠儿，尤其是逢年过节，更

是少不了。

　　无独有偶，乌苏的远邻察布察尔锡伯自治县有一道椒蒿炖鱼汤，也叫布尔哈雪克，选取新鲜鲤鱼，洗净切块，下锅炒至金黄色，再加上葱、辣面子、盐、醋和酱油翻炒，加小半锅水，放入椒蒿煨炖，最后加入切好的韭菜，调好的生面糊，文火慢煮约半小时即可起锅。鱼肉咸香微辣中透着椒蒿的辛香，风味独特，很醒神，所以这道鱼汤也叫醒酒汤。

　　沙湾有千泉湖，湖鱼鲜美，沙湾人的大盘鱼沿袭了大盘鸡的风格，大盘鱼也是来得豪爽痛快，大盘的鲫鱼、大盘的鲢鱼，香辣中不失鱼本身的鲜味，比较过瘾。

　　塔城有"五弦之都"之称，很多的鱼从阿拉湖返游回南湖，个大肥美。塔城鱼的烹制方法很家常，鱼先腌一下，锅中放油，先炒香葱、姜、蒜、干辣皮，加白酒、陈醋加水烧开，把鱼下锅炖至汤滚一会儿，加盐、胡椒粉盖上锅盖，炖至汤汁浓稠鱼肉酥烂的时候，放入新鲜辣椒丝稍炖，再加入香菜，起锅装盘。鱼肉鲜美，味浓至骨，香辣中透着鲜辣椒的鲜辣，加入香菜很提味。

螃蟹在新疆的养殖源于上海知青，上海人爱吃大闸蟹是出了名的，到了新疆后，不断琢磨着养殖方法，还真成功了。从此新疆人也能吃到地产螃蟹了。

新疆的螃蟹产地主要在五家渠和沙湾千泉湖。螃蟹的吃法也是上海人流传下来的，清蒸。虽然新疆的螃蟹个头小，不肥，但是因为新鲜，所以味道还是鲜甜的。每年菊花黄时，螃蟹也到了捕捞季，福海、沙湾的鱼馆家家应着时令供应螃蟹，红彤彤的螃蟹堆在盘中或者竹木架上，拿下来大卸八块，不必像上海人那样文绉绉地吃，可以吃得肆意汪洋，何其潇洒。当然吃螃蟹还是比较耗时的，有人开玩笑，吃半天，费老力，一堆壳，肉还没麻雀多。和着新疆人的口味，出现了一种介于香辣蟹和炒蟹之间的一种做法，类似新疆人的炖鱼，把螃蟹切块，锅内放葱、姜、蒜、干辣皮爆香，下螃蟹翻炒至红色，加酱油、盐，用啤酒煨炖，汁并不收干，汤鲜蟹咸味足，这种螃蟹的做法很"新疆"。

乌苏头台的小虾从何时有，已经无从可考，只知道流传很久。因为虾个头很小，只能做成干货，成为乌苏名吃煎饼的绝美搭档。乌苏煎饼卷的菜，一般有小鱼、小虾，鱼有的用小银鱼，但以用本地头台乡产的小鱼小虾为上品，尤其是小虾，很像太湖的白虾，白而透明，制成干虾后金黄金黄，味道没有海虾那么冲，比小河虾味浓。锅内放葱、姜、干辣皮爆香，放小虾慢炒，喷一点水，因为虾很小，以防炒焦，然后放入螺丝辣子，快好时放入香菜末，香味扑鼻，用淡黄的煎饼卷上，嚼得有劲，辣得过瘾。

新疆人有着"桑葚熟，可食鱼，其余皆有毒"的说法，其实这是原始的休渔思想，也应了祖训，应着时令饮食。

文／黄俊立　图／丹江水

新疆味觉旅程之食疗篇

　　新疆人的饮食充满了智慧，很多食物本身就具有食疗的功效。新疆的孩子在全国的儿童健康普查中维生素 A 是不缺乏的，这很大程度上是因为抓饭这种主食。胡萝卜用油炒过，与脂肪充分结合，维生素 A 最易于吸收，也就是说抓饭这种肉类、蔬菜、淀粉搭配很好的主食是很科学和营养的。

新疆干果的"八碟六杯"

　　新疆人的餐桌和茶桌上少不了各类干果，正餐或者喝茶时均要吃干果。金庸在《射雕英雄传》第七回中描述黄蓉扮成小叫花戏弄郭靖时有一段点菜的话："别忙吃肉，咱们先吃果子。喂，伙计，先来四干果、四鲜果、两咸酸、四蜜饯。干果四样是荔枝、桂圆、

蒸枣、银杏。鲜果你拣时新的。咸酸要砌香樱桃和姜丝梅儿，蜜饯吗？就是玫瑰金橘、香药葡萄、糖霜桃条、梨肉好郎君。"听得郭靖睁大了眼睛。如果郭靖是新疆人，那么对黄蓉的这一套一定会不以为然，因为新疆人通常的干果就有八大碟。

第一碟便是葡萄干。葡萄干是一年四季都少不了的，即便是在夏季有新鲜葡萄的情况下，葡萄干仍被用来招待客人，或是用来放在甜抓饭里。经过太阳晒过的红葡萄干，特别是马奶子葡萄干属热性，有健肾的作用。这种葡萄干还可以治疗小孩尿床，老人吃了也可以减少起夜的次数。

第二碟是杏干。杏干不仅是新疆人招呼宾客的理想果品，还被用在抓饭中作为原料。杏子全身都是宝，它的果肉中含有多种人体所需要的微量元素，制成的杏干酸甜适口，尤其是吊杏干（挂在杏树上自然晒干的杏干）更是甜蜜可人，通常在吃完杏干后，新疆人会用牙咬开杏核，吃里面的杏仁，间接地锻炼了牙齿。杏仁除了美味，还有止咳祛痰、润肠通便的功效。

第三碟是红枣或者蜜枣。这里的蜜枣不是伊拉克的那种蜜枣，把鲜红枣制成蜜枣是将枣长期保存的另一种方式。新疆的红枣品质极佳，红枣滋阴养血，健胃益脾，甘甜可口，和鲜枣、干枣相比，蜜枣中的营养成分最少，含糖量最高。与干枣相似，蜜枣也最好用来熬粥，可以稀释蜜枣中糖的浓度。

第四碟是核桃。新疆喀什地区的核桃品种优良，主要有纸皮核桃、薄壳核桃等，具有壳薄、仁大的特点。一般人都知道核桃仁的营养价值非常高，核桃仁里含有17%—27%的蛋白质，60%—70%的脂肪，还含有丰富的钙、磷、铁、钾以及维生素A、B、C等营养成分。《本草纲目》中也称核桃仁可以"补气、养血、润肺、化痰、利三焦、温肺、治腰脚肿痛"。南疆的薄皮核桃用手就能轻易打开，在吃的过程中还能锻炼手部。

第五碟是巴旦木。它的营养价值和药用价值很高，但产量有限。在我国仅喀什地区

出产巴旦木，因而价位相对较高。新疆巴旦木营养价值非常高，它的营养比同重量的牛肉高六倍多。巴旦木是新疆人尤其是维吾尔人传统的健身滋补品，有人每日睡觉前细嚼十余粒，开水冲下，长期食用，夜间能通宵熟睡无梦，身体抵抗力显著增强，保持身强体壮。新疆巴旦木一般分为薄皮（纸皮）、厚皮两种，前者外皮非常薄，用手轻轻一拨就可以剥掉，一般被做成椒盐和五香的。后者的皮比较厚，一般是直接食用，果仁清香淡雅。现在的工艺还酿有新疆巴旦木乳、新疆巴旦木酒补品。巴旦木在药学领域可以治疗高血压、神经衰弱、皮肤过敏、气管炎、小儿佝偻等疾病。国外一些国家，提取巴旦木中的物质可制成镇静止痛药剂。

　　第六碟是无花果干。无花果含有丰富的营养价值，具有补气养血、健脾润肠、祛风湿止血等功效。鲜食时令太短，于是被大量地制成了无花果干，口感更甜蜜。

　　第七碟是桑葚干，可以补血滋阴，促进消化，治烦躁失眠。

　　第八碟是枸杞干。新疆枸杞品质优良，果实甘甜，营养丰富，既是名贵中药材，又是滋补佳品。精河的枸杞色红如玉，制成干果后各种有机成分含量很高。精河县的邻居

乌苏市西湖镇的枸杞经过十年的培育，终于成功种出大粒枸杞，鲜果大如红枣，干果也如同巴旦木果仁般大小，有普通枸杞的五个大，营养更丰富。

根据地域的不同，在以上干果碟摆放上还会有几样果品，不过这些干果是盛在高脚杯状器物里的，常见的有这几样：

第一杯是野生沙枣。新疆的野生沙枣生长在沙漠及沙质土中，在新疆的食用历史可追溯到1000年前，沙枣果实营养丰富，含糖量较高，主要为果糖，在干品中可达60%—70%，富含各种维生素、人体必需的氨基酸、钙、磷、铁等营养物质，具有镇静、固精、健胃、止泻、利尿、排毒、祛湿热，调节人体血液循环，降血压、血脂、血糖的功效。小时候，街头常见卖沙枣的，一杯一杯的，很便宜。

第二杯是野乌梅干。它甜中带酸，是抗衰老的健康食品，其含有的有机酸中含有柠檬酸，能促进胃酸分泌，运动过后吃一些乌梅，能有效地分解存在于肌肉中的乳酸、焦性葡萄糖酸等疲劳物质，而使体力很快恢复。还含有果酸等纤维物质，具有通便之功。

第三杯是炒鹰嘴豆。这种豆子外形奇特，形似鹰嘴而得名，有很高的营养价值和药用价值。最早的种植地在乌什县和拜城县。有丰富的易被人体吸收和消化的植物蛋白质、赖氨酸、粗纤维、亚油酸、维生素和镁、钙、铁等人体必需的营养成分。具有补中益气、温肾壮阳、润肺止咳、强身健体、增强记忆力、治疗糖尿病和肺病等功效。尤其对胸痛、胸膜炎的治疗有独到的疗效，并有解毒、消炎、养颜、抗衰老的作用，是适合高血糖、糖尿病患者以及中老年人长期食用的一种高蛋白、低淀粉、纯天然的食品，被誉为"营养之花、豆中之王"。

第四杯是炒大豆，脆香可口。新疆大豆多数是达坂城的，这里的姑娘很有名，大豆也很有名。现如今如歌中一样美丽的姑娘难觅，而大豆却名声日盛。达坂城大豆蛋白质含量较高，而且优于粮食中的蛋白质，与肉类蛋白质接近。普通的大豆蛋白质含量约35%，达坂城大豆蛋白质的含量占到40%以上。大豆中的蛋白质含量高、质量好，这也是大豆蛋白比肉类蛋白更有利于健康的原因。大豆还富含磷、钠及钾等元素，是矿物质的良好来源。达坂城区矿产资源丰富，可能也与这里长期种植大豆有关系。

第五杯是圣女果干。这是用成熟的圣女果风干后制成的，保留了圣女果原有的各种营养，酸酸甜甜，好吃又方便存放。新疆的圣女果干质量特别好，因为新疆有适合种植果蔬的得天独厚的气候，温差大，日照时间长，降雨量少，种植的圣女果无论口感还是营养元素，都有着无与伦比的优势。圣女果味甘酸、性平，具有清热解毒、凉血平肝、降低血压、生津止渴、健胃消食等功效。患高血压、心脏病、肝炎病、肾脏病的人，如果坚持每天食用，对身体健康大有好处。

第六杯是土冰糖。又名老冰糖、老土冰糖、黄冰糖、块冰糖等，是以白砂糖为原料，经加水溶解、除杂、清汁、蒸发、浓缩并添加适当结晶剂后，逐步冷却结晶制成，经敲碎干燥后即成为成品，其生产周期约为7天。老冰糖的正式名称为"多晶体冰糖"。冰糖养阴生津，润肺止咳，对肺燥咳嗽、干咳无痰、咳痰带血都有很好的辅助治疗作用。

至于果脯类就更多了，什么桃干、杏脯、哈密瓜脯、苹果干，样样营养甜美。走进新疆人的家，客厅的茶几上或多或少都会有几样以上的干果，成为寻常的休闲食品。

新疆烹饪的三个"离不开"

新疆人烹饪中有三个离不开。

第一是离不开皮牙子，就是洋葱，味辣中微带甜味，是营养价值极高且很好烹饪的食材。洋葱有很好的降血压降血糖的作用，还能够预防血栓形成。高血压高血脂高血糖的人吃洋葱对身体非常有好处。洋葱含微量元素硒，因此能增强人体新陈代谢的能力，所以，洋葱有抗衰老及防癌的作用。洋葱有提高骨密度的作用，多吃洋葱有助于防止骨质疏松症。洋葱中有大蒜素等杀菌素，因此洋葱有很强的杀菌消毒的作用。这就解释了为什么新疆人喜食肉食，但是得高血脂的人却并不多的原因。新疆人吃烤肉，佐餐的总有一盘切好的生皮牙子。下酒的老虎菜，主角就是皮牙子、辣子、西红柿。炒菜、煮肉、包饺子、包子等等，一切的一切，几乎都离不开它。

第二个离不开西红柿，在新疆也叫洋柿子。西红柿既是美味果蔬，又是一种良药。维生素C含量高，西红柿内的苹果酸和柠檬酸等有机酸，既有保护所含维生素C不被烹调所破坏的作用，还有增加胃液酸度、帮助消化、调整胃肠功能的作用。西红柿中含有的果酸，还能降低血中胆固醇的含量，对高脂血症亦有益处。据药理研究，西红柿汁有缓慢降血压和利尿消肿作用，对高血压、肾脏病病人，有良好的辅助治疗作用。中医认为，西红柿性味酸甘，有生津止渴、健胃消食、清热解毒功效。对热性病口渴、过食油腻厚味所致的消化不良、中暑、胃热口苦、虚火上炎等病症有较好的治疗效果。

第三个离不开黄萝卜。在新疆人的厨房里只要有皮牙子、黄萝卜就能做出千变万化的饭菜来。凉菜、汤菜、主食等都可。这应该是胡萝卜的一种，但是新疆的胡萝卜是黄色的，不是橙红色的，所以叫黄萝卜。而且黄萝卜的口感和营养更好，新疆人有一种胃病良药就是黄萝卜酱，每天一勺，可以治疗胃溃疡。胡萝卜能提供丰富的维生素A，具有促进机体正常生长与繁殖、维持上皮组织、防止呼吸道感染及保持视力正常、治疗夜盲症和干眼症等功能。胡萝卜素能增强人体免疫力，有抗癌作用，并可减轻癌症病人的化疗反应，对多种脏器有保护作用。妇女食用胡萝卜可以降低卵巢癌的发病率。胡萝卜内含琥珀酸钾，有助于防止血管硬化，降低胆固醇，对防治高血压有一定效果。胡萝卜可清除致人衰老的自由基，所含的B族维生素和维生素C等营养成分有润皮肤、抗衰老的作用。胡萝卜的芳香气味是挥发油造成的，能促进消化，并有杀菌作用。

独具特色的保健食物

北疆特有的具有保健作用的食物有几样不能不提，因为其作用在相当长的时间里，维系着一个部族的健康。酸奶疙瘩是一种保健佳品。酸奶疙瘩是用新鲜牛奶经特制加工而成。它是哈萨克民族手工制作的一种奶制品，具有奶味浓郁的特点，具有健胃、消食、安神等特点，长期食用可补充身体所需钙、镁、锌等元素，可增强身体免疫力，预防疾病。

塔尔米属低糖农作物，是杂粮的一种，还含有丰富的矿物质，特别是铁、锌、锰、铜、硒的含量较高。适合糖尿病患者食用，可降血脂、降血压、营养价值高。塔尔米形状类似于俗称的"小米"，色泽金黄，颗粒饱满，是哈萨克族、蒙古族等少数民族传统生活食品。

恰玛古，是新疆各族人民普遍食用的一种蔬菜，恰玛古是高碱性的植物，对酸性体质的人起到平衡作用。南疆甚至将其当作每天必不可少的食物。新疆人民食用恰玛古已经有两千年的历史，其养生的地位就如同人参一样，不同的是恰玛古可以天天食用也不会上火，因此新疆人将恰玛古称作长寿圣果。柯坪县是恰玛古之乡，当地有一个神秘的食用恰玛古的方法：每到月圆之夜，用木刀把还长在地里的恰玛古带叶削开一个上盖，

挖去中间一部分果肉，放入一小块冰糖，再盖好削开的上盖仍令其长在地里，于是这吸收了月亮精华的恰玛古，会自然渗出少许甘露般的液汁，这汁液就是治病强身的良药，每天做数枚这样的恰玛古，在早上日出之前，用小木勺舀出清澈的汁液倒入木碗中，长期服用可润肺解毒、清肝明目、填精壮肾、通便利尿、生发美容、筋骨强健、百病不生。

新疆草场上盛产苜蓿，这既是牲畜的好饲草，同时也是古老的草药之一，因为苜蓿具有清热利尿、舒筋活络、疏利肠道、排石、补血止喘的功效；还能主治气管炎、贫血、湿热黄疸、尿黄及目赤、肠炎、夜盲、膀胱结石等病症。还具有清脾胃、利大小肠、下膀胱结石的功效。每年春季，苜蓿青青，人们采摘嫩苜蓿，包饺子、包馄饨，凉拌，蒸制，食用方法多样，当季食用可以排毒，能将身体里沉淀了一年的废物排出体外。也可以用水焯过，团成团，放在冰柜里速冻，这样一年四季都能吃到美味的苜蓿了。

充满智慧的饮食

新疆的冬季寒冷多尘，很容易导致肺部疾病，所以新疆人喜欢制作冰糖香梨羹，库尔勒的香梨加上新疆的冰糖，十分养肺，是民间养肺的佳品。

新疆有一种家庭食物叫作阿利瓦，阿利瓦是用白砂糖和清油（或混合油）制作而成的，味道香甜，像是一种油糖稀，可以和面包等面食一起食用，具有很高的热量，但是对咽炎感冒有着辅助疗效。

新疆的生产条件与其他地区相比很严酷，沙漠、荒漠地很多。俗话说，地上不长毛，地底埋珍宝。新疆石油、矿产丰富，难得的绿洲是人们生存的唯一福地，而介于沙漠和绿洲边缘的地域，干旱缺水，农耕不易，但大自然就赐予当地能够果腹且营养的物种，而当地的人们也善于运用，巧加利用，不负恩泽。粮食产量低，坚果种类多，蔬菜品种少，瓜果品质好。南疆畜牧业条件恶劣，但是丰富的瓜果能够补充优质蛋白质，塔里木盆地沙漠绿洲上的维吾尔族长寿老人占全国少数民族百岁老人的一半，占新疆百岁老人的93%。这些寿星一年四季都以素食为主，并且逢5月至10月，平均每天都要进食1公斤左右的瓜果，而丰富的维生素摄入是非常有利于健康的。

新疆人凭着对大自然的敬畏，对物产的感恩，对环境的天然朴素的维护，对人生豁达幽默的智慧态度，从食物上看出上苍的暗语，接受他，善待他，获得了美味，从而获得了健康。

文 / 黄俊立

新疆味觉旅程之稀世奇珍

天山雪莲

新疆物华天宝，天山不仅有着天池、乌苏的天山雪佛的美景，还有各种奇珍，最为人们所耳熟能详的是天山雪莲，武侠书中把天山雪莲作为起死回生之神药。天山雪莲生长在天山山脉海拔4000米左右的悬崖峭壁上，生长在岩缝中，天气奇寒、积雪终年不化，一般植物根本无法生存，而雪莲能在零下几十度的严寒中和空气稀薄的缺氧环境下傲霜斗雪，顽强生长，因而具有神奇的药用价值。

据说，雪莲采摘不能碰金属，需得立即冰冻，否则马上就萎缩，极少数人掌握了雪莲的干制方法。雪莲一般用药，入菜极少，绝对是豪奢菜品。传说中入菜的雪莲是干制品，但依然保留着雪莲花的香味，烹制的时候要浸泡一段时间，再连花带水一起入菜，让雪莲花味尽显。现在种植的雪莲有入菜的，比如新疆名贵的雪莲鸡汤，是先选取老母鸡一只，加枸杞、红花、泡制好的雪莲花一起炖至汤浓，汤鲜美之极，还可以温肾壮阳，补中益气。

野山菌

新疆山珍和美玉一样珍贵，由于生态环境良好，所以野生菌种类很多，品质很好。山地菌种有羊肚菌、鹿茸菇，在新疆以生长在天山山地为最多。羊肚菌俗称羊肚蘑、狼肚菌，以其菌盖外貌生有许多小凹坑，外观极似羊肚而得名，是一种野生珍贵食用菌，也是一种高级营养滋补品。被称为"菌中之王"的羊肚菌，是一种天然稀有的宝贵珍品，生长在大山区丛林之中，一年只长一次，产量很少，采集十分艰苦。羊肚菌风味独特、滋味鲜美、嫩脆可口、营养极为丰富。作为世界四大野生名菌之首，最征服美食家的是它无与伦比的滑嫩口感，难以描述的美味和独特的外形。发泡羊肚菌很有技巧，水温很关键，要45℃左右，这样的水温，能够使蘑菇的香味最大限度地发散出来，还保持了蘑菇的口感不会发黏；水量以刚淹没蘑菇为适宜，时间20—30分钟，以水变成漂亮的酒红

色为准，这种酒红色的水可千万不能浪费，这可是秘诀，要加入菜肴一起烹煮，最好不要添加增香的调料，以免遮蔽了原本的鲜味。

鹿茸菇是一种味道鲜美的食用菌，因为长得像幼小的鹿角，故得名。鹿茸菇中含有丰富的蛋白质、维生素和其他营养成分。食法很多，烧、炒、炖、蒸、熘、拌、扒、烩、煮汤均可。食用时鲜甜可口，香味浓郁，醇香满口，别具风味。如配上羊肉、鸡肉共炒，则食味更加鲜美，胜过鸡、鸭、鱼、肉单做的荤菜。天山山地很适于鹿茸菇生长。乌苏佛山森林公园里生长的鹿茸菇，菌肉尤其肥厚细腻，清香扑鼻，且口感脆滑、味道鲜美、营养丰富，干制后营养和口感不变。

阿魏菇是一种干旱草原上生长的食用菌，主要分布在印度、法国、中国新疆，被誉为"西天白灵芝""草原上的牛肝菌"。在新疆，野生的阿魏菇以塔城、托里、乌苏交界的阿魏摊最多，青河县也出产一种雪山阿魏菇。辽阔的草原上生长着大片的阿魏草，阿魏草下长着令人惊喜的蘑菇，阿魏菇因此而得名。由于阿魏菇偏爱阿魏草，能吸收阿魏草的精华阿魏精，阿魏精具有杀虫、驱虫的功效，所以阿魏菇自然就有了防止病虫害的作用，是真正的绿色保健食品。阿魏菇肉质细嫩，肥厚劲道，浓香袭人，风味独特。新派新疆菜就用阿魏菇仿制鲍鱼，相似度99%。由于人工采挖过度，尤其是破坏性采挖，导致野生阿魏菇已经很稀少了。人工培育成功后，以巴里坤和乌苏巴音沟牧场的最成功。巴里坤地处天山东麓，巴音沟处于天山北麓，海拔高，气温低，无霜期短，为阿魏菇的生长提供了良好的生态环境。

新疆沙漠沙土地很多，在新疆特有的自然胡杨林中，有野生的沙地蘑菇，肉质厚实，味道鲜美。世界上最大的白梭梭林自然保护区——乌苏甘家湖白梭梭自然保护区内的沙土地里，生长着一种奇特的蘑菇，只有有经验的本地人才能看出哪儿有蘑菇，稍稍隆起沙土，一铁锹下去，一个白白的肥厚蘑菇就出来了，两三个就够炒一盘。滋味醇厚，肥美滑嫩，真是不可多得的美味。而南疆巴楚蘑菇，生长在叶尔羌河水流域的巴楚县、麦盖提县、莎车县等自然胡杨林区，以巴楚县出产最多而得名，呈木耳黑色，中有凹坑，菌柄乳白色，下粗上细，中空，根部主体呈圆形，有须根，产量极低，人工难以培育。巴楚蘑菇质嫩味美，松脆适度。

奇珍异草

柳花本身就是一个传奇，新疆皇贡很多，除了新疆天马、和田玉、哈密瓜外，鲜为人知的柳花茶，可谓是茶的传奇。《新疆图志》中记载，新疆库尔卡拉乌苏土产柳花，花尖花瓣重叠，与叶同色，以之待茶，胜于龙井，色绿香清而性凉，能涤腹垢，淌三焦邪火。乾隆及光绪年间均入贡皇室，传说乾隆喝到柳花茶后，特御笔为乌苏题词："西域明珠"。新疆多柳，有旱柳、白柳以及多种野生柳树，不是所有的柳树结柳花，新疆出产柳花的地方仅有乌苏古尔图镇原始野生林中，而且只能在一片特定区域的白柳树上生长，隔一米的白柳树就没有。一年也就采摘3万—4万朵，十分罕有。据记载，鲜时内有虫，虫细

如线，血红色，花大则无。按照这种记载，柳花的成因跟冬虫夏草差不多。柳花茶的制作工艺属非物质文化遗产，工艺传承有两种，一种要蒸制，茶呈现咖啡色；一种特殊秘方制成的茶碧绿。两种方法制成的茶冲泡后，都异香扑鼻。前者入口较苦后甘，后者入口微苦，但更清香。柳花茶有着养生功效，新疆清代最后一个亲王乌苏玛尼王在世时常饮此茶。可惜后一种制茶秘方的传承人还不肯公布工艺，目前面临着失传的风险。

裕民县的兰花贝母是迄今为止，唯一具有世界发现的特有贝母品种。生长在巴尔鲁克山上，花呈现淡蓝色，香味优雅，花香有清浊洁气、陶冶性情、安神固本、醒脑提神、消疲御湿的功效，药用价值很高，高于一般野生贝母，主治咳嗽等病症。当地人曾奢侈地将鲜贝母入菜，用辣椒清炒，清香微苦，脆生生的，很可口。

肉苁蓉、锁阳不算很金贵，但新疆的野生大芸、锁阳品质很好，尤其是在原始胡杨梭梭林中的大芸、锁阳，珍贵而少有。甘家湖白梭梭自然保护区里的锁阳很奇怪，冬天的时候，生长锁阳的地方，大约直径内半米没有雪，当地人笑称，看，这家伙火大的把雪都烧掉了。古尔图镇的当地人也有土豪的吃大芸的方法，把野生大芸像山药一样清炒，清甜香脆，带着药香。

文／黄俊立　图／韩国正　吴名

拌面的传说

民间曾有这样一个传说，说是一位饿汉子，路遇一家拌面馆，高兴之际狼吞虎咽两大盘子。随后拍拍肚子，抹抹嘴，点上一根莫合烟美滋滋享受之后，扬长而去。可是走了40里地，却总觉得少了一件什么事，而且越往前走，这种感觉越强烈，腿脚如同灌了铅，几乎寸步难行。猛然间如梦方醒，叫了一声"你看我这脑袋瓜子"，调转方向原路返回。正当他大汗淋漓、气喘吁吁回到饭馆，恰好老板端着一碗热气腾腾的面汤迎面而来。"早料到你还会回来的，所以面汤一直在火上热着，喝了这碗面汤，才能原汤化原食啊！"

传说中的原食，也就是通常所说的家常拌面，已经和维吾尔族的生活水乳交融，难以割舍。而且新疆这块热土本来就是各种文化的交汇之地，作为传统饮食文化之一种的家常拌面，也就自然受到其他民族的普遍青睐。如今城里大街小巷餐馆林立，名目繁多，其中尤以拌面馆居多。即使走进高档星级饭店，许多食客依旧不忘问上一句："有拌面么？"

拌面的维吾尔语发音是"兰格曼"，拌面是意译，也就是拌上菜吃。根据其制作方法和形状，还有一种称谓是"拉条子"。不管是哪一种叫法，新疆人都知道其中的意思，等着慢慢享用就是。

记得以前家境贫困，去磨坊磨面的时候，要将头等面粉单独装在一个袋子里。等家里来了重要客人，才用来做一顿拌面，招待客人。而我们自己则是白面和玉米面掺着吃，即使偶尔吃上一次拌面，也是一截一截的，感觉不是那么一回事。

真正意义上的拌面，就像打造一件工艺品，有其不可或缺的工序。先要用上等的面粉来和面，等面醒好后，切成一根根剂子，抹上清油，盘成层状面盘，然后扣上面盆再稍醒片刻。等锅里的水开了，就可以下面了。起先是一圈一圈向上盘，随后是一层一层向下绕。只见一根根剂子，经过一番迅速抻拉抛甩之后，魔术般变成一把长长的银丝，不要说吃了，看着都是一种享受。

既然是拌着菜吃的一种面食，忽视了炒菜拌面就会相形见绌。维吾尔族经过长期摸索，

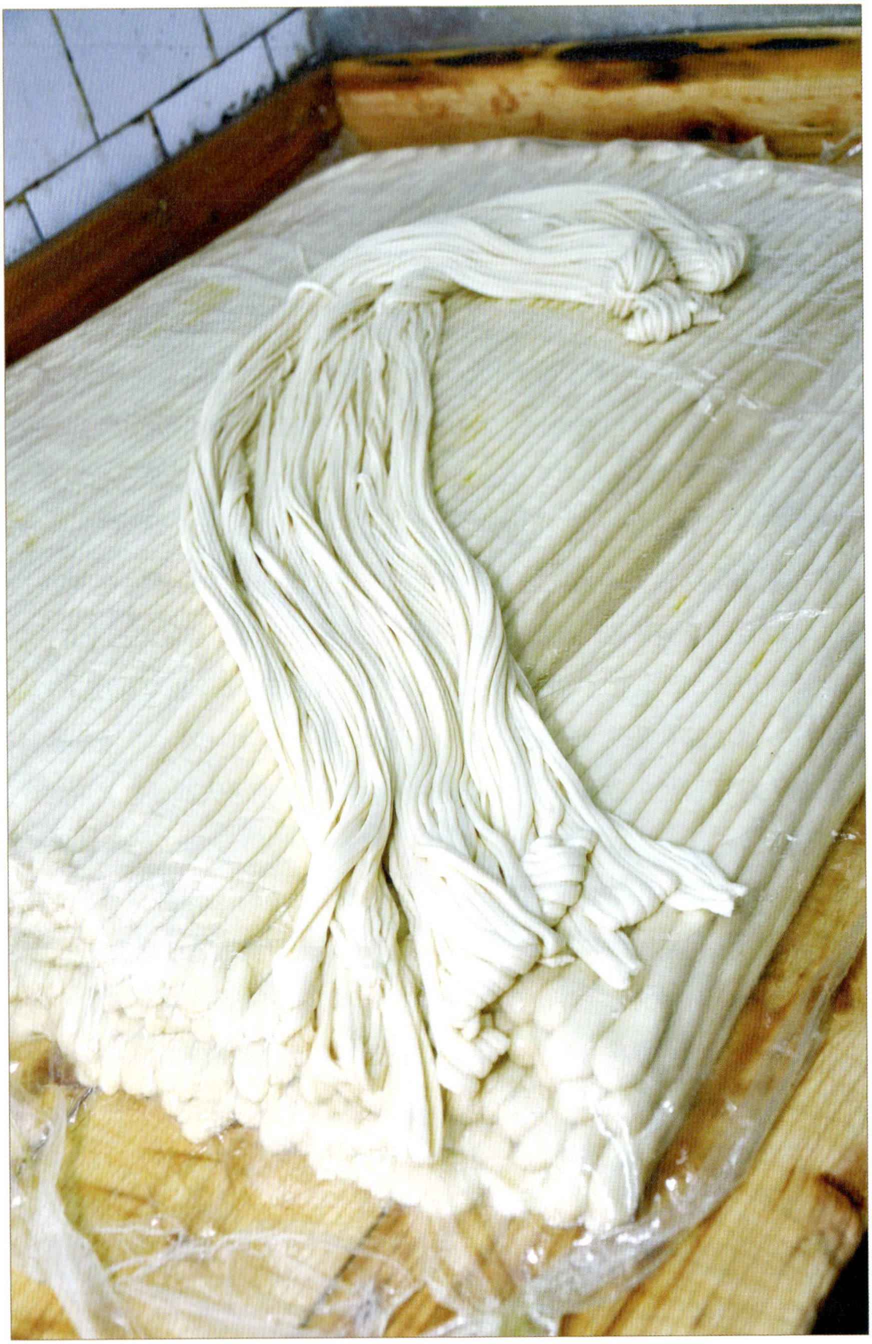

形成了一套特有的民族菜谱，虽然看似略显简单，然而营养搭配极具合理性，从而达到"以少胜多"的效果。

维吾尔族的菜谱，一般少不了这样几个主打菜：胡萝卜、洋葱、恰玛古。胡萝卜富含胡萝卜素、维生素和微量元素，药理作用突出，健脾消食，补肝明目，人称"贫民人参"。洋葱，维吾尔族人称"皮牙子"。不仅含有大量蛋白质、粗纤维，而且还有芥子酸、咖啡酸和氨基酸，具有很好的保健和治疗作用，因而冠以"菜中皇后"，深受老百姓喜爱。而恰玛古，则是经2500多年食疗史验证的长寿果。在新疆只要提及恰玛古这种植物，几乎没有不知道的。《大医典》等多部维、汉医典中都分别对恰玛古的保健和治病功效进行了详细介绍。虽说南疆一些地区自然条件非常艰苦，但不乏百余岁的长寿老人，究其原因，和长期食用恰玛古不无关系。另外再如西红柿和辣椒等，除了本身具备的营养成分，调色和调味都不可多得。有了一盘子筋道的白皮面，再配之以色香味俱佳的特色炒菜，可谓两全其美，缺一不可。

时至今日，拌面已开始与时俱进，向着多元化和精细化方面发展了。除了维吾尔族的家常拌面、过油肉拌面，一些以地域特色为标志的品牌拌面也相继问世。比较著名的有托克逊拌面、奇台拌面和伊犁碎肉拌面。

早些年没有通往南疆的铁路和高速公路，司机跑长途，托克逊就成了重要的一站。久而久之，自然催生当地的餐饮，尤其是既经济又实惠的快餐拌面，成了过往行人的首选。一时间标有数字序号的拌面馆应运而生，生意十分红火。1996年我去南疆的时候，往返都是在这里吃的拌面，味道确实记忆深刻。也曾有机会在伊犁河谷品尝伊犁碎肉拌面，于今想起来依然余香满口，回味不尽。只是近在咫尺的奇台拌面一直不曾品味，想必味道一定不错，因为毕竟名声在外。

很久以来拌面被人津津乐道，关键在于方便快捷和实惠。面和菜盛在一起，经过认

真搅拌，面和菜的味道相互渗透，相互吸收，面嚼着有筋骨，咽着又滑溜，如果有一头新鲜的大蒜就着，一阵辣劲过后，顿感浑身毛孔一下全部张开，一天的劳顿便一扫而光。

不少人都有这样一个体会，如果赴宴之前垫上一小盘拌面，应付一场酒席不在话下。反之，即使山珍海味摆了一桌子，回到家仍要害得家人做一盘子拌面，仿佛如不这样睡觉都不踏实。同样，在一些街头餐馆，我们经常可以看到这样的场面：三五个朋友坐在那里，一人点上一个菜，凑在一起就是好几道菜。诸如酸菜、过油肉、土豆丝、辣子和西红柿炒鸡蛋等，吃一盘子面，品好几样菜，非常划算。然后根据各自的喜好，叮嘱跑堂的伙计要热面，还是要凉面。热面俗称"染窝子"，肠胃不好的人吃了舒服。凉面又叫"过水面"，吸溜起来一气呵成，痛快。如果留心，常常还能听到这样的对话："韭叶面还是棍棍子？""韭叶面！""凉的还是热的？""一个凉的，一个热的！""喝面汤吗喝茶呢？""先喝茶后喝汤！"

很多年前，拌面还没有走出新疆，人们去外地出差，很难适应当地的饮食习惯，大伤脑筋。一次去四川一个友好县，恰巧看见有一家清真饭馆，想拌面想得几近发疯的我们，

一下子拥进饭馆，说什么也要老板做一顿拌面不可。可惜老板只听说过拌面，却从来不曾亲自做过，就问我们可不可以用挂面代替。挂面和手工拌面简直是两个概念，哪能同日而语。于是就有人提议自己动手，一解嘴馋。老板十分好奇，满口答应。几个高手便分工负责，和面的和面，择菜的择菜，一阵工夫一盘子接一盘子的拌面就端上来了。虽说面不是那么有筋骨，几乎都成了二截子，但毕竟是千里之外的他乡，因而品尝到这样一顿朝思暮想的家常饭，就如同见到了亲人一样，幸福极了。

所以我们常常调侃说，以前新疆人出差回来，一定要做这样两件事情：一是大包小包往回扛东西，那些年新疆物资匮乏，借此机会购置一些家庭用品。二是下车或者下飞机，吃的第一顿饭十有八九是拌面，而且一边吃着一边还说："还是家乡的拌面好吃，可把人都想死了！"

如今往回扛东西的年代已经一去不复返了，再去别的一些地方出差，吃到家乡拌面也不再是多么难的一件事情。像北京上海和广州等一些大城市，新疆餐饮已经形成了一定规模，如果想吃拌面，只要告诉出租车司机，保证将你送到有新疆饭馆的地方。

近日刚去了一趟南方，路过一个小镇的时候，突然远远看到一块新疆拌面牌匾，于是好奇心驱使我前去一饱口福。等到了跟前仔细一瞧，才知道是外省人开的饭馆。我就问老板能做出新疆味道么，老板笑着说吃过之后就知道了。吃了之后觉得确实地道，面拉得精细，菜也符合口味，有一种宾至如归的感觉。

之所以连外省人都要打新疆的牌子，说明新疆拌面的确有其独到的地方。就像新疆的民族歌舞，只要唱起来、跳起来，不少人都会为之感染，从而产生跃跃欲试的欲望。我就想，作为一种文化，不受民族和地域限制，被社会广泛认可，说到底是一件值得骄傲的事情。

文 / 艾贝保·热合曼　图 / 迟明

新疆人参恰玛古

说起恰玛古,即便是很多土生土长的新疆人也不一定知道,但几乎每个维吾尔族人都能耳熟能详地告诉你它的好处:那个嘛最好的东西,人参嘛一样,吃了身体棒的嘛小伙子一样……80岁嘛羊岗子(老婆)娶呢,山西巷子卖的有……

带着这种近乎神话的说法我曾到山西巷子去寻找,那一带簇拥着很多不起眼的维吾尔族人开的小商店。我的目光在一排排的商铺里寻找,冷不丁发现有一辆拉车上装满了这种酷似我们汉族人吃的青萝卜的东西。的确很像,青白相间,略有不同的是形状,萝卜大多是圆柱形,而恰玛古是一种扁圆形的果实,你一定奇怪这个萝卜一样的蔬菜怎么能成为维吾尔族人眼里的人参吧?

恰玛古和我们通常吃的萝卜同属十字花科,并且萝卜的一些品种跟恰玛古的形状也很相似,都是圆球状,人们就容易将其混淆。但是两种植物还是有区别的,恰玛古为芸薹属,萝卜则是萝卜属;恰玛古成熟后肉质细腻,入口绵软,可作为主食;萝卜成熟后脆嫩多汁,纤维比较丰富,但两者在药用价值跟食用价值上都十分接近。

新疆阿克苏柯坪县就是恰玛古品质最好的产地之一,虽然当地不太富裕,但却是新疆有名的长寿之乡,当地古稀的老翁仍有生育能力,百岁老人生活仍能自理。据当地政府2005年的统计显示,这里80岁至99岁的老人多达315人,100岁至120岁的百岁老人竟有9人!而他们的养身之道就是一日三餐离不开恰玛古,并且喝恰玛古泡的茶已经成为他们的一种习惯。

之所以能有如此神奇的效果,皆因恰玛古属于碱性含量非常高的蔬菜,而维吾尔族人多以肉食为主,身体呈酸性环境,按照医学上说,酸性体质乃百病之源,最容易老化和引发细胞癌变,恰巧又由于他们经常食用恰玛古,起到酸碱平衡的作用,才能健康长寿并且老而有子。

据资料记载生长在新疆的恰玛古是自然界中少见的一种富含有机活性碱的植物,除

了富含钙、铁、锌、钾等有益健康的碱性矿物元素及有机生物碱外，还含有19种氨基酸、蛋白质、粗纤维、亚油酸、类黄酮、多糖、皂甙等物质，是一种比人参更为合理的植物根茎，可以同时对身体的各个脏器进行全面的营养调节，达到酸碱平衡、改善体质的作用。

《本草纲目》《大医典》等药典中分别对恰玛古的植物来源、药材性状、药理作用、功能主治等都有详细的记载，其中有这样的记述：恰玛古、无毒、性温归胃经、归肝经、通三焦、益中气、利五脏、解邪毒。润肺止咳、清肝明目、填精壮肾、软肠通便、利尿消肿、治霍乱、瘰疬、乳痈、消渴……内服外用，可升可降、能汗能吐、能下能利、生精、补气、消渴、提神，其功甚伟。

在新疆，食用恰玛古的历史已经有2000多年了，它是南疆维吾尔族人每天必不可少的食物。其实神奇的恰玛古古已有之，就是我们很多人常吃的大头菜，汉族人管它叫蔓菁，汉代又被称为胡菜，《诗经》中称之为葑，最早在《诗经·唐风·采苓》里就有记载："采葑采葑，首阳之东。人之为言，苟亦无从……"

三国时期，诸葛亮曾将其作为军粮，大力发展种植业，至今在武汉的襄樊，蔓菁已经被开发成当地的特色旅游产品酱大头菜。据说当年诸葛亮为刘备的军事中郎将,监管军粮和税赋。当时刘备大军兵马甚多,粮草相对不足。一次,诸葛亮微服出巡,见当地农民种蔓菁,得知它浑身是宝,叶子和茎都能吃,根茎还可制成醃菜,青黄不接时做冬菜亦佳。遂向老农询问蔓菁每亩的产量及种法,下令士兵开荒种恰玛古,一方面补军粮不足;另一方面又可用作牲畜饲料,既经济又实惠,一举两得。后世又称蔓菁为诸葛菜,而在第一次世界大战时期的德国,也曾将蔓菁作为主要的应急粮食。

随着人们生活水平的提高,恰玛古慢慢淡出人们的视野,或许再过个几百年,知道这种蔬菜的人会越来越少,而近几年恰玛古作为一种可药食两用的食疗绝佳上品,在辅助癌症及其他危重疾病的治疗方面又渐渐引起了人们对它的注意,被维吾尔族人奉为长寿圣果。恰玛古有着悠久的历史背景和文化背景,希望更多的人能亲近这种平民蔬菜,并从中获得健康。

如同汉族人看待人参一样,维吾尔族人一如既往地相信他们的恰玛古是能长寿的圣果,是和"人参"一样的好东西。

文 / 李玲　图 / 高新天

四、民族乐器奏出历史长音

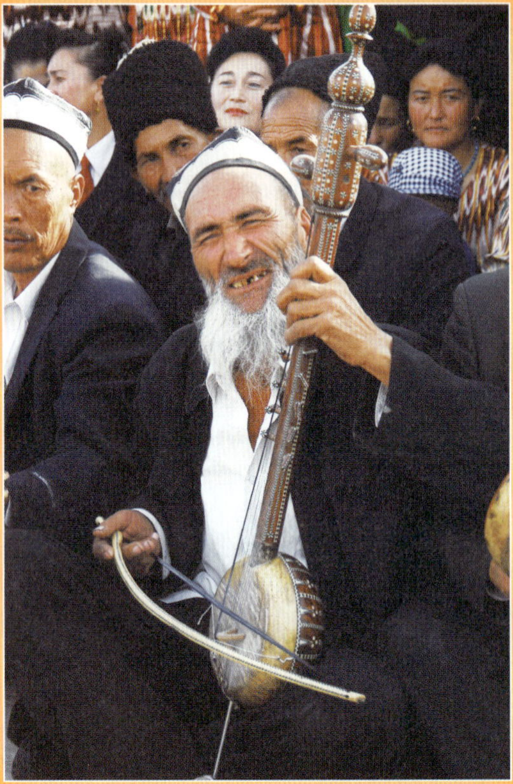

维吾尔乐器：穿透时空的音响

穿透时空的维吾尔音乐

"女为胡妇学胡妆，伎进胡音务胡乐。火凤声沉多咽绝，春莺啭罢长萧索。"这是唐代诗人元稹描写西域乐舞的诗句，至今仍能让人感受到那乐声的深沉悲壮和清丽婉约。

喀什噶尔古称疏勒国，它的"歌舞之乡"的美名则可直溯秦汉。那时的疏勒乐曲就已十分出名，至隋唐时期疏勒乐已达到鼎盛，与龟兹乐、于阗乐、高昌乐并称西域四大乐舞，并对中原音乐产生了深远的影响。那些穿透历史的悠扬的乐声，应该出自那些千姿百态的精美乐器：都塔尔、热瓦甫、沙塔尔、卡龙琴、艾捷克……几乎每一种乐器的身后，都隐藏着一段古老的记忆。《隋书·音乐志》曾记载：疏勒乐"乐器有竖箜篌、琵琶、五弦、笛、箫、筚篥、答腊鼓、腰鼓、羯鼓、鸡娄鼓等十种。"唐朝时，这些来自疏勒国的乐器还和它们的演奏者一起风靡了长安，其中妙解琵琶的乐师裴神符就深得唐太宗李世民的喜爱和赞赏。

今天我们也许在喀什噶尔找不到琵琶和竖箜篌的身影，但是，莎车县文工团团长、对木卡姆和维吾尔族乐器都深有研究的依力哈木却告诉我，虽然西域的琵琶留在了中原，但是生活在西域的维吾尔族的先祖们把原来琵琶的琴身加长，就形成了后来的弹拨尔和都塔尔。"在喀什，几乎每一种维吾尔族乐器都带有着东方或者西方的影子，卡龙琴样子像扬琴，声音却与古筝类似，甜美纯净；胡西塔尔与小提琴同源；艾捷克则恰似二胡。正是因为带着历史的烙印，彰显了维吾尔族兼容并蓄的胸怀，这些乐器才会代代相传。"依力哈木的介绍，让我们对维吾尔族乐器更加充满了好奇，不仅想仔细聆听每一种乐器美妙的声音，还想知道它们诞生的过程。

于是，在叶尔羌河流域刀郎人的故乡麦盖提县，我们终于见到了最原始的维吾尔族乐器、听到了最原始的乐声。那是在维吾尔民间艺人玉素因·亚亚兄弟的家里。玉素因·亚亚抱出了两面手鼓和刀郎艾捷克，手鼓的鼓面已经有些发黑，看来有些年头了；艾捷克

琴弦上的家园

的琴身细长，雕琢简单，泛着一层淡黄色的油光，显然是因为长期的摩挲所致。玉素因·亚亚还告诉我，这两面手鼓包括艾捷克都是他们兄弟自制的。据说，在喀什噶尔，很多民间乐师都会自己制作乐器，他们没有什么专业的技巧，只是凭着自己对音乐的把握，就能做出和自己心灵相通的乐器来，所以虽然土气，但就像他们身体的一部分，熟悉、亲切，用手一摸就能感应到那涌动的音乐之灵，乐声就会喷薄而出。

追寻西域乐器的辉煌

似乎是为了追寻当年西域乐曲的辉煌，我们在初冬一个晴朗的早晨，穿过喀什噶尔的街巷，在浓缩了喀什历史文化的手工艺品一条街——吾斯塘博依街上徜徉。这里有很多家专卖维吾尔族传统乐器的小店，而且大多是店铺与作坊相连，可以一边观看那些奏出泉水般清澈音乐的乐器是如何制作出来的，一边和店铺的老板拉拉家常，听一听关于维吾尔乐器的故事。正走着，耳边忽然传来了几声清音，幽幽的，断断续续的，穿过街巷的上空，仿佛天籁，直入耳鼓，"噢，你听，是沙塔尔的声音！"同行的维吾尔族姑娘兴奋地说。

循着乐声，我们走进了一家古朴的乐器店。弹奏乐器的是一位中年的维吾尔族男子，他自我介绍说，他是阿克苏文工团的乐队队长，名叫阿不来提，是专程来这家店定做乐器的。"全疆很多文艺团体都到这里来买乐器，因为它是一家老店，做的乐器音色好，装饰也精致。"阿不来提边说边弹起了沙塔尔，那真是一把精美绝伦的沙塔尔：油亮的琴身呈华贵的红黄色，上面刻满了花纹，琴头雕成了一只振翅欲飞的小鸟，让人觉得那清脆圆润的琴声仿佛是清晨鸟儿的歌唱。

乐器店的隔壁就是手工作坊，几个老工匠正在埋头砍、削、旋、凿，那一块块木头，在他们的手里魔术般地变成了圆形的、空心的琴体，长长的、纤细的琴身。做琴体和调

弦的是店主人、70岁的维吾尔族乐匠阿巴拜克日。"因为这两样最重要，关系着乐器音质的好坏。"阿巴拜克日说。他从9岁就跟着父亲学艺了，几十年来，不知有多少把乐器诞生在他的手里，可以毫不夸张地说，喀什噶尔街巷中纳格拉鼓的脆响，艾提尕广场都塔尔的张扬，麦盖提刀郎之乡卡龙琴的清幽，几乎都来自阿巴拜克日手中的刻刀。他可以制作维吾尔族所有的乐器，品种多达20余种。阿巴拜克日告诉我们，之所以新疆各地包括喀什本地的艺人都喜欢用他做的乐器，是因为这是一门祖传的手艺，几代人的精心打造，几代人的细心研磨，使他们制作的乐器不但音色圆润，而且很有艺术收藏价值。看我们好奇地围着乐器东瞅西看，阿巴拜克日捋着花白的胡须笑了，耐心地讲解起维吾尔族乐器的制作方法和特点。

都塔尔和弹拨尔相似，外形像个长柄的大水瓢，由共鸣箱、琴头、琴杆、弦轴、琴马和琴弦等部分组成，材料多采用经过自然干燥的桑木、杏木或核桃木，规格尺寸按照男士、女士和儿童的不同分类而定，通常分为大、中、小三种。大的柄上用丝弦缠17个品位，小的有14个品位，男女都能弹奏都塔尔。弹奏出来的琴音柔美动听，但是由于声音不够响亮，所以大多数时间用于小型的家庭聚会，演奏者自弹自唱，正可以尽情抒发情感，所以维吾尔族女子尤其喜欢弹奏都塔尔。卡龙琴是维吾尔乐器里弦最多的古老民间弹拨乐器，史籍中称它为"七十二弦琵琶""喀尔奈"，它不但是演奏古典乐曲十二木卡姆中不可缺少的乐器，还是麦盖提刀郎木卡姆的主打乐器。据史籍记载，卡龙琴是维吾尔族学者和音乐家艾布·纳斯尔·法拉比（约公元870—950年）发明的，《乐师史》记载，艾布·纳斯尔·法拉比将一段粗大的杨木掏空，用兽骨做琴轴，用羊肠做琴弦，创造了第一把卡龙琴。

在所有的乐器中，沙塔尔的音色最为柔和，它独奏时声音纯净甜美，令人沉醉；合奏时婉转清扬，动人心魄。我每次听沙塔尔的演奏，都会觉得心灵的沃野里有清泉奔流，浮躁的灵魂在瞬间就能感到安宁。据说沙塔尔是公元10世纪至12世纪时，在阮琵琶（多兰热瓦甫）和突厥古老乐器库布兹的基础上创制而成的。清朝宫廷用作燕飨的新疆回部乐就叫塞塔尔。沙塔尔基本都用桑木制成，一般长140厘米上下，长柄下部是瓢形音箱，薄木做面板，柄上用丝弦缠品位，有一根钢丝主奏弦，有8—12根钢丝共鸣弦，这种乐器主要用于木卡姆的演奏。

胡西塔尔，原名"艾西塔尔"。"胡西"，维吾尔语是"欢乐"或"非常悦耳好听"的意思，"塔尔"的译文是"琴弦"，合起来就是"悦耳的弦乐器"。胡西塔尔不但样子像小提琴，演奏起来音色脆亮，也同样有小提琴的风韵和感觉。据说胡西塔尔是新疆佛教传播时期的回鹘乐器。长久以来，这种美丽的乐器被历史的烟尘所湮没，是新疆早已失传的一种维吾尔族民间乐器。20世纪70年代，著名的维吾尔族器乐演奏家、民间乐器制作改革家吐尔逊江把它从岁月的角落里重新找回，恢复了它的样貌，并使它成为一种性能优良的维吾尔族弦乐器。

当然，在维吾尔乐器中，我们最不能忘记的是纳格拉鼓（铁鼓），这是喀什噶尔最具有风情的声音。黄昏的迎亲车队、店铺的开张庆典、节日的街头巷尾，最先响起的都是纳格拉鼓的脆响。史学家们推测，纳格拉鼓很可能是隋唐时期传入中原的羯鼓的后代，而达卜（手鼓）则极似答腊鼓。维吾尔人的乐感极强，鼓点对他们来说，就像人生的节拍一样重要，无论何时何地，只要有鼓声，他们的脚就会随着鼓点踏步，手就会自然地击打跳动。所以维吾尔人说，他们手里有两个馕，一个吃的，一个敲的（指手鼓）。鼓乐，和他们的粮食一样不可或缺。

纳格拉鼓的形状看起来像一个花盆，鼓面蒙的是驴皮。据说制作纳格拉鼓用的驴皮要用火烤或者经太阳晒，这样可以使它的音质变得尖细，也可在鼓面上喷上水或用水湿润，则能让它的音质变得粗壮嘶哑。

都塔尔是正宗的西域乐器，早在公元6至8世纪，维吾尔族的先民便创造了富有民族色彩的棒状直颈乐器，这是都塔尔的前身。大约在公元14世纪，传统的都塔尔开始定型，并流传至今。都塔尔不像艾捷克声音苍凉，也不像沙塔尔演奏难度比较高，它是简单而平和的，最为民间艺人所喜爱。还记得电影《冰山上的来客》里的那首歌吗？"只有那都塔尔，闲挂在墙上"，可见在维吾尔族众多的传统乐器中都塔尔流行的广泛程度，据说喀什噶尔90%的维吾尔族家庭都有都塔尔。

维吾尔族乐器世家的记忆

观赏琳琅满目的维吾尔族乐器，我仿佛感受到疏勒乐穿透时空的魅力，忍不住取下一把热瓦甫顺手弹拨了几下，虽不成曲调，却弦如弯弓，射出了几支锐利又不失清润的音乐之箭。热瓦甫声音之洪亮高亢出乎我所料，立刻想到了史书所载的一个故事，说疏勒乐师裴神符在唐朝时入京，曾奏一曲《倾杯乐》，声极激越，竟以群马奔腾伴舞。想必那所奏之乐器中，必有热瓦甫吧！

民 族 乐 器 奏 出 历 史 长 音

见我们对乐器如醉如痴的样子，阿巴拜克日捻着胡须颇为得意地说，在整个新疆，甚至是在中国，维吾尔族的乐器是少数民族中种类最为繁多、最有表现力的了，它能够奏出最宏伟的乐章，而不是只能骑在马背上自弹自唱。

在维吾尔族音乐中，也有不少流派，所用的乐器也不尽相同。喀什噶尔木卡姆源于莎车古叶尔羌汗国，以热瓦甫和都塔尔为主要乐器；刀郎木卡姆却出自麦盖提县刀郎后裔的创造，主打乐器为卡龙琴。所以乐匠们制作乐器的时候要对各个音乐流派做深入的了解，不仅自己要熟谙音律，还要摸透每种音乐的特色和风格，或悠远，或深邃，或欢乐，或悲壮，这样才能调出好弦，让乐器成为音乐的灵魂。

阿巴拜克日老人还谈起了家史，大约在1000年前喀喇汗王朝的时候，喀什噶尔就成了西域经济文化的中心，手工艺者纷纷到这里来谋生发展，他的祖先也是在那时候定居喀什的，那个时候的喀什噶尔十分繁荣，人们热爱音乐、诗歌和舞蹈，制作乐器也就成了一门非常受人尊敬又能够安身立命的好手艺。

阿巴拜克日老人还告诉我们，大约在1880年前后，他的爷爷的爷爷曾远赴俄罗斯、乌兹别克斯坦等国，在那里开门授徒制作乐器。阿巴拜克日说，俄罗斯及中亚国家的文化和我们很接近，音乐也大同小异，所以喀什维吾尔人做的乐器在那边很畅销。由此可见，维吾尔族的文化不但在国内很多地区影响深远，在中西亚也留下了十分明显的痕迹，这大概是由于喀什噶尔自古就为中西方文明交汇点的缘故吧。总之，阿巴拜克日的家族从此成了乐器世家，世世代代以制作乐器为生，从莎车、叶城、和田等地来的学徒不计其数。

1950年，阿巴拜克日和其他手工艺者一起进了喀什工艺美术社，80年代后重出江湖，在政策的引导下又开起了乐器店。后来旅游业发展迅速，阿巴拜克日到深圳、广州等地去旅游了一趟，回来以后脑子更活了，不仅制作演奏用的乐器，还将乐器制作成小巧精致的旅游纪念品，吸引了不少中外游客。

民族乐器奏出历史长音

我们去的时候，他正在制作"镇店之宝"——一把 8.5 米长的巨型都塔尔。他说，这把都塔尔做了 3 年才做好，它是维吾尔族音乐的象征，也是我们这个乐器世家的象征。

在我们将要离去时，阿巴拜克日老人又给我们讲了一个故事：传说在很久以前，一个白胡子老头踏着祥云来到喀什噶尔的高山上，弹起了一把沙塔尔，那美妙的音乐让风都停住了脚步，让鸟儿都停止了歌唱。老人离去后，喀什噶尔的居民思念这美好的音乐，纷纷仿制老人弹奏的沙塔尔，但树木葱茏的高山都伐秃了也没有做出一把能弹出动人音乐的琴。一位年轻人决定到更远的山上去寻找能奏出仙乐的树木。他走啊走啊，碰上了一位老人，老人笑着说："要找你就找桑树，因为当年的老者弹沙塔尔时，别的树木都睡着了，唯有桑树用心听着，那仙乐就渗透在桑树的体内，所以只有桑木能做出有美妙音乐的琴。"从此维吾尔人制作乐器都用桑木。

木头尚且有思维与灵性，何况人呢？维吾尔人就像那桑木一样，连血液里都渗着音乐，所以他们的生活才会如此丰富多彩。

文／阎旭光　潘黎明　图／阎旭光

171

木卡姆：琴弦上的家园

由于职业的关系，我常年行走在天山南北，而无数有关木卡姆的故事轶闻都可信手拈来。维吾尔木卡姆艺术在 2005 年 11 月 25 日被联合国教科文组织列为第三批"人类口头和非物质文化遗产代表作"，它的成功申报拉开了新疆非物质文化遗产走向世界的大幕。

新疆维吾尔木卡姆的定义在经历了无数次反复讨论后，终于有了清晰完整的内容。

维吾尔木卡姆是新疆各维吾尔族居住区的各种木卡姆的总称，是集歌、舞、乐于一体的大型综合艺术形式。现代维吾尔语中，木卡姆一词主要是指"大型套曲"，此外还有法则、规范、曲调、乐曲、散板序唱（奏）等多种含义。木卡姆由三个部分组成：一、琼乃合曼；二、达斯坦；三、麦西来甫。到公元 17 世纪，其音乐结构逐步完善，从而形成一种包括"艳（歌曲）""趋（乐曲）""乱（歌舞曲）"的音乐歌舞套曲。

追溯木卡姆的历史有助于还原历史的本来面目，保留历史的血脉，在今天无疑是一份十分重要的责任和使命。汉唐大曲的文献记载，为寻找木卡姆的最初面目提供了可靠的技术支持。汉唐大曲歌、舞、乐三位一体的原生态形式，在木卡姆中得到了继承和体现，对今天实在是一个惊喜。

目前在新疆各绿洲流行的多种木卡姆，都与十二木卡姆有着直接和间接的联系，如天山北部流传的伊犁木卡姆，是十二木卡姆的直接传承。其他的绿洲由于地域相对独立，其歌舞在接受十二木卡姆的同时，显现出文化的主动选择和自己的特色。

不仅如此，木卡姆的混血程度还很丰富。在木卡姆中，既能见到中国中原音乐和漠北草原音乐的因素，也能看到中亚、南亚、西亚、北非等地区音乐的影响，木卡姆既是融合东西方"丝绸之路音乐文化"的独特见证，也是多元一体中华文化中的瑰宝。

◇ 木卡姆是一部关于新疆绿洲的传奇，是维吾尔群众生活中的必需品和营养品。它的演出场地无所不在，大街小巷、茶馆饭店、村镇集市，都可能飘出木卡姆音符，随便一个小巴郎（孩子）就可以翩翩起舞，不用说苍髯白发的老者，更不要说英俊结实的汉子，

民族乐器奏出历史长音

只要听见了木卡姆的乐符,任何一个维吾尔人定会忘我地步入其中。

阿曼尼萨汗王后和卡迪尔大师对十二木卡姆的历史性贡献

喀什地区的莎车县是17世纪著名的木卡姆大师阿曼尼萨汗和卡迪尔的故乡。最初被整理一新的十二木卡姆就和这两位大师有着密切的关系。

有一次我们来到莎车县,赶到63岁的当地木卡姆传承人玉素甫·托乎提家里,老人早起来了,在自己的果园里铺好地毯,供参加木卡姆的人们使用。

那天,玉素甫·托乎提老人和他的班社成员买买提·吐尔地、玉素甫江·艾迈开将要演奏八套木卡姆。玉素甫·托乎提2005年被政府评为莎车县木卡姆大师,2008年被评为国家级传承人,被视为莎车县的光荣。除了享受县里的补助,国家每年还为他发放8000元的传承人补助。作为国家级传承人,他精通十二木卡姆中的八套。一般来说,能完整地掌握四五套木卡姆的人并不多见,能掌握和熟悉八套的已经是凤毛麟角。就这一点上说,玉素甫·托乎提无愧于国家级传承人的名号。

这里必须提到阿曼尼萨汗和卡迪尔,没有他们,十二木卡姆的发展就会成为一个历史传说。17世纪的莎车是中亚的生命枢纽,集中了当时南疆民间流传的所有木卡姆,如何收集整理这些木卡姆呢?阿曼尼萨汗王后和卡迪尔大师决定分头采访和收集散落在民间的木卡姆。这项工程纷繁复杂,一批批身怀重任的乐师被派出去,进行着日复一日年复一年的旅途漫行。岁月就在这漫长的时光中迎来了喜庆的日子,经过比较、试验、筛选、精挑细琢,荟萃了十六套的木卡姆呼之而出,这十六套的名称是:乌扎勒、拉克、乌夏克、法勒—伊拉克、艾介姆、纳瓦、维沙勒、恰和尔赞里甫、巴雅特、木夏乌热克、都尕、斯尕、恰尕尔、盘吉尕、且比亚特、依西来提安库孜。系统化和规范化使十六套木卡姆摆脱了以往阿拉伯语的晦涩难懂,也甩掉了以前宫廷音乐中的陈词滥调。纳瓦依的诗歌融进了

173

琴弦上的家园

新的木卡姆中，崭新的木卡姆问世了。

这是具有里程碑意义的历史性贡献，经过了整合和反复锤炼、雕琢而成的十二木卡姆，为今后木卡姆的发展变化定下了基本调子。如果说，刀郎木卡姆更加通俗、野性十足是可以命之为"俗乐"风格的话，那么，宫廷"雅乐"的十二木卡姆整体华丽、高贵、典雅、隆重，气势宏大如史诗般波澜壮阔，则开启了后世木卡姆千流归大海的历史源头。

经过后世不断整理的十二木卡姆，由拉克木卡姆、且比巴亚特木卡姆、斯尕木卡姆、恰哈尔尕木卡姆、潘吉尕木卡姆、乌孜哈勒木卡姆、艾介姆木卡姆、乌夏克木卡姆、巴雅特木卡姆、纳瓦木卡姆、木夏吾莱克木卡姆、伊拉克木卡姆十二套木卡姆组成，每套含歌、乐曲 20 至 30 首，长度 2 小时左右，十二套木卡姆共含歌、乐曲 300 多首，全部演唱约需 20 多个小时，其中的每一套都包括琼乃合曼、达斯坦、麦西来甫三个部分。

当我们在最后的麦西来甫中结束了一天的录制时，黄昏已悄然而至。浑然不觉劳累的玉素甫·托乎提老人依然兴致勃勃，这让我们惊叹不已。木卡姆就有着这样一种神奇的魅力，仿佛给参与者注入了无尽的精气神。

这里需要说明一下琼乃合曼、达斯坦、麦西来甫的内涵。按照《中国新疆维吾尔木卡姆艺术申报书》的解释，这三个部分具有如下含义：

琼乃合曼，作为序曲，由若干首叙咏歌曲、器乐曲、歌舞曲组成，基本上是"木卡姆奇"（掌握琼乃合曼的演唱人）着重阐明维吾尔人的哲学思想和精神层面的追求，过去主要供上流社会和知识阶层享用。它苍劲、深沉，悠长的旋律在散板的节奏中缓缓徜徉，诉说着亘古的沧桑，令听者怆然涕下；它决定着该部木卡姆的"母调"，是整个木卡姆中各类曲调的基础和主干。

达斯坦是叙事长诗。在维吾尔族民间，主要由"达斯坦奇"（善于唱达斯坦的人）连说带唱地在茶馆、理发馆、饭馆等公众场合、家庭聚会上演唱。达斯坦部分雄浑流畅，如史诗般壮阔瑰丽，它时而铿锵有力，时而凄婉哀怨，历史、人性与爱情随着音乐长河娓娓道来。

麦西来甫，可能源于回鹘汗国的某种宗教仪式，即传说中的"乌古斯可汗"时期，属于萨满教的一种仪式。今天哈密阔克麦西来甫被视为这个古老仪式的继承。麦西来甫作为"聚会"的表现形式，主要由"乃额曼奇"（民间歌手）或"阿西克"（民间艺人）在街头巷尾单独或结伴吟唱。麦西来甫是维吾尔民族巨大的文化空间，是包装和盛放维吾尔艺术的大容器，是人们生活的放大或缩小，是族群"见面"和"通过"的文化之门，是绿洲的欢乐颂和狂欢节，是新疆维吾尔族重要的生活方式和文化传统。

豪放的刀郎人从沙哑的喉咙里吼出的刀郎木卡姆

玉素因·亚亚和艾山·亚亚是孪生兄弟，哥哥玉素因·亚亚是国家级传承人。我见到他们的时候，两位老人已经快70岁了。这一对孪生兄弟，外人分不清，家里人有时也分不清，自然是少不了闹笑话。

我第一次到麦盖提县央大克乡克勒克乌依村采访，就是在兄弟俩的家里，夏日季节，院子里一派绿荫。兄弟俩的班社由5个人组成。别以为他们只是农民，只到过县城，其实这几年除去过北京、上海等地演出外，他们还到过英国、法国、日本、荷兰、比利时等国家。在麦盖提县，在喀什地区，他们都算是见过大世面的人了。他们的班社会全部九套刀郎木卡姆，但时间只有十二木卡姆的二十分之一。这天我们录制只需要一个半小时就够了。

刀郎木卡姆据说有十二套，但到目前为止，传下来的只有九套。从麦盖提、巴楚、阿瓦提三县的名称看，都有所不同。麦盖提、阿瓦提、巴楚的维吾尔族祖先在很久以前从事渔猎、畜牧生活时，就产生了在旷野、山间、草地即兴抒发感情的歌曲，这种歌曲

叫作"巴雅宛"（旷野之意），后来经不断融和、衍变，到公元12世纪，发展形成了"巴雅宛"组曲，这就是刀郎木卡姆的雏形。

作为绿洲文化和牧猎文化的结合体，刀郎木卡姆的"多元一体"，至少包含了以下几层台阶式的发展过程：第一层当属其生活的绿洲环境，第二层是突厥时期的漠北牧猎文化，第三层是蒙古时代的漠北牧猎文化。

每套刀郎木卡姆都由"木迪凯曼""且克脱曼""赛乃姆""赛勒姆""色利尔玛"五部分组成，属于前缀散板序唱的不同节拍、节奏的歌舞曲。每套刀郎木卡姆的长度，约6—9分钟，九套木卡姆共包括45段乐曲。

刀郎木卡姆开始了，简单的几声散板，玉素因·亚亚闭着双眼，喉咙中发出了一声苍凉的声音："外，安拉！""外，安拉，外，安拉！"这声音是如此焦灼却又苍凉，而紧接着几个人组成的和音仿佛让这种焦灼和希望又结合在了一起。呼喊结束后，声调一变，却又是粗犷而又深情的歌声：

如果一生没有爱恋，
纵活千年也不如一天。
在爱情的烈火面前，
炼狱之火只算得火星点点。
唉，多么厉害的爱情火焰，
唉，折磨得我憔悴不堪，
但愿我的心上人平安……

刀郎木卡姆歌声中没有媚甜，即便是对爱情的咏唱，也是痛彻心扉，那种震撼只能意会却难以言传。

刀郎人对家园的忧患、热爱，全部在沙哑的喉咙里、歌声里，手鼓被敲打得如狂风暴雨、豪放凛冽，鼓若山腾、弦似风啸。"外，安拉！""外，安拉，外，安拉！"这是叶尔羌河的呼号，是塔里木风沙的嘶喊，面对荒原、戈壁、绿洲、大漠，他们呼唤着生命和家园，最简单的咏唱表达的却是从过去到今天再到明天的那个古老而痛苦的命题：我们从哪里来，要到哪里去？

融汇了维吾尔文化元素与陕甘文化元素的哈密木卡姆

炎热的夏天，正是哈密绿洲四堡这个歌舞之乡的盛宴之时。那一刻她专心致志、优雅自如地在翩翩起舞，舞姿轻盈，庄重典雅，举手投足和音乐浑然一体。这就是闻名于哈密绿洲的民间舞蹈家玛利亚姆罕老人。

玛利亚姆罕自记事起，就在田间地头看见老人们举办木卡姆。"那时候，我们还小，也不懂是怎么回事，就跟着大人跳，也就跳会了。"说到年幼时的情景，老人不由地微笑了。

我们因为要采集一段歌舞，专程到哈密歌舞之乡的四堡村，寻找哈密绿洲最有名的民间舞蹈家玛利亚姆罕。那一年哈密遭受特大洪水袭击，冲掉了她家的几间房。就在她家的院子里，她请来周围的邻居，大家围成一圈，开始了木卡姆的演奏。老太太唱得兴高采烈，跳得酣畅淋漓，没有把遭了水灾的事放在心上。那一刻的情景，永久地定格在我的脑海里。

张国权和卡得尔是哈密本地的木卡姆专家，长时间从事哈密木卡姆的搜集整理。他们常常为自己的发现忽而目瞪口呆，忽而欣喜若狂。民间藏着的许多秘密使他们如获至宝。在他们眼里，哈密木卡姆在全疆独树一帜，既有新疆本地的维吾尔文化元素，也有陕甘文化的元素，非常有意味。当然，这不仅仅是因为哈密在地理位置上接近内地，还与哈密维吾尔文化与陕甘的西北文化的交流息息相关。

哈密木卡姆是流传在新疆东部哈密地区的一种历史悠久、篇幅宏大、结构完整的大型维吾尔音乐套曲，共有琼都尔木卡姆、乌鲁克都尔木卡姆等十二套，其中七套包括两个乐章（即两套曲目），共有258首曲目，数千行歌词。

玛利亚姆罕和她的邻居们基本分成了两组，一组演奏乐器，另一组是以她为首从头至尾跳着舞蹈，乐此不疲。谁累了，谁就下去换弹奏乐器的人。张国权告诉我们，哈密木卡姆的演出，基本上采取麦西来甫的形式。哈密木卡姆其中的很大一部分为哈密维吾尔独创，例如以英雄人物托合塔洪、加尼亚孜为题材的叙事诗。还有在名称上也独具特色，在维吾尔古曲十二木卡姆的名称基础上，给一些木卡姆乐章另起了个地区性名称，例如"且比巴亚特木卡姆"被称为"加尼开姆"，把"伊拉克木卡姆"称为"你让我等得好苦"等。这些都是其他地区木卡姆中所没有的。起初的哈密木卡姆有十九套之多，由于维吾尔民众习惯以"十二"为最完整的数字，所以习惯上将它合并为十二套。

《哪里来的骆驼客》是哈密木卡姆中很重要的一首歌曲，至今传唱不息，是哈密木卡

姆独有的瑰宝,这也透露出哈密汉族、维吾尔族两种文化的有机融合。汉唐直至明清时期,走西口的山西商人、陕西和甘肃的商人都取道哈密做生意,来来往往,川流不息,关内的文化气息自然就融入进来了。哈密木卡姆散序中悠扬的秦腔、眉户味道行进在木卡姆中,和谐、自然、不露声色,完全融为了一体。

当演奏的人们唱起《哪里来的骆驼客》这首歌时,我们为突然听到的汉语发声惊呆了。玛利亚姆罕老人不以为然地说,她的爷爷、爸爸都是这样唱的,他们的祖先也是这样唱的。四堡,这个神奇的地方还有什么我们没有发现的秘密呢?

地处丝绸之路十字路口的吐鲁番孕育出独特的吐鲁番木卡姆

2010年5月,鄯善县的吐尔逊·司马义老人打来电话,邀请我们到鄯善参加他儿子的婚礼。作为木卡姆国家级传承人,老人和我们经常合作,保持着深厚的感情。5月的鄯善,天气已经炎热异常了。到达鲁克沁的时候,老人和家里人早已在门口迎接我们了。

吐尔逊·司马义老人是目前吐鲁番木卡姆硕果仅存的国家级传承人,另一个国家级传承人买买提·乌拉木已经去世了，这使我们倍加珍爱老人，希望他健康长寿。

吐鲁番木卡姆和哈密木卡姆有联系又有区别，这与吐鲁番处于丝绸之路十字路口的地缘不无关系。在学者眼里，吐鲁番在文化上是个"大个子"绝不是一句妄言。在新疆，几乎没有任何一片绿洲在文化面貌上像吐鲁番那样丰富多彩。从文化上讲，吐鲁番就像一块海绵，吸收了古代丝绸之路东西方文明交流的成果，被誉为"丝绸之路露天博物馆"。

那天，吐尔逊·司马义老人的儿子结婚，村里的乡亲们都来了，这使得婚礼成为村里的聚会。其实，在新疆绿洲，这样的事在维吾尔族聚居的村庄是很自然的，大家都当是自己的事。在热闹非凡的聚会上，少不了吐鲁番木卡姆的狂欢，吐尔逊·司马义老人的院子自然成为狂欢的舞台。

吐鲁番地区流传的吐鲁番木卡姆版本大同小异，现在存有十一套，每套吐鲁番木卡姆由木凯迪曼、且克特、巴西且克特、亚郎且克特、朱拉、赛乃姆、赛勒克和尾声八部分组成。十一套吐鲁番木卡姆共含66首乐曲，全部演唱需要大约10个小时。

这里面有一个细节让我耳目一新：吐鲁番木卡姆居然还采用鼓吹乐表演的形式，由一支或几支苏乃依演奏旋律，三对纳格拉（铁鼓）和一支冬巴克（低音铁鼓）击节。著名民俗音乐家周吉先生生前考察，吐鲁番木卡姆包含了清代鲁克沁王府的宫廷音乐和民间流行的木卡姆，演唱风格接近哈密木卡姆。它的一些曲调与汉族曲调相似，常常混杂出现陕西、甘肃民间的曲调。吐鲁番木卡姆的特点是每一部木卡姆都有两种不同的演出形式，即歌乐形式和鼓吹乐形式，后者节奏欢快明朗，鼓点花哨多变，使曲调跌宕起伏，更具有感染力。在使用乐器上，吐鲁番木卡姆也别具一格，除使用沙塔尔、弹拨尔、都塔尔等传统乐器外，还特别突出发挥唢呐、纳格拉、冬巴克和大、小手鼓的作用。

吐鲁番木卡姆还有一个特色也令人意外，就是其中的"木凯迪满"部分，也称"艾再勒"（意为"两行诗"），这是其他绿洲所没有的。吐鲁番木卡姆的歌词除由古典诗歌和民间歌谣组成具有两种语体风格外,还使用了多音节的长句"艾则勒"格律诗,使木卡姆的唱词雅俗共赏、丰富多彩。

吐鲁番木卡姆演奏时,每一部都包括"陶库孜能且克特""叶拉且克特""居鲁斯""赛勒开"4种曲牌,个别木卡姆中还串唱"赛乃姆"曲牌。最令人大开眼界的是木卡姆中加入的"纳孜库姆",这是吐鲁番木卡姆独有的特色。

在最后的麦西来甫中,让人盼望已久的"纳孜库姆"终于亮相了,许多年轻人也呼啦一下冲进了舞场。纳孜库姆是模拟舞,可以自由发挥模仿鸡鸭,只跳不唱。巴郎子的动作让我们捧腹大笑。只听村里的乡亲们喊着:"加根儿窘根儿加!""阿拉买斯嗨!"现场人声鼎沸,欢乐的歌声响彻果园的上空。

吐鲁番地处古丝绸之路的十字路口,地理与人文具有独特的魅力,许多到过吐鲁番的人,被高昌、交河故城的苍凉之美所震撼,为它一咏三叹。而作为非物质文化遗产代表的吐鲁番木卡姆,无论何时何地,都会让人们遗忘苍凉,让身体和心灵融入欢乐的海洋。

文 / 黄适远　图 / 金炜

艾捷克的弦弹响东天山的神韵

在新疆，各民族同胞都能歌善舞、热情好客，他们美妙的音乐与其他地区的音乐有着极大的不同，华丽的滑音装饰旋律让人回味无穷，荡气回肠的音乐诗史十二木卡姆，诙谐幽默的"麦西来甫"，无不体现着这个多民族地区的乐观和豁达。

少数民族丰富的歌曲来自他们与众不同的新疆特色民族器乐，尤以维吾尔族和哈萨克族民间乐器品种多、制作美、着色好、音质悦耳。艾捷克又名哈尔扎克，起源于古代的波斯。因流行于新疆的麦盖提、巴楚、阿瓦提、喀什、莎车和库车等地，所以又名多朗艾捷克，是新疆的维吾尔族、乌孜别克族和塔吉克族的弓弦乐器，现盛行于新疆的南疆一带，主要用于演奏民间歌曲和木卡姆曲调。

新疆的维吾尔、哈萨克、柯尔克孜等民族都创造了富有民族特色的乐器，如艾捷克、冬不拉、热瓦甫、考木孜等，吹、拉、弹、击样样俱全，这些乐器具有很高的工艺水平，也是新疆独特的地理环境和人文历史的产物，它们的存在与发展与新疆各民族的传统文化相适应，其造型与装饰呈现出多元文化相互交融的特征。

哈密维吾尔族乐器

哈密艾捷克，可以说是本地维吾尔族人的骄傲，与中原的二胡极为相似。这种俗称"胡胡子"的乐器是哈密维吾尔族独有的一种弓弦乐器，共有9根弦，除2根主弦外还增加了7根共鸣弦。哈密艾捷克形制大小不一，没有统一的尺寸，大部分是哈密维吾尔民间艺人自己制作。特别是偏远的农村和山区，哈密艾捷克的制作相对显得简陋一些，大都因地制宜，用当地的木材制作，琴筒蒙羊皮。有的琴身高达1.5米左右，也有的不到1米，是哈密维吾尔族人中普及率最广泛的一种乐器。由于共鸣弦的作用，发出的声音很有震撼力，清脆中似带一丝哀伤，很容易把人的思绪带到一个久远的年代。

哈密艾捷克已是哈密木卡姆文化的象征。笔者曾聆听一位维吾尔朋友用艾捷克拉二胡独奏曲《赛马》，他弓法娴熟，指法到位。音色别具风味，更显得草原的宽阔无垠。笔者在哈密天山乡石城子村举办"杏花节"时，听到当地维吾尔人自己组织的乐队演奏广东音乐《喜洋洋》《步步高》。两把艾捷克，两把热瓦甫，两面手鼓，一支竹笛，还有一架类似汉族乐器扬琴、维吾尔称之为"羌"的敲打乐器，演奏的广东音乐别具风味，节奏感尤为强烈。仔细品尝，还夹杂着丝丝西域韵味。我不禁想起李白那首《观胡人吹笛》："胡人吹玉笛，一半是秦声"。还有唢呐独奏《青藏高原》，音色优美，高音尤为震撼，令我们这些汉族同仁们如痴如醉，真是大开眼界，感叹不已。哈密艾捷克和中原的二胡有着悠久的渊源关系。汉族的二胡本来就是由西域传入中原的，经过改良，成为今天大众喜爱的乐器之一。反映了古代西域文化与中原文化深刻的交融关系。一个"胡"字就说明了一切。

哈密热瓦普，维吾尔族弹拨弦鸣乐器，有3根主奏弦和7根共鸣弦。3根主奏弦中有2根是双弦。现都流行11根弦，因制作工艺复杂而显得珍贵，音质优美、浑厚、低沉，因流行哈密地区而得名，为当地维吾尔族人民所喜爱。哈密热瓦普制作工艺精湛，琴柄

的镶嵌工艺尤其引人注目。哈密热瓦普的琴柄上镶嵌着贝壳制作、学名称"螺钿"的各种图案。这也是国内其他地区制作木质器物的传统工艺。其纹样大部分是佛家"吉祥八宝"和道家"暗八仙"的图案。我们从琴柄的下端往上观察,第一图案:双鱼(佛家八宝图案);第二图案:海螺(佛家八宝图案);第三图案:葫芦(道家暗八仙图案);第四图案:绰板(道家暗八仙图案);第五图案:宝剑(道家暗八仙图案);第六:海螺(佛家八宝图案)。一只琴柄,6个图案纹样,两处不同的来源,就像维吾尔服饰图案里一枝茎上开出不同的花朵。

哈密哈萨克族独特的乐器

我有幸在巴里坤哈萨克博物馆看到哈萨克的古老乐器,其中有一件类似琵琶的弹拨乐器,尤为引人注目。它的大小与现代琵琶相似,但是五弦,做工精细,带有明显的哈萨克图案。音色也类似琵琶,哈萨克语称"巴尔布特"。这是新疆其他地区的博物馆很难见到的一件哈萨克乐器。

根据史料记载,琵琶和冬不拉,包括"巴尔布特",在2000多年前的汉代都是一种

琴弦上的家园

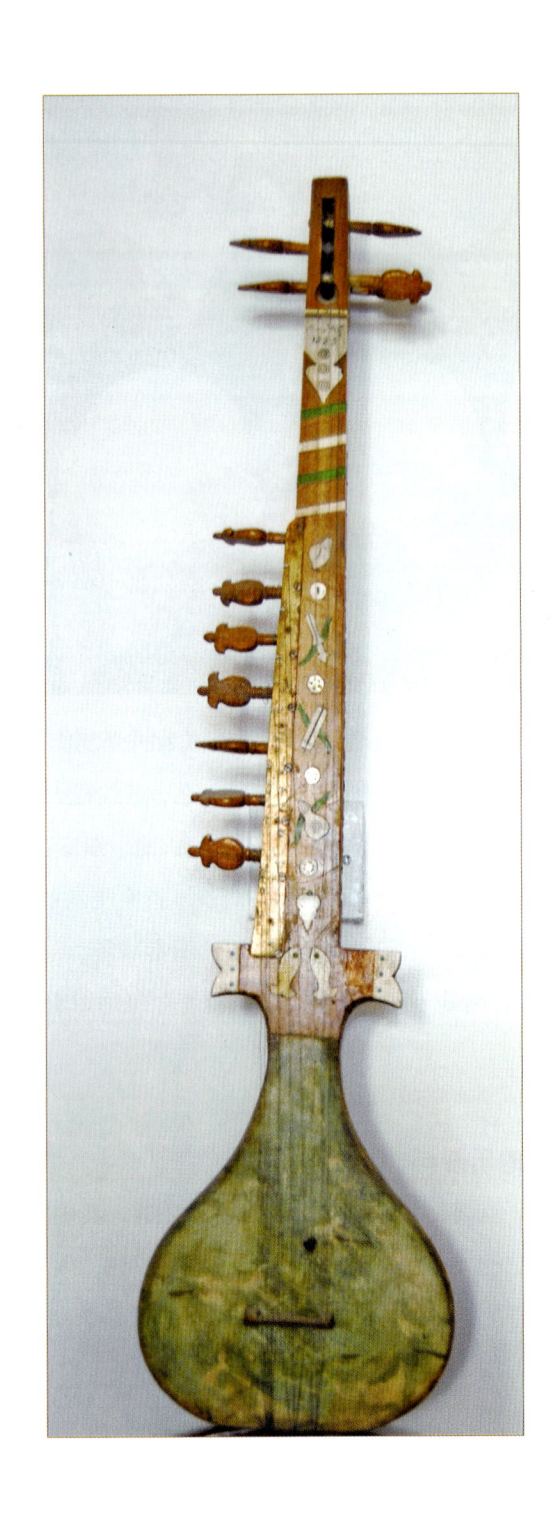

弹拨乐器，当时被称为"浑不似"。清代学者萧雄《乐器》一诗云："龟兹乐部起纷纷，调急弦粗响遏云。忽听名呼胡拨四，不禁低首忆昭君。"作者又注释："回疆地近乌孙，胡拨四琴形制状若琵琶，似是而已"，并认为原称"浑不似，后讹为胡拨四，亦作琥珀思"。关也维先生认为"浑不似""胡拨四"即"火不思"，是从突厥语"kopuz"一词音译而来。"火不思"是古代北方草原许多游牧民族使用过的一种乐器。

时至今日，经历了漫长的岁月，"火不思"在哈萨克族中演变为"冬不拉"，在蒙古族中则被称之为"托布舒尔"，亦称"和必斯"与"火不思"。柯尔克孜族称之为"库木孜"，锡伯族称之为"东不尔"。

"火不思"进入中原真正被命名为"琵琶"的年代确为汉武帝细君公主远嫁乌孙国之时，唐代段安节《乐府杂录》云："琵琶，始自乌孙公主造，马上弹之"。"火不思"传入中原命名琵琶，定形于汉，发展于唐，经历代音乐家的不断改进，成为中华民族共同喜爱的具有代表性的民族乐器。

"火不思"最早是四弦，还有一种是五弦，同出于西域，传入中原后称之为"胡琵琶"。巴里坤哈萨克博物馆的哈萨克古老的乐器"巴尔布特"，是中原乐器琵琶的活化石，是西域与内地多元文化交流的见证。

文·图/张昕中

五、唱起歌儿跳起舞

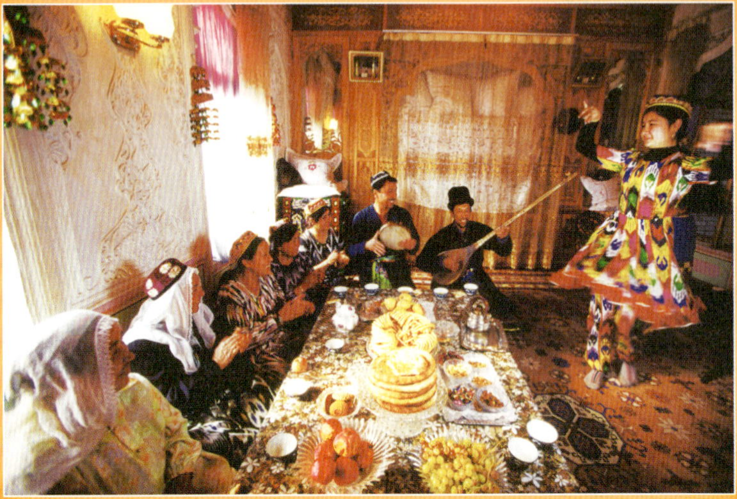

麦西热甫：集体的狂欢

2010年11月15日，在肯尼亚首都内罗毕举行的联合国教科文组织保护非物质文化遗产政府间委员会第五次会议上，中国新疆申报的麦西热甫被列入2010年"急需保护的非物质文化遗产名录"。

新疆在拥有联合国人类非物质文化遗产代表作名录《中国新疆维吾尔木卡姆艺术》《玛纳斯》之后，如今又增加了一项。

"麦西热甫"，是维吾尔语"欢乐的歌舞聚会"之意。准确地说，麦西热甫广泛流传于中国新疆各维吾尔社区，其表现形态丰富而多样，是实践维吾尔人传统习俗和展示维吾尔木卡姆、民歌、舞蹈、曲艺、戏剧、杂技、游戏、口头文学等的主要文化空间，是民众传承和弘扬伦理道德、民俗礼仪、文化艺术等的主要场合，是维吾尔传统节庆、民俗活动的重要部分。

麦西热甫在新疆曾经多达100多种，目前保留下来的仅有30多种，其他都已经失传，属于濒危和保护的重要对象。

麦西热甫五花八门，各式各样，往往与喜庆节日有关，如"巴依拉姆麦西热甫"（意为"节日麦西热甫"）、"托依麦西热甫"（意为"喜庆麦西热甫"）等；也与农牧业生产有关，如"卡尔勒克麦西热甫"（意为"迎雪麦西热甫"），从下第一场雪后直至春天麦苗返青时举行的"玛依沙麦西热甫"（意为"青苗麦西热甫"）等；同时也与社交活动和民俗活动有关。

麦西热甫因地区不同，举行的内容、形式和规模都有差异。新疆各地的麦西热甫，各有不同的地方特色。哈密阔克麦西热甫和刀郎麦西热甫，是新疆最有代表性的两种麦西热甫。

古老的哈密阔克麦西热甫

艾娣亚·买买提是中国社会科学院的博士后，这位维吾尔族女学者在考察了包括阔克麦西热甫在内的哈密木卡姆后，惊讶地说："哈密阔克麦西热甫的古老性、连续性、完整性在新疆罕见，而且和唐代哈密境内的伊州乐有着密切的传承关系。"

至于"阔克麦西热甫"的具体含义，艾娣亚·买买提说，"阔克"和"麦西热甫"是两个词语。"阔克"有两种意思：一是指蓝天、苍天；二是指青苗。"麦西热甫"一词源自阿拉伯语，意思是"聚会"。"阔克"和"麦西热甫"合成一块后，就演化成哈密维吾尔人的一种特殊的民间娱乐形式。实际上，"阔克麦西热甫"就是"青苗麦西热甫"。

阔克麦西热甫为哈密独有，当然不是空穴来风，这和遥远的维吾尔早期历史息息相关，这段历史在维吾尔族世代相传的史诗《乌古斯可汗的传说》中有真实清楚的记载，这也为今天阔克麦西热甫悠久的过去找到了时间上的渊源和文献佐证。而作为空间上的地理，白雪皑皑的东天山、纯净的白杨河、无垠的大漠戈壁、至美的白杨绿柳、动人的哈密木卡姆，为阔克麦西热甫注入了浓郁的地域色彩。因而，当哈密木卡姆被称作新疆木卡姆古老的源泉和躯干之一时，作为哈密民间最重要的阔克麦西热甫不仅是其重要的组成部分，更是证明哈密维吾尔先民长期以来在哈密绿洲生活的文化活化石。

"阔克麦西热甫"要求在秋收之后的初冬瑞雪之际举行，以投雪信游戏正式开始。在投雪信游戏中，被投中雪信的家庭要向邻里乡亲宣布将举办麦西热甫。从瑞雪开始延续到来年初春，承办第一场麦西热甫的家庭会在邻里乡亲的帮助下，全力准备阔克麦西热甫。这次很巧，雪信落到了已经85岁的热比汗大娘家。热比汗大娘是哈密四堡有名的热心肠，同时也是跳阔克麦西热甫的老行家。

第一步是准备"阔克小姐"（特为麦西热甫准备的青苗）。热比汗大娘和前来帮忙的妇女们首先从小麦中挑选出颗粒饱满的种子，再选一个当年摘下的大葫芦，切下底部，为托盘大小，将湿棉花均匀地铺在葫芦里面。为使"阔克小姐"长得更好，还要虔诚地进行一番祈祷，之后将麦种种下。被切了口的葫芦里的小麦发出嫩芽，大约长成20厘

米的青苗之后，在麦苗周围铺上一圈爆米花，再用白色荆棘扎上，整齐地摆在麦苗周围，以象征冬日里的雪花。

第二步是用待放的花朵将"阔克"（青苗）环绕起来，就像打扮美丽的少女。"阔克小姐"的上方安上对视的公鸡和母鸡的小模型，周围还要插几朵花。青苗、米花（象征雪花的白玉米爆米花）、系在青苗腰间的花腰带和插在上面的红色花朵，以及公鸡和母鸡的模型合在一起，象征着生命的生机勃勃。

第三步是着手制作作为麦西热甫执行官权力象征的"杜夏布"。"杜夏布"一般又称"昆且齐克"，在阔克麦西热甫中是具有浓厚象征色彩的饰物，需精工细做：把选好的胡萝卜、土豆洗干净，切出3个小段圆形，在每段周围均匀地扎上许多葡萄干，然后把每块圆形胡萝卜插在木棍上固定好，象征 3 个灿烂的太阳，"杜夏布"就算做成了。在阔克麦西热甫中，象征着权力的"杜夏布"蕴含着丰富的内涵，固定在把手上的3个太阳形状，一个象征太阳，一个象征月亮，一个象征大地；另外，"杜夏布"用胡萝卜做成的手柄象征

着绿色；圆形土豆象征着粮食；土豆上插成圆儿，木棍上扎着干果，象征着果木园林。

此时，热比汗大娘手持"杜夏布"，宣布阔克麦西热甫开始。她把青苗和装有其他物品的托盘拿出，交给一对男女村民，双手轻握上下，立与众前，这个时候，参加麦西热甫的村民们的注意力都集中在热比汗身上。这一幕结束后，男村民对大家说："各位来宾，你们好，托真主的福，上席的请往下席的看，席下的请往席上看，若要说话，请照我的说。"随即在悠扬的艾捷克和手鼓的伴奏下就开始了演唱的环节，这也意味着高潮时刻的来临。

隆冬时我播下一粒麦种，
愿大家用甘露把它滋润。
我把青苗送给尊贵的客人，
这礼物比世上一切都贵重，
把寺里的唱诗者请来做歌手，
把美丽的少女请来做舞星。

唱 起 歌 儿 跳 起 舞

请准备好九只肥羊、三十只鹅，

再备好待客的美酒和果品，

下次的麦西热甫就在你家举行……

麦西热甫接近尾声时，全体男女老少都加入了狂欢的队伍。玛利亚姆罕回头对我说："该举行转交仪式了，还要宣布阔克小姐转交给谁家了才行。"果不其然，热比汗大娘和72岁的艾买提·司马义老人互诵青苗民谣并敬"阔克小姐"。作为"阔克小姐"的主人，热比汗大娘将事先准备好的9扎长的羊肉和9个托盘里盛的9种水果呈给下一个"阔克小姐"的接受者。接受者满怀喜悦地双手接过"阔克小姐"，在大伙的簇拥下，一起把"阔克小姐"接回家。送"阔克小姐"的活动场面丝毫不亚于刚才麦西热甫的场面，新主人家门前铺着长毯子，就像接新娘似的，村民们载歌载舞，热热闹闹地把"阔克小姐"送来了。新主人接过"阔克小姐"后，向大家宣布了下一轮麦西热甫的正式开场时间，刹那间，众人一片欢呼……

独树一帜的刀郎麦西热甫

到达新疆南部的麦盖提县的时候，正逢七月流火，在去乡村的路上，刚铺好的路面映着白杨树的投影，把酷暑挡在白杨树搭成的绿色通道之外。著名的刀郎木卡姆传承人玉素因·亚亚、艾山·亚亚两位民间大师兄弟就在这里生活。在玉素因·亚亚家里，麦西热甫是照例不可少的狂欢时间。院子里的人们早已按捺不住了，已经有一些人开始随着音乐情不自禁地扭动着身子。

在新疆所有的麦西热甫中，刀郎麦西热甫极为独特。由于地域环境和文化背景的不同，这里的麦西热甫在新疆独树一帜。

刀郎麦西热甫是维吾尔族文化的奇葩。和刀郎木卡姆一样，刀郎麦西热甫主要在塔克拉玛干沙漠边缘的几个绿洲举行，像阿瓦提县、麦盖提县、莎车县、巴楚县等，即便如此，在风格和个别细节上也不尽相同，各有各的特点。刀郎麦西热甫的兴起和地域息息相关。这里有一望无际的沙漠，也有一眼望不到边的胡杨树，浩瀚的沙漠和粗犷的胡杨映衬出刀郎人豪爽、热烈、奔放的性格。在艰苦的环境下，歌舞成为这里的维吾尔人生活中不可缺失的部分。

从历史上看，刀郎维吾尔人的先民很早就定居在叶尔羌河、塔里木河流域，其先民一方面保持着突厥语族群固有的音乐歌舞文化；另一方面又不断从周缘土著印欧语居民的音乐歌舞文化中汲取营养，在长达一千余年的历史进程中，逐渐形成了集二者之长、具有浓郁地方特色的刀郎音乐歌舞，而刀郎麦西热甫也就随之伴生，成为刀郎人的精神挚爱。

陪同我们访问的央塔克乡文化站站长穆塔里甫·买买提，曾参加过2008年全国青歌赛并一举夺得银奖。作为土生土长的刀郎维吾尔人，他对于刀郎麦西热甫耳熟能详，是个极好的文化导游。他告诉我们，刀郎麦西热甫的最大特点是男女一起歌唱舞蹈，不像南疆有些地方那样对妇女限制多，比较通达、宽容。这是由于刀郎人居住的地方偏僻，受宗教影响不是很大，因而这里的妇女天性开朗，豪放大方，男女地位也比较平等。下地时妇女和男人们一起干活，田间地头休息或平常聚会搞麦西热甫时，则和男子汉们一起纵情歌唱、尽兴跳舞。

在艰苦的地方，打发精神上的寂寞和艰辛生活的最好方式就是高密度地举行麦西热甫，这种晚间的和休息日的聚会在刀郎人的生活中起到了意想不到的作用，是赶走痛苦和迎来欢乐的使者。不管在怎么样的艰苦岁月中，对精神的追求和慰藉总能使生活充满快乐和希望。在现代工业文明还没有进入的时候，最好的抒发方式和载体就是载歌载舞，

唱起歌儿跳起舞

自得其乐。刀郎麦西热甫先天而来的淳朴奔放，铸造了刀郎人的阳刚和粗犷。

说话间，院子里已经坐满了艺人们。农闲时，他们是艺人，农忙时就是农民，双重身份的转换在这里显得很自然。刀郎人已经按照自己的习惯围坐成圈，而乐手们则坐在一隅。穆塔里甫刚想进去，被我一把拉住：今天你可不能进去，你要给我们好好讲解一下。显然，浓烈的歌舞氛围已经让他跃跃欲试。

此时，悠扬婉转的刀郎艾捷克、刀郎热瓦普和卡龙琴响起来了，紧接着几个人又打起了手鼓，玉素因·亚亚已经闭着双眼在唱序曲，一对对青年男女翩翩起舞。刀郎人有一种天生的自豪，穆塔里甫笑言："我们会说话就会唱歌，会走路就会跳舞。"看看现场，的确如此，从脚步蹒跚的小巴郎子到七八十岁的老人，抬脚就跳，张嘴就唱。这时候伴奏的音乐节奏已经明显加快，跳舞的人们大声歌唱着，舞者的动作仿佛在进行一场紧张有序的狩猎活动。随着乐曲节奏的加快，舞蹈的动作也加快，仿佛进入了与野兽搏斗和棒打的环节。由于整个舞蹈动作十分激烈，旋转的动作更多，有些研究刀郎麦西热甫的

197

人说，这是在寻找猎物，而高声呐喊是为了吓走狼群。这种舞蹈与刀郎人最初的狩猎活动有关，铭刻着古老生活的印痕。都说艺术来源于生活，从刀郎歌舞看，一点也不假。

歌舞尽兴完了，就是麦西热甫最精彩的部分。

"在我们这里，麦西热甫有着长期流传下来的、为人们共同遵守的道德规范和纪律。麦西热甫的参加者要推选公正无私，并有一定威望的人来充任青年首领、'法官'和纪律执行人，他们有权对那些不经允许而离开现场、无故迟到、歌舞中破坏秩序等违反纪律者进行'审讯''裁决'和'惩罚'。被罚者或拿出自家的水果来招待大家，或做种种令人发笑的游戏，其间充满了喜剧色彩，受罚者也同样感到高兴。通过这种'惩罚'娱乐，使村民受到遵守纪律、规则等多方面的教育。"在麦西热甫里居然有这样的内容，实在是很有趣的事情。

"判官司"游戏是针对违反麦西热甫规则和纪律的人而实施的一种处罚性游戏。先要协商推举伊格提别西（总指挥）、喀孜伯克（宗教法官）、帕夏甫（执法监督官）、多尕伯克（侍从官）等麦西热甫"纪律监督执法人员"，承担受理诉状、判决、执行等职责。不论是谁违反和破坏麦西热甫秩序，都要根据问题的轻重程度，宣布和采取不同的处罚方式，并当场执行处罚。在麦西热甫这个独特的文化空间里，此时成为缩小了的社会和学校。穆塔里甫笑道："在麦西热甫中属于犯错的范围比较广，比如喝完茶后没有将茶碗归还主人、不坐在一个地方而乱窜、大声嚷嚷、不礼貌地从别人面前横过、在麦西热甫中闷闷不乐、情绪低落、踩在脏物上弄脏了舞场设备、高傲自大、目空一切、不经允许外出或是准许后频繁外出、在游戏中发火生气等等，总之，不被人们所喜欢和乐意的一切不良行为，都在可以告状和处罚的范围里。"

"判官司"里有两个节目令人忍俊不禁，一个是"打烤包子"，一个是"照相"。"打烤包子"要求受罚人光背光头，跪在地上，一人充当烤包子匠人，先在受罚人背上洒水，然后两个拳头不断揉其背部,做和面的动作,然后竖起两个手掌为刀刃,在受罚人头上做剁葱头和剁肉馅的动作。在包包子、烤取包子的过程中,受罚人的上身无一处不挨拍打、揉搓,双颊与背部被拍打得几乎麻木,使受罚人后悔万分,一再表示悔改。

在"照相"的处罚中,受罚人除了裤子全要脱掉,还要把胸部贴在冰凉的墙壁上,将两臂伸开,形成十字架状。扮演"照相师"的人拿一葫芦冷水,不断向受罚人背部喷洒,直到干燥的墙部分显出人形为止。由于人体挨着的部分没有沾水,在墙上就会渐渐出现一个人形影子。由于这种处罚多在冬季进行,受罚人会冻得不断颤抖。

"在这里,人的思想升华了,污染的情感受到洗濯,扭曲的灵魂得到锻制。胆怯者变得勇敢,颓唐者变得振作;迷惘时给你希望,痛苦时给你欢乐……"仿佛受到巨大的感染,穆塔里甫向我娓娓讲述着刀郎麦西热甫的丰富情节和深层含义。

当我离开这里的时候,心情依然难以平静。这样的麦西热甫,的确展示了刀郎维吾尔人独特的文化内涵,浓缩了刀郎维吾尔人精神的纯净。

文／黄适远　图／金炜　韩连赟

与世隔绝　唯有随乐起舞

　　因音乐而超然于其他维吾尔人的刀郎人，对音乐有着狂热的喜爱。他们的音乐冲击力极高，并且越唱到后来越高亢、奔放，甚至狂野。他们甚至会说，小时候听"阿来依"（刀郎音乐中较舒缓的一段）多的婴儿，骨头长得比别的婴儿快；而亡灵听到"拉依拉"（适合荒野演唱的歌曲）也会高兴。

　　刀郎人同其他维吾尔族人一样，将聚会称为"麦西热甫"。这个词源自阿拉伯语，据说表示"性格、习惯""喝饮料的场所"的意思。而"刀郎麦西热甫"以其浓郁的原始气息和独特的地方色彩尤具代表性。

　　在古代，刀郎麦西热甫开始之前，妇女戴手镯和金耳环，把头发梳成长辫子戴银坠子，系上红缎缨，头戴刀郎式的黑羊羔皮帽，夏天戴白色或花绸头巾，或者戴花帽，耳朵上或鬓间插上花，脚穿长皮靴。老年妇女舞者脚穿软皮靴，身穿长袷袢或刀郎式的黄缎袷袢或短大衣。刀郎妇女的耳环和发辫坠子是特制的，尤其少妇对此非常讲究。麦西热甫

唱起歌儿跳起舞

开始之前，男人们衣装干净整齐，头戴黑羔皮帽，身穿且克曼布裕袢，腰系缎腰带，挂上刀子。夏天脚穿牛皮靴，冬天穿皮长靴。如果衣着不整地跳舞，麦西热甫公众是不喜欢的。若某人较多出现这种情况，并影响舞蹈者的情绪，那么就对他给予"穿长袍""剃头""涂胭脂"等惩罚。

刀郎人对于麦西热甫的热爱程度只能用痴迷来形容，他们几乎无事不举办麦西热甫。除了节日、结婚、割礼、摇篮礼、起名礼等平常的礼仪社交活动必有此种类型的歌舞聚会，他们还有一些非常奇特的麦西热甫的用途。做错了事的"道歉麦西热甫"和"惩罚麦西热甫"不稀奇，稀奇的是"苦命人麦西热甫"，也叫"痛苦人的麦西热甫"，或者"单身汉麦西热甫"：未婚或离婚的青年男女长久找不到对象时，村里的其他年轻人会将单身男女集合起来举办麦西热甫，有丈夫和老婆的人也可以参加，但是在开始前，就会有人警告说：（指着夫妻坐着的一边）这边我们别碰，（指着单身男女一边）这边是允许的。

在举办麦西热甫的时候，刀郎人会表演刀郎木卡姆。"木卡姆"依然是一个源于阿拉伯语的词汇，指的是一种集歌、舞、乐于一体，具有即兴特点的套曲，这种艺术形式，被誉为是"是集文学、历史、音乐、舞蹈和民俗为一体的艺术珍品"。公元16世纪，叶尔羌汗国的阿曼尼萨汗王妃组织当时的音乐家们，将民间流传的木卡姆音乐进行了系统的规范，使它更加完整地保留下来。而现在的刀郎木卡姆，被认为是形式最完美，最具代表性的。因为它只保留在维吾尔刀郎人生活的地区，其曲调、旋律、歌词没有受到其他地方木卡姆或音乐歌曲的影响，其中保留了浓郁的地方特色和民族特征，代表了古代的维吾尔木卡姆。

刀郎人甚至不用"唱木卡姆"这一专业化的学术规范用语，而用木卡姆的古称"喊巴亚宛"。所以，巴亚宛成为刀郎木卡姆的总称。那些和着苍凉曲调的歌词，在现代人看来，具有遥远而异常的诗性的美感。最古老的巴希巴亚宛木卡姆描述的是刀郎人早期的丧俗：

孩子在荒野成了鬼魂／我看到了他的形状／他的骨骸躺在那里／我看到了他的坟墓。而拓荒时期，面对着荒漠戈壁而形成的乔勒巴亚宛木卡姆则是勇敢和宿命并存：人们说这里是戈壁／我看不是戈壁是集市／胡杨像苹果／红柳是坟墓。而那些描述着爱情的歌词，和《诗经》的古意并无二致：你像那白玉般的苹果枝／答应吧，白玉般的少女／安拉呦，安拉／我心中的忧和愁／你可知道，白玉般的少女／安拉呦，安拉。

而刀郎人说的"巴亚宛"，原意就为广袤原野、戈壁荒漠。其中透示出刀郎人生活的早期阶段与历史环境：当时的人们在从事狩猎、放牧、拓荒、种地等生产劳动过程中，为了驱赶面对荒漠，面对神秘而强大的自然界而引发的无助、孤独、忧愁与悲伤之感，为了宣泄这些情感，为了解除忧伤，同时也是为了聊以自慰，人们经常在荒漠上扬声喊唱，

唱 起 歌 儿 跳 起 舞

而唱诵的内容就是这些人生情感和感触。时间长了，这些歌谣渐渐定型，被称为在原野喊唱之歌、寂寞之歌或荒野之歌，成为刀郎人对生命情感的表达。

再回到社交性极强的麦西热甫中，我们似乎可以去尽力理解，这样传统的集体活动，能聚集并产生强烈的生命感，人们通过麦西热甫这种集体欢腾来消解生存苦难，消除疲劳，以精神食粮来愉悦自己，为下一个艰苦的劳作生活周期储存能量。刀郎地区位置偏远，伊斯兰教势力的限制和影响较之其他维吾尔族聚居区小得多，特别是妇女的地位和权利与新疆其他地方有所区别，因此，男女一起参加麦西热甫，一起纵情欢娱。

文/赵勤　图/金炜　李昆鹏

六、丝路变迁历史渊源

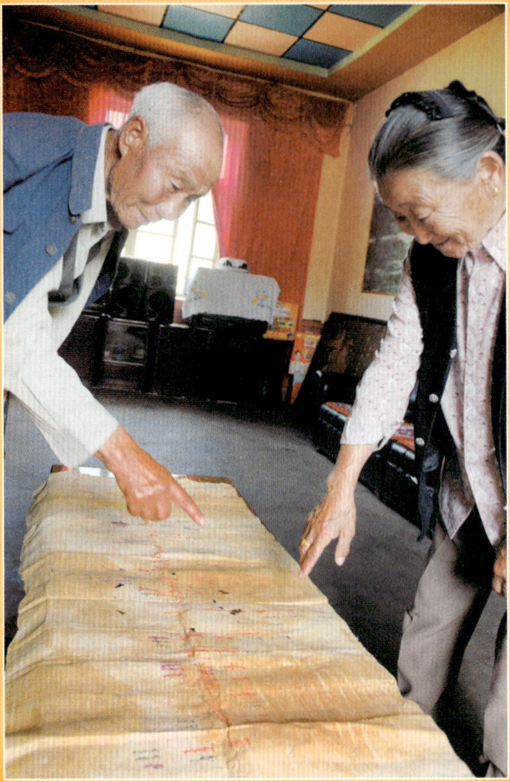

锡伯族西迁：尘封两百多年的戍边往事

每年的阴历四月十八日，锡伯族语谓"杜音拜专扎坤"，系新疆锡伯族自辽宁西迁到新疆伊犁地区的传统纪念日。每到此日，察布查尔县各个牛录（历史上满族的一种生产和军事合一的社会组织）都举行多种形式的纪念活动，载歌载舞、赛马、射箭、摔跤，各家各户还要制作"米顺"（面酱），吃鲜鱼，做蒸肉，欢度西迁节。

公元 1757 年和 1759 年，清军分别平定了准噶尔部和新疆南部大小和卓叛乱。清政府于 1762 年在今新疆霍城县境内设立了伊犁将军（称为"总统伊犁等处将军"），以统辖整个新疆地区（含巴尔喀什湖以东以南地区），伊犁成为全疆政治、经济和军事中心。当时的伊犁地域辽阔，人烟稀少，加上原准噶尔部放弃的游牧土地，大面积土地需要人员屯垦、游牧和戍边，以巩固边疆地区的安全。清朝政府经过几次讨论，决定从东北、河北等地区调遣锡伯族、满族、蒙古族、达斡尔族、鄂温克族（当时称索伦）等各民族携眷官兵进驻新疆伊犁。

公元 1764 年 4 月初（即乾隆二十九年的阴历四月十日），从盛京所属 15 个城镇挑选的锡伯族第一队近两千人，由满族协领阿穆呼郎率领出发了。阴历四月十八日，第二队近两千军民与留守的乡亲们一起在沈阳"锡伯家庙"太平寺隆重集会。男女老少吃离别饭，喝诀别酒，共叙离别之情，大家都沉浸在生离死别的悲痛之中。第二天，他们由满族协领噶尔赛率领启程西去。

西迁的队伍一望无边，马牛羊一路风尘，队伍直奔西北方向，首先穿过了辽宁进入蒙古草原的"彰武台边门"，醒目的八旗在队伍中迎风飘扬，战士们腰挎撒袋，肩扛弓箭和长枪（长矛）缓缓而行。妇女和儿童有的在牛车上颠簸，有的在马背和骆驼背上跟着队伍前进。夏日的蒙古高原烈日炎炎，经过长期颠簸的牛车不断散架或坠入深沟里，疲惫的骆驼和马牛纷纷倒毙，但是，队伍仍在一路壮行。经过数月艰苦跋涉，于八月二十四日、二十五日，两支队伍先后到达乌里雅苏台（今蒙古国扎布罕省省会扎布哈朗特）。

这时正是蒙古高原青黄不接的季节。队伍管带传来解驮歇息的命令，疲惫的军民在乌里雅苏台搭起了无数的帐篷，等待清政府的谕令。不久，传来了乾隆皇帝要锡伯军民在乌里雅苏台过冬休整、等来年开春再启程的谕令，人们雀跃欢呼。乌里雅苏台将军将远征的队伍做了妥善安置。

1765年的春天来临，蒙古高原上又迎来了勃勃生机。乌里雅苏台将军奉命给西迁的军民补济了驼马牛羊和粮草盐茶。西迁军民趁草原返青季节，又踏上了西去的路程。经过3个月艰难跋涉，队伍到达阿尔泰山脚下。他们顺利避过山洪，穿过阿尔泰山，来到了额尔齐斯河边。汹涌的河水横挡在队伍前面。官兵们在河上搭起了浮桥，人们扶老携幼牵着役畜，在晃悠的浮桥上前行，很快把汹涌的河水甩在了后面。从此，在这里留下了"锡伯渡"的美名，并一直流传至今。

西迁的第一队人马在珠尔虎珠和察罕霍吉尔得到了伊犁参赞大臣派遣官兵的接济。不久，第二队人马走到阿勒坦额默和沙喇乌苏时，也同样得到了接济。西迁队伍顿时增添了继续前进的勇气，行进中的军民脸上又露出了笑颜。军民一路前行，不知不觉踏进

丝路变迁历史渊源

了风景如画的果子沟。人们不为美景所迷，仍马不停蹄地向前进发。很快，深藏果子沟美景的塔尔奇山被甩在了后面，七月二十二日，两支西迁队伍先后进入了伊犁霍城县境内。伊犁将军将锡伯军民暂时安置在乌哈里克城（今霍城县芦草沟南）休整，长途跋涉的锡伯军民终于得到休息。

锡伯军民在乌哈里克城休整期间，经过清点户口，军民数量比启程时核定人数多出了750人，经过调查发现，其中350人是西迁途中出生的新生命，其余都是不忍骨肉分离而悄悄跟随来的。1766年初，清政府决定将他们安置在人烟稀少的伊犁河南岸屯垦戍边。当时正值伊犁河封冻，军民们冒着严寒，踏过冰封的伊犁河，分数批向今天的察布查尔地区迁移。至此，锡伯军民自盛京启程已过一年零八个月，行程约5200公里。

在伊犁河南岸，锡伯族军民被编为8个村屯，称为8个牛录（牛录的称呼一直延续到今天），也就是八旗，并组建了锡伯营，设立了领队大臣、总管、副总管、佐领等官职；成为"伊犁四营"之一。后来每个牛录都筑起了高大的城墙，成为军事城堡。

1766年春天，锡伯军民开始在伊犁河支流绰霍尔河等地区开垦土地，种植粮食，以解决口粮。在农闲时间，官兵进行军事训练。按照清朝的规定，锡伯营凡年满18岁的青年，都要参加每年举行的披甲（士兵）考选活动，考取者便有俸地。美丽的察布查尔草原连着乌孙山，一部分军民还在山林及草原牧放清政府所设的官牧场马牛。但戍边是西迁锡伯族的主要职责之一，自1766年始，便定期轮派100多名官兵到塔城地区换防卡伦和台站。每年秋季又选派官兵同满营等官兵一起，巡查西部漫长的边界，收取各属部官租。从1771年始，锡伯营又奉命定期轮派100多名官兵同其他各营官兵一起到喀什噶尔等地区换防，以维护该地区的社会安定。

19世纪初，随着人口的不断增加，锡伯营出现人多地少、粮食供应紧张的困难局面。总管图伯特毅然决定开挖新渠，扩大耕地面积。经过6年奋战，一条长200余里、横贯锡伯营8个牛录的大渠于1808年挖成，后来取名察布查尔渠。目前，这条被锡伯人称为"母亲河"的大渠，仍在哺育着察布查尔各族人民。

1864年后，趁伊犁农民起义之机，沙俄频频侵入锡伯等营驻守的卡伦，并发生武装冲突。驻守克特缅山地区的官兵突遭沙俄军队的袭击，面对数倍于自己的敌人，卡伦官兵和居民多次打退了敌人的疯狂进攻。1871年，锡伯族军民在伊犁河北与侵入索伦营原住地的沙俄军队交战失败，沙俄攻占伊犁整个地区。沙俄侵占伊犁后在锡伯营进行殖民统治，总管喀尔莽阿与沙俄当局斗智斗勇，全家人被沙俄当局押出伊犁。

喀尔莽阿到塔城荣全行营后，奉命屯种军粮，为清军收复新疆储备了大量粮食，几次受到清廷的谕令嘉奖。1871年前后，浩罕军官阿古柏侵占新疆南部及乌鲁木齐等地，在清军驱逐侵略者的战役中，锡伯营官兵纷纷参战抗击沙俄。清朝平定阿古柏匪徒并收复伊犁后，恢复了八旗制，锡伯营得到了重建，锡伯营军民又开始了屯垦戍边的历史使命。

新疆和平解放后，1954年成立了察布查尔锡伯自治县，实行了民族区域自治。据第五次全国人口普查统计，全国锡伯族总人口为18.8万多人，其中新疆3.4万多人，分布

丝 路 变 迁 历 史 渊 源

于察布查尔锡伯自治县、乌鲁木齐市、伊宁市、霍城县、巩留县、尼勒克县、塔城市，其余15万余人分布于辽宁、黑龙江、吉林、北京和上海等省区市。

今天在锡伯族聚居地遗存的古迹文化，主要表现为宗教信仰方面的内容。察布查尔锡伯自治县5牛录之靖远寺是藏传佛教寺院。2004年，在靖远寺东邻修建了规模较大的"锡伯族民俗风情园"，内设锡伯族历史民俗博物馆、8个牛录厅、八蜡庙、娱乐馆等。展览馆内常年布展文物、古籍、民俗物品等，内容反映锡伯族历史、文化，为察布查尔锡伯自治县重要的文化和旅游景点之一。

锡伯族作为发源于我国北方的少数民族，其文化属于阿尔泰语系满—通古斯语族范畴，并且又与蒙古语族民族文化有许多共同之处。现在使用的锡伯语、锡伯文实则继承了满语、满文，锡伯族成为当前唯一仍在使用清朝所谓"国语清字"的民族。

锡伯族的风俗习惯许多为清朝时期满族风俗习惯的继承和变异，又有其他北方民族共同的成分，以及继承于祖先鲜卑的文化因素，如服饰、居住、家族家庭、民间社会组织、婚丧嫁娶、礼仪礼节、节庆等，都保持了北方民族独特的文化特色。锡伯族的萨满教文化，已是展示新疆少数民族原始信仰文化的代表；锡伯人的特色饮食也逐渐为新疆各民族带来风味物质文化享受，并成为新疆地域文化的组成部分。

文／贺灵　图／吴凤翔

史诗《玛纳斯》：柯尔克孜族民间艺术巨著

2009年10月2日，联合国教科文组织政府间委员会第四届常务会议在阿拉伯联合酋长国阿布扎比圆满结束，会议一致通过，全世界共有76项人类非物质文化遗产代表作名录成功入选，其中中国22项，柯尔克孜史诗《玛纳斯》名列其中，并直接通过网络，迅速向世界各国公布了这一消息。

此前的2005年11月，中国新疆维吾尔木卡姆艺术向联合国教科文组织首次成功申报为人类口头与非物质文化遗产代表作，标志着新疆以维吾尔木卡姆艺术为代表的非物质文化遗产保护和研究工作，翻开了新的一页。

与《格萨尔》《江格尔》并称为中国三大少数民族英雄史诗的史诗《玛纳斯》申遗成功，是新疆文化事业发展的一项巨大成果。

一部民间艺术巨著的诞生

柯尔克孜族是活跃在中亚地区和西域草原上的一个古老的游牧民族，是史诗《玛纳斯》的创造者，从古到今，史诗《玛纳斯》始终伴随着柯尔克孜族人民。

关于《玛纳斯》产生的年代，目前国内学术界有3种不同的观点，尚没有定论。比较集中的观点，认为《玛纳斯》产生于10至16世纪。柯尔克孜族先民由叶尼赛河上游往天山和帕米尔地区长期艰辛的南迁历程，被认为是史诗《玛纳斯》的历史渊源。那段悲壮的历史在柯尔克孜人民的心中刻下了深深的印迹。在艰辛的迁徙途中和频繁的部族征战中，柯尔克孜人一边要时刻警惕外敌的侵扰，一边还要时时提防豺狼野兽的袭击。白天，他们放牧、打柴，晚上坐在毡房里，对着炉火唱《玛纳斯》。节庆、婚礼时唱《玛纳斯》，丧祭悲痛时也唱《玛纳斯》；遇到喜事时唱《玛纳斯》，遇到困苦时也唱《玛纳斯》。他们相信，《玛纳斯》能给他们带来福荫、护佑，能给他们战胜困难的勇气和力量，是他们对理想社会生活的追求和向往。就这样，年复一年，日复一日，《玛纳斯》在柯尔克孜

丝 路 变 迁 历 史 渊 源

人游牧的草原上传唱，到16世纪前后，基本形成了现在传唱的这种框架。

新中国成立前，《玛纳斯》只在民间口头流传。从1961年起，中央和新疆维吾尔自治区政府开始组织专业队伍对民间流传的《玛纳斯》进行搜集、记录、整理。随着大量民间歌手和各种不尽相同的传唱异文被发现，特别是居素甫·玛玛依所演唱的《玛纳斯》及其后世8代传奇、共计23万余行的《玛纳斯》，在国内外引起了轰动。《玛纳斯》被确认为中国三大古代少数民族英雄史诗之一。

史诗《玛纳斯》主要集中流传在天山山脉和喀喇昆仑山脉交汇处的克孜勒苏柯尔克孜自治州，还有分散在天山南、北部山区和帕米尔地区特克斯县、昭苏县、乌什县、塔什库尔干塔吉克自治县、皮山县等地的柯尔克孜族民间。在与中国新疆毗邻的吉尔吉斯斯坦、哈萨克斯坦、塔吉克斯坦等中亚国家的同一民族中，《玛纳斯》也有流传。

史诗《玛纳斯》在漫长的形成过程中，融入了每个传唱者的理想、追求、心灵智慧和审美观念，是经过柯尔克孜族人民不断充实、不断丰富、千锤百炼、世代传唱而形成的。它不是一个人的创造，是经过无数"玛纳斯其"加工提炼、反复增删、集体创作而成的一部艺术巨著，也是民族精神的灵魂。

柯尔克孜族是一个人口不多的民族，但却创造出了这样一部艺术巨著，这的确是一个奇迹。

一幅柯尔克孜族历史的画卷

史诗《玛纳斯》不仅是一部民间艺术巨著，还是一部研究柯尔克孜族历史、宗教信仰、社会生活、语言文学、音乐艺术的百科全书。

史诗《玛纳斯》是在柯尔克孜族古代神话、传说、诗歌和谚语等民间文学丰厚基础上形成和发展起来的，代表着柯尔克孜传统文化的最高成就。其篇幅浩瀚、规模宏大、内容丰富，共分8个部分，即《玛纳斯》《赛麦泰》《赛依铁克》《凯耐尼木》《赛依特》《阿斯勒巴恰—别克巴恰》《索木碧莱克》《奇格泰》，按照玛纳斯家庭辈序，每一部叙述一辈代表人物。

第1部以大气磅礴的序诗开篇，用娓娓动人的故事，叙述了柯尔克孜族的族源和玛纳斯的出生过程，以及12岁的玛纳斯骑着马，粉碎了敌人的各种阴谋，成为统领14位汗王的大可汗。第2部《赛麦泰》叙述了玛纳斯的儿子赛麦泰，在被迫流亡中知道自己的身世后，返回家乡，为父报仇，后来被心腹出卖，无法战胜敌人，突然消失。第3部叙述了赛麦泰的儿子赛依铁克在内忧外患之中，英勇抗争，并拯救流落他乡受苦受难民众的英雄事迹。第4部叙述了赛依铁克的儿子凯耐尼木为了民众的利益多次与恶魔般的敌人进行决战，最终消灭了强敌，给生活在水深火热的民众带来了幸福美满的生活。第5部叙述了凯耐尼木的儿子赛依特从小随父出征，为故乡和民众的安宁进行斗争的英雄事迹。第6部叙述的是赛依特的一对双胞胎儿子，为保护民众的安宁，阿斯勒巴恰25岁便战死沙场，别克巴恰率领部落与侵略者英勇战斗了一生，至耄耋之年。第7部叙述了阿斯勒巴恰和别克巴恰的下一代索木碧莱克毅然辞别抚养他的舅父，骑战马，与侵略者进行多次战斗，这位少年英雄得到了民众的拥戴。第8部叙述的是玛纳斯家族的最后一代英雄奇格泰，为了家乡的安宁和友好邻邦的安危而奋斗不息、战斗不止的英雄事迹。

史诗《玛纳斯》是中国第一部以主人公名称命名的史诗。史诗中对主人公玛纳斯的描写既赋予其传奇的色彩，又让他始终活在人们心中。他对敌人勇猛如虎豹，对人民敬爱如父母。当他被拥为汗王后，仍将自己看成是普通一民，不狂妄自大，平易近人，对将士颁布严令，约法三章，以保护人民群众的利益。正因为他时时想着民众、热爱民众，因而赢得了柯尔克孜族广大民众的尊敬和热爱。在柯尔克孜人民心目中，他既是靠山和支柱，又是贤明得像明月一样的君王。他既是君主又是平民；既是人，又是神。

史诗《玛纳斯》还塑造了上百个不同形象和性格,有血有肉、栩栩如生的人物。有贤明智慧的汗王,有智能双全的战将,有德高望重的老臣,有口若悬河、能言善辩的使臣,有巾帼英雄,也有叛臣贼子、巫师魔头、神仙鬼生等。无论是正面的英雄,还是反面人物,都写得栩栩如生、生动神奇,形象鲜明。特别是玛纳斯英武豪壮、力冠群雄。史诗对英雄的描写完全打破了常规,诗中说:

英雄的玛纳斯
像月亮般明,像湖水般深。
前面看他像虎,
后面看他像巨龙,
上边看去像苍鹰。
他若发出一声怒吼,
胜过四十只雄狮的吼声……

史诗多次用"无敌的狮子""年轻的豹子""公骆驼"等野兽的名字做玛纳斯的代号,一个活生生的游牧民族的英雄形象便活灵活现跃然纸上。这是柯尔克孜族古老图腾崇拜的历史遗风,表现出了柯尔克孜族崇拜英雄的民族心理。

史诗《玛纳斯》还将历史生活与神话传奇相交织,人物刻画与赛马、射箭、摔跤、盛典祭祀等民俗风情相辉映,从中能真正了解到柯尔克孜族的历史、宗教信仰、社会生活、语言文学、音乐艺术,还能了解他们的民族性格和浪漫主义的情调。如史诗对赛麦泰的妻子阿依曲莱克的浪漫主义神奇描写:

> 阿昆汗的女儿阿依曲莱克,
> 霎时变成了一只白色的天鹅,
> 翅膀拍打着土地,
> 尾巴轻触着湖面,
> 阿昆汗的女儿阿依曲莱克呵!
> 展翅飞向蓝天。

阿依曲莱克和赛麦泰的爱情,几经曲折,受尽了磨难。为了向赛麦泰表示爱慕之情,阿依曲莱克忽而变成展翅高飞的天鹅,忽而变成闪着彩色光芒的白纱,忽而变成一条金鱼,将阿依曲莱克美丽的形象与纯洁闪光的心灵融为一体,奇妙的浪漫主义色彩赋予作品惊人的艺术魅力。

总之,史诗《玛纳斯》通过主人公玛纳斯及其后代子孙的英雄业绩,栩栩如生地描写了柯尔克孜族人民反对外族侵扰的多次征战,以及反对内部邪恶势力压迫剥削的斗争,描述了柯尔克孜族在纷繁的战争和民族关系中逐步走向统一的过程,表达了他们追求自由、幸福生活的理想和美好愿望，形象化地演绎了柯尔克孜族的历史，是一部英雄和人民全景式的历史画卷。

无数"玛纳斯其"唱活了史诗英雄

《玛纳斯》是歌唱、口传的韵文史诗，主要由"玛纳斯其"演唱，以一人无伴奏演唱为主，近年来也有采用传统乐器库姆孜伴奏和多人演唱。通常，在柯尔克孜族人的聚会、庆典、人生礼仪、传统节日和"《玛纳斯》演唱会"上，都有《玛纳斯》的演唱。

目前，生活在克孜勒苏柯尔克孜自治州阿合奇县92岁的居素甫·玛玛依传唱的史诗《玛纳斯》，历史跨度最长，谱系完整，脉络清晰，超过了其他异文。他是唯一能演唱《玛纳斯》及其后世8代传奇的大"玛纳斯其"。他演唱的史诗《玛纳斯》长达23.4万行，是古希腊史诗《伊利亚特》的14倍，是《奥德赛》的18倍。居素甫·玛玛依因此被誉为国内外著名的"玛纳斯其"，被海内外史诗专家誉为"当代荷马"、中国的"国宝"。

几十年来，居素甫·玛玛依为柯尔克孜族史诗《玛纳斯》的传承和发展做出了重大贡献，得到了世界公认。依据他的演唱出版的《玛纳斯》（柯文版）先后获"全国优秀民间文学"一等奖、首届"中国民族图书奖"一等奖和"中国北方民间文学"一等奖，他本人受到党和国家领导人多次接见，亦被吉尔吉斯斯坦共和国授予吉尔吉斯斯坦"人民演员"荣誉称号。

史诗《玛纳斯》是经过柯尔克孜人民口耳相传、世代琢磨、不断积累、丰富和发展的口头民间文学之大成，能演唱和传承它的"玛纳斯其"都具有炉火纯青的演唱技巧和深厚感情。"玛纳斯其"演唱史诗《玛纳斯》时，没有固定曲调，也没有表演程式，声音响亮、吐字清晰、节奏铿锵、韵律和谐，往往一口气唱完，再转入舒缓的演唱，有急有缓，有张有弛。

不同"玛纳斯其"的演唱，音韵和声腔不同，甚至面部表情和手势也不同，常常在歌词选用、情节渲染、曲调变化和手势动作等方面即兴发挥，巧妙结合继承传统与个人创造，使史诗传承、发展充满活力，各有特色，这就形成了史诗的各种异文和不同艺术特色，是活态的史诗最典型的特点，也是史诗《玛纳斯》最具迷人艺术魅力之处。

　　在绿草如茵的草原上，在牧民白色的毡房里，在忽明忽暗的油灯下，在熊熊燃烧的炉火旁，静静地倾听满怀激情、优美动听的"玛纳斯其"演唱，歌、声、情融于一体，是一种难得的精神陶冶和艺术享受。史诗《玛纳斯》长期以来由诸多"玛纳斯其"以口头形式代代继承，在柯尔克孜人民群众中间流传了上千年，蕴含着柯尔克孜人深厚的感情，凝聚了柯尔克孜人集体的智慧。它以史诗形式记录了柯尔克孜民族历史，成为柯尔克孜族人民公认的没有文字记载的信史。同时，它还是柯尔克孜族优秀传统文化的代表，也是迄今为止柯尔克孜族口头文学乃至整个文学艺术的最高成就，是柯尔克孜语言的典范和哲学思想的代表作，反映了柯尔克孜人的民族意识和精神，对研究柯尔克孜族的历史有着重要的价值。被国内外学者誉为世界文化宝库中一颗璀璨的明珠。

哪里有柯尔克孜族人，哪里就有《玛纳斯》的流传。长期以来，柯尔克孜族一直将玛纳斯视为精神支柱，视为保护神，视为民族英雄。史诗深刻而生动的内容，朴素而风趣的语言和深邃的思想内涵，深受柯尔克孜族人的喜爱。

在中华文化的百花园中，史诗《玛纳斯》也是一枝奇葩，它所具有的杰出历史、文化价值和勇敢、团结的民族精神，对于继承和发扬中华民族优秀传统文化具有重要意义。

文／张迎春　图／金炜

土尔扈特：240 年前的东归秘事

"我们的子孙永远不当奴隶，让我们回到太阳升起的地方去！"1771 年 1 月 17 日，随着年轻的土尔扈特汗王渥巴锡一声怒吼，17 万人骑马、乘车、赶着牲畜，丢弃了所有带不了的什物，以决绝的心态，毅然舍弃了 140 年的生活记忆，在滚滚的浓烟和呼啸的北风中，踏上了悲壮而艰辛的东归之路。

西迁——浩荡而惬意的行走

东归，用土尔扈特百姓的话说就是"回家"。而 240 年前这一趟"回家"却那么不同凡响，且不说它对世界史、对史学家的影响有多大，对我这样一个名不见经传的汉家女子而言，也足足影响了半生。

土尔扈特部，是卫拉特蒙古四部之一。而卫拉特蒙古是指明末清初在中国西北部逐步强盛起来的准噶尔、和硕特、土尔扈特、杜尔伯特四部联盟体。特别是 15—16 世纪，成为天山南北最为活跃的一支游牧部落群体。

说到四部联盟之一的土尔扈特蒙族东归，首先要说说土尔扈特西迁的原因。对此，人们普遍认为：是由于卫拉特蒙古内部纷争、内讧及草场争夺等因素引起的。但是，就当时而言，撇开雄居卫拉特四部之首的准噶尔部不说，还有和硕特部、杜尔伯特部呢，为什么单单是土尔扈特部离开呢？虽说内部矛盾是土尔扈特部离开的一个重要诱因，但就个人理解而言，更直接的因素应该取决于一个人，这个人叫和鄂尔勒克。作为"旧土尔扈特部祖"，他是一个值得研究的首领。

卫拉特蒙古从 15 世纪逐步游牧至额尔齐斯河、伊犁河及青海一带，与东蒙各部基本分离，形成了卫拉特蒙古部落联盟。他们彼此既独立又联合，遇重大事件由丘尔干会议（即各部落首领代表会议）共同商定。但是到了 16 世纪末 17 世纪初，经过一个多世纪的发展，人口、牲畜、社会组织及经济结构都发生了变化，这种局面被逐步打破，随之而来的是人口、领地、牲畜及盟权的争夺，部族间攀比、掠夺、争战愈演愈烈，江山轮流坐。先是由和硕特的拜巴噶斯称雄，后是杜尔伯特部的达赖台什把持，再后来是准噶尔部的巴图尔珲台吉独揽盟权。在这种形势下，土尔扈特部首领和鄂尔勒克清醒地看到自己的部族兵不是最强，畜不是最多，威望不可震慑四方，参与到这场争夺战中，受苦受难的还是部族百姓。因而在卫拉特各部之间纷争的硝烟还没有燃起时，这个睿智的男人就已开始了为部族未来的谋划。

早在出走的10年之前，即1618年，他就派出了自己忠实可靠的手下前往黑海及伏尔加河下游实地察看。在那里，他们发现了广袤又无主的大片领土，于是便不断派人前往探查、驻牧，不声不响中为部族安排了退路，做出了具有操作性的远景规划。另一个

因素是他们生活的信条决定了出走。"他们是游牧民族，不是定居民族，想在哪里游牧，就在哪里游牧。"（兹拉特金《准噶尔汗国史》）蓝天白云、草原河流就是他们的家园，向着没有侵扰、水草丰茂的地带迁徙是他们向往的事情，谁也阻挡不了。

1628年，当卫拉特联盟的内外纷争频频发生时，和鄂尔勒克——这位明智的首领在做了充分的心理准备和物质准备后，简单而轻松地与他的三位仁兄——盛气凌人的准噶尔部、跃跃窥视于青藏高原的和硕特部、徘徊彷徨的杜尔伯特部挥挥手，没有丝毫犹豫就踏上开辟新生活的道路。顺带着，还将和硕特、杜尔伯特中愿意追随他的人拉进了自己的队伍。

于是乎，一支5000帐25万人的大队人马，浩浩荡荡，优哉乐哉，一路且歌且行，用了2年时间，于1630年到达了伏尔加河下游辽阔的新牧场。经过不懈的努力和开拓，20多年后，由他的儿子书库尔岱青在伏尔加河下游建立了土尔扈特汗国，这个汗国后来成为俄国沙皇心头挥之不去的纠结。

汗国——一株扎根于异域土壤的树

一个个体要融入一个新环境，是需要时间和勇气的；而对一个群体而言，所用时间会更长，勇气要更多。在这里，土尔扈特人一生活就是140年，但是，他们落地生根的过程并不容易。

土尔扈特汗国的建立和发展，值得抒写的人和事很多，除带领大家离开的和鄂尔勒克、建立了土尔扈特部汗国的书库尔岱青两位汗王外，最让迁居于伏尔加河生活的卫拉特人骄傲的汗王莫过于阿玉奇汗。

童年的阿玉奇汗是在外公准噶尔部的巴图尔珲台吉膝下长大的，12岁回到伏尔加河之后，又跟祖父书库尔岱青生活在一起，所以他在日后执政封建汗国时，展露出雄才大略，屡建奇功，这与自幼在两位杰出汗王跟前耳濡目染有直接的关系，也可能从骨子里就秉承了他们的聪慧与胆识。他在位50多年，以超人的统治才能和卓越的外交策略，将土尔扈特部汗国推向了鼎盛，使一心想统治他们的俄国人束手无策，并且最终不得不承认土尔扈特汗国是他们的同盟者，而不是附属者。

一个异族，在他人的领土上生根开花，建立王国，还能获得对方的平视和尊重，这不是一般人能创造出来的业绩。这一切都取决于阿玉奇汗这位领导者的思想、胆识和对本民族的立场。

为了维护自己民族的利益和尊严，他采用了打防结合、顺抗兼施的方法，即：你（俄国）侵犯我或者指使他人骚扰我，那么我就不客气，组织强悍的土尔扈特骑兵狠狠打；不但自己打，还要联合俄国的死对头克里木汗国共同打，直到俄国不得不让步。但是，毕竟是生活在人家的地盘上，矛盾不可太激化，太激化了，吃亏的肯定是自己。阿玉奇汗比谁都明白这个道理，因而，针对不同时期和不同形势，他会采取不同策略。最具代表性的就是"盟誓"，他在位的50余年里，向俄国当局共盟誓5次，每一次都是表面顺从，实际抗拒。你要干涉我的内政，你要逼我纳贡交税，不行！不但不从，还拉出人马，摆开架势，看你能怎样？如1682年第4次盟誓刚结束，俄国要求阿玉奇汗"交出人质和每年交五百匹贡马"，得到的结果是：阿玉奇汗拉出人马渡过雅依克河，摆出要与巴什基尔人联合的架势，使俄国当局不得不降低条件，不敢再硬来。

阿玉奇汗在位期间，虽然有时为了缓和与俄国的关系，不得不去参与对外战争和镇压当地人民起义，但是在维护汗国根本利益和民族尊严上，始终与俄国做坚决的斗争，在政治上保持着独立自主原则，并且成功地粉碎了俄国政府一次次想侵吞、统治土尔扈特汗国的阴谋。俄国当局对这个游牧民族领袖又怕又恨又无办法，就连彼得一世也将阿玉奇汗作为一国元首隆重接见。这印证了阿玉奇汗向俄国重申的那句话：我们是你们的同盟者，而不是你们的臣民。

　　不足之处是，一把手在位时间太久会让接班人失去耐心，容易导致更多的猜忌和争斗。当阿玉奇汗以 82 岁高龄去世后，随之而来的便是储君们的汗权争霸赛，这恰好给觊觎已久的俄国当局以可乘之机，极力在中间挑唆、干预，算计着汗国的统治权。而贵族们忙着内耗，忘了部族的前途，这一闹就是 17 年，结局是汗国受创，民众受难。到了敦罗布喇什（渥巴锡的父亲）时期，俄国对土尔扈特部汗国的高压政策已达到前所未有的程度。

　　多年来，俄国梦寐以求的通过扣压贵族人质达到对土尔扈特部汗国控制的目的终于实现了，他们将敦罗布喇什的儿子萨赖软禁至死，仍不罢休，继续强迫汗国送人质，而军役、赋税不断加码，让大批土尔扈特人为他们到欧洲战场去征战。在这样的情形下，仇恨与愤怒的种子在土尔扈特部汗国民众心中深深埋下，他们更加思念祖国，想念亲人，回东方老家的念头在一天天滋生蔓延。正如土尔扈特一首长调中所唱：

　　　　当微风刮过
　　　　下起了小雨
　　　　寒冷时
　　　　想起母亲温暖的怀抱

　　　　当乌云飘过
　　　　下起了暴雨
　　　　遇难处时
　　　　想起母亲宽大的怀抱……

虽然以土尔扈特为主体的卫拉特人漂泊在外近一个半世纪，想家、回归的念头却从未断过，与祖国的联系从没间断。从和鄂尔勒克到渥巴锡，每一任汗王都不忘与祖国联系：政治上朝贡和工作汇报，宗教上进藏熬茶礼佛。1640年和鄂尔勒克率子书库尔岱青前往塔尔巴哈台（今塔城一带），参加漠北喀尔喀与漠西卫拉特蒙古的共同会议，制定了著名的《蒙古——卫拉特法典》，这表明虽远居异域，土尔扈特依然是中国蒙古家庭中的一分子。而1645年著名的藏传佛教高僧咱雅班弟达远赴伏尔加河传教布道，以及贵族们不断赴藏熬茶礼佛，宗教信仰上的认同更能强化人的归属感，信仰就是力量，对佛国世界的向往使土尔扈特人民更加确定，中国才是他们精神信仰的终极之地。1712年，阿玉奇汗遣萨穆坦使团绕道西伯利亚进北京"表贡方物"，康熙皇帝又迅速遣图里琛使团回访慰问，以及15年后雍正皇帝派满泰慰问使团等，这一切并不是一个简单的工作汇报和精神抚慰，其间必然有割不断的血脉亲情，还有不能为外人（俄国）知道的军事、政治秘密。比如，什么时候能东归，如何共同对付觊觎清廷的准噶尔部，防范窥视边境的俄国当局？这些都是"自己家人"要商讨的事，自然不会让邦外知道。

东归——九死一生而不悔

"我们的子孙永远不当奴隶，让我们回到太阳升起的地方去！"1771年1月17日，随着年轻的汗王渥巴锡一声怒吼，17万人骑马、乘车、赶着牲畜，丢弃了所有带不了的什物，以决绝的心态，毅然舍弃了140年的生活记忆，在滚滚的浓烟和呼啸的北风中，踏上了悲壮而艰辛的东归之路。

俄国人怎么也没想到，已被他们用"铁链拴住的这只熊"怎么会如此凶猛？俄国人伊凡·库拉金看到的情景是："队伍铺天盖地而来，淹没了草原……他们手持大大小小的旗子，在白天一点多钟抢走了所有牲畜，而后袭击城堡……"土尔扈特人仅用3天时间就渡过了雅依克河，进入了茫茫的哈萨克大草原，向着恩巴河挺进。

这支浩浩荡荡的起义队伍并不是汗国所有人，只是以汗王渥巴锡为首的大部分，关于伏尔加河对岸的人为什么没能回来，很多资料在阐述时，都是说因为1771年的冬天伏尔加河未结冰，使对岸人无法渡河。事实上河水未封冻这只是一个原因，真正的原因是，在俄国日益强大的控制下，居住在伏尔加河流域的卫拉特蒙古内部已发生了分化，虽然大部分人在坚守着本民族的生活习俗和法典要求，但是少部分人还是放弃了信仰，被东正化，听命于俄政府的摆布和役使，如渥巴锡的族叔后妻贾恩为代表的敦杜克夫家族、

229

渥巴锡的姨夫和硕特部扎木扬家族。还有一些贵族因与土尔扈特部有过矛盾，未必支持渥巴锡的东返计划，而渥巴锡汗为了谨慎起见，也许根本就未通知他们。

　　此时的俄国女沙皇叶卡捷琳娜惊恐、愤怒，想破头也想不通，那个指东不敢往西的渥巴锡怎么就会有那么大的胆，在至高无上的女皇眼皮底下竟敢出逃？

　　"冰冻三尺，非一日之寒。"叶卡捷琳娜女皇根本没有想到，当她强制那些虔诚信奉喇嘛教的牧民改信东正教时；当她不断实行扩张主义，无休止在向土尔扈特人征兵去做炮灰时；当她强迫贵族们交出子女做人质时；当她指使哥萨克、哈萨克人不断侵袭土尔扈特人领地，有意抢占他们的牧地时……这些涉及信仰、尊严、生存的本质问题，要想依靠强权与高压实现，只会引起土尔扈特部族更大的愤懑和反抗。

　　让女皇更不可能理解的还有中国人共有的归属感与故乡情结。自从卫拉特蒙古人到了她的地盘上，就没停止过与祖国亲人的联系和交流，而这一切仅仅是铺垫。140年来，土尔扈特人一直在等待，等待一个待不下去的理由，而这个理由恰恰是几代沙皇日积月累造成的。

　　1770年秋的维特梁卡会议，是土尔扈特人在无奈与绝望中的一个决定民族前途、命运的绝密会议。积郁已久的愤怒、不满和对故土的眷恋在此时终于爆发。年轻的渥巴锡汗向他最信赖的5位同胞——老侄子策伯克多尔济、族兄巴木巴尔与达什敦杜克、高僧罗布桑丹增大喇嘛、从准噶尔部逃来的舍楞道出了心中酝酿已久的计划，6人经过盟誓，最后商定了一个惊天大计——在1771年举行起义，东归祖国。

　　东归，这是一条怎样的路？也许老成持重的渥巴锡汗早就想到了。万里征途上，不可预知的变数真的是太多了。作为部族首领，渥巴锡一方面要继续装出唯命是从的样子，应对俄国当局的各种无理要求；另一方面还要尽量保证东返计划周密严谨，万无一失。回家的计划在他的心中已不是一年两年，而是在他即位后就已经开始，正式启动的时间

丝 路 变 迁 历 史 渊 源

可追溯到1767年前后。为了防止起义东归大计泄露，相传他们是用隐喻的词语，以悠扬的蒙古长调互相传递消息，如安排行程时，他们用歌告诉大家，马儿将在何时在什么河上饮水，风将会刮进哪条山谷，牛羊在哪儿才会吃上肥美的草……他还秘密下达了部族青年男女三年内不能结婚生子、母畜三年内不能交配的命令，并及早将军队调集到重要的位置，即便如此，在东归途中所付出的牺牲依然超出了所有人的想象。

17万人、7个月、1万多里路，风雪、冰河、干旱、沙漠、哥萨克人追杀、哈萨克人抢掠……透过这些简单的数字和词句背后，是10万壮士尸横遍野，是绝望的哭泣，是骨肉分离，是没有退路的孤注一掷。

1771年2月的恩巴河畔，风雪交加，滴水成冰，成千上万的人露宿雪夜，与风暴为伴，生命受到大自然最严峻的考验。有一种场景，也许我们一生也不会看到："当清晨来到这儿的时候，几百个围坐在火堆旁的男人、女人和儿童已经全部冰僵而死去。"直到今天，土尔扈特人见面的问候仍然是：你好吗？家里的人都好吗？牲畜都好吗？一串简单的询问带着深深的历史印记。因为在战乱、风雪、瘟疫的重围中，人们今天在一起，也许只一个晚上或者一个时辰不见，就将会成为永别，多一句问候就是多一份安心啊！

还有奥琴峡谷的生死决战，虽然运用了著名的骆驼突击队，死伤仍然不计其数！

姆英塔的围困与渥巴锡汗的巧妙决策是一次生死博弈。当精疲力竭、给养匮乏、饥寒交迫的东归队伍终于走到姆英塔，打算在这儿喘口气时，一直苦苦相逼的哈萨克联军又撵了上来，5万军队将这支困顿疲惫的队伍团团围住，如同羊群在暗夜被狼群围困。在这种险恶境况下，渥巴锡汗再次显示出一个领导者卓越的指挥才能和过人的应对能力，他巧妙地利用了休战谈判的时机，乘其不备，突出重围，转变路线，直奔故乡。

在漫漫东归路上，面对巨大的牺牲和数不清的艰难困苦，人们曾想过放弃，但是回头看，每一步都会碰到亲人和同伴的尸骨，谁还会有勇气面对？何况，回头，还有手拿铁链、虎视眈眈等着捕捉他们的俄国人和哥萨克军队。

1771年7月8日，当第一批人马到达中国的伊犁察林河畔时，前来迎接的清军看到的是衣衫褴褛、面容憔悴、骨瘦如柴、靴鞋俱无、摇晃行走、多为妇幼的人群，孩子们的身上甚至一丝不挂，瘦弱的骆驼、马背上大多驮着两个人……这样的情景让每个看到他们的人都会感到心酸，又被他们坚毅的眼神感动。无数强壮的土尔扈特勇士们为了保护他们的父母和孩子，把生命留在了东归路上，以他们年轻的身躯铺筑起一条回家路，让母亲与孩子从自己的身上平安走过，他们坚信：有母亲，有孩子，就一定有未来！

衣带渐宽终不悔，历经艰难，满身疮痍，依然是执着的信念。土尔扈特人九死一生，只为回家！

故土——痛，并快乐着

回到祖国的人们得到亲人的热情接待和妥善安置。虽然清政府在1771年4月就已得知土尔扈特人东返归来，虽然在王朝内部出现过严重的分歧，甚至有人提出拒之门外，但是目光高深的乾隆帝却审时度势，当机立断，敞开大门，让他们回家，并下令从新疆、宁夏、甘肃、陕西等地调集大批粮食、牲畜、毡房、布匹、茶叶等物资，帮助土尔扈特人民渡过难关。最主要的是，为了让渥巴锡汗一行顺利到承德觐见，乾隆帝亲自下令沿途各地好生接待，让历尽千辛万苦的游子感到亲人的热情和温暖。可是，就有一些地方官不知轻重，不把乾隆的话放在心上，玩忽职守、接待不周，结果被革职查办。如山西按察使德文，知府博尔敦，知县何燧，甚至他们的巡抚、总督因接待不周，都挨了乾隆帝的斥责和处罚。由此可见，这位乾隆帝对土尔扈特部众归来是多么重视。

对于如何安置这些人，乾隆帝可是费了一番心思。因为从先祖康熙、雍正到他，准噶尔部的犯上作乱没少让他们操心，何况回来的又是一支强悍的蒙古部落！前事不忘，

丝路变迁历史渊源

后事之师。在谨慎分析和揣测归来各部首领的情绪和状况后，乾隆制定了较完备的收抚政策。乾隆对土尔扈特部安置时指出："土尔扈特、绰罗斯等，现宜指地令居。若指与伊犁之沙喇伯勒等处附近西边，易于逃窜乌鲁木齐一带，又距哈密、巴里坤卡路甚近。朕意令居塔尔巴哈台、科布多西之额尔齐斯、博罗塔拉、额密勒、斋尔等处地方。"意思已非常明确，打散分开，不让你们再抱团。作为一个封建统治者，这样的决策是正确的，想想噶尔丹才刚刚平定20来年，肯定不可能再将又一支蒙古人放任，国家稳定是大局。承德入觐结束后，已到深秋季节，塞外边陲伊犁早已冰封雪飘，他因此提出补充措施："为使厄鲁特等免遭损之，即先于分别指地遣住，暂住斋尔越冬，待明年春季再行前往。"

但是，乾隆三十六年秋冬以来，天花在渥巴锡所属部众中流行，几个月的时间出痘而亡者，已达3390人，就连渥巴锡的母亲、妻子、幼儿都出痘而亡。同时，6万余人挤在一个小小的斋尔之地，矛盾不时发生。渥巴锡所率各部和舍楞所率各部、策伯克多尔济所率各部矛盾激化已露端倪，械斗之事不可胜计。

收容部众较容易，抚封上层也较顺利，但要抚养众生却是困难重重。他们远地而来，

233

生活艰难，身体较弱，传染病无情肆虐。几万人挤在一个狭小的地方，随时都有全部被传染的危险。因而，虽然在冬季，清政府还是及时地对人口进行了安置疏散。将东归的各部安置为6路：以渥巴锡为首的旧土尔扈特分为东、西、南、北四路，以舍楞为首的新土尔扈特为一路，以恭格为首的和硕特为一路。

清政府首先是对舍楞的安置，害怕其心怀多变，滋事扰边。1771年11月上旬，舍楞在清官员吉福、阿育锡陪同下，率其属众，移往科布多、阿尔泰一带，以耕牧为业。次年5月，舍楞被安置在阿尔泰乌拉台地方，与杜尔伯特同居之，归乌里雅苏台定边左副将节制，科布多参赞大臣管辖。

北路策伯克多尔济率3个旗的人马，于1772年1月被安置到和布克赛尔。对此，策伯克多尔济非常满意，一是当年他的先人们就是从这一带离开的；二是此地水草俱佳，殊甚感激。该部归伊犁将军节制，塔尔巴哈台参赞大臣兼辖。

东路，巴木巴尔所率2旗移驻济尔噶勒乌苏，归乌鲁木齐都统和伊犁将军节制，库尔哈喇乌苏办事大臣兼辖。

西路，默门图、达什敦多克所率2旗移驻精河一带，归伊犁将军节制，库尔哈喇乌苏办事大臣兼辖。

渥巴锡部在斋尔伊犁原地，由伊犁将军总统一切事务，受哈喇乌苏大臣兼辖。

1772年5月，和硕特恭格所率4旗驻裕勒图斯草原，由伊犁将军节制，喀喇沙尔办事大臣管辖。

1773年6月，渥巴锡先后5次考察裕勒图斯草原，终于选定了气候适宜、水草丰美的这片草原作为新的驻牧地。渥巴锡多次请示，认为斋尔地方狭小，部族无法生存，现选定裕勒图斯草原，请获允准移地放牧。清朝官员即派人共同踏勘，准予移牧。9月，渥巴锡率所领土尔扈特南路盟分6队，在厄鲁特兰翎伊斯麻里及熟悉道路的维吾尔族人噶札那奇伯克和买麻特·克里木向导指引下，向裕勒图斯草原移牧。此前的 7 月，清政府将原在裕勒图斯草原游牧的和硕特恭格部，移牧于博斯腾湖畔以西以北之地，以便腾出裕勒图斯草原供渥巴锡部游牧。

至此，4 路旧土尔扈特部、1 路新土尔扈特部、1 路和硕特部游牧地确定。西到博尔塔拉草原、东到博斯腾湖畔、北到科布多、南到塔里木河流域，以旧土尔扈特南路渥巴锡汗驻地裕勒图斯草原为中心，东西相距 2000 里，南北长达 4000 里，并沿袭至今。

遗憾的是，就在东归大业完成，部族们都得到妥善安置之时，年仅 33 岁的渥巴锡汗却在 1775 年 1 月 9 日走完了他短暂而沉重的一生。按宿命论的说法，是他命该如此，但是，透过他的经历及作为，也许可以找到些许答案。

他继承汗位之际，正是俄国加紧实施对土尔扈特人的奴役与统治时期，别无选择的他，只能承担起部族危亡的重任，在通过艰难的周旋与斗争，小心的准备与决策，终于完成东归大业后，迎接他的并不是鲜花、掌声和赞扬，而是部族的抱怨、贵族的分裂、亲人的逝去和朝廷对他权力、人口的削弱。

为了给部族一个光明的未来，付出了 10 万人的鲜血和生命，这样惨重的代价，世人惊骇，族人更是不能理解。特别是归来后，仅剩的 6 万余人还要被朝廷分而治之，划成 6 块。几位与他同患难的战友兄弟，此时却不愿同甘甜，极力赞同清政府的意图，各享封地，各自为王。

不同意分散游牧，部族的未来将不敢想象；同意，就意味着共同经历过生死磨难的部族将四下散去，不再完整。为了部族的前途，只能放弃个人的利益。然而，族人们并不买他的账，当没有得到想象中宽阔的草原，肥壮的牛羊，且又遇到巨大的瘟疫时，所有的怨恨都撒向这位命运多舛的汗王。

然而，谁又想过，作为一代汗王，当看到自己的属民大批牺牲时，内心的疼痛有多深？

当大家庆幸劫后余生，亲人团聚时，他的母亲、妻子、幼儿却因天花相继离去，谁能理解他内心的孤独有多深？当汗权被肢解，部族被分散，谁又能明白他内心的失望有多大？即使这样，他忍下了，坚持了，直到最后，他依然嘱咐部众："安分度日，勤奋耕田，繁衍牲畜，勿生事端，致盼致祷。"这就是一个能够担当道义与大任的明君，一个视本民族生存、发展为第一的首领，一个值得后人铭记的历史伟人。

历史的烟尘早已远去，因为东归的惨重代价，归来的人们倍加珍惜来之不易的生活。孩子很小时父母就会告诉他们，不要将污水倒进泉水、小溪、河流中，不能在泉水边撒尿，否则小家伙上要长痘痘；不要践踏绿草，踩了会不长个儿；不要去打怀孕的猎物，那样会遭天谴。他们爱护环境，保护水源，珍惜生命，崇尚和平宁静的生活。他们最不期望动乱，是维护民族团结与社会进步的最忠实执行者。

很多史料表明，回归 240 年来，这支蒙古部族从未做出过于国于民有害的事情，反而在平定叛乱、维护和平、促进发展中起到过十分重要的作用。近代新疆发生的数次和卓动乱，或是外敌入侵，土尔扈特及和硕特民众首当其冲被征调。英勇的土尔扈特、和硕特蒙古人与新疆各族人民一道横戈跃马、冲锋陷阵，镇压叛乱者，驱逐侵略者，一次又一次沉重地打击了分裂分子和叛乱分子。如 19 世纪 20 年代平定张格尔及其兄玉素甫的叛乱、19 世纪 40 年代平定七和卓及倭里罕之乱、19 世纪 60 年代反对阿古柏匪帮的斗争、杨增新为阻挡"黑喇嘛"入侵新疆的斗争、解放初期巴音布鲁克草原蒙古骑兵的剿匪战斗等等，每一次战乱时，土尔扈特、和硕特蒙古兵都是临危受命，自备马匹、武器，组成精锐队伍，奔赴前线，勇剿匪徒，表现出高度的爱国、爱家情怀，为祖国的统一和边疆各族人民的安全做出了巨大的贡献。

文／潘美玲　图／金炜

七、代代传承民族工艺

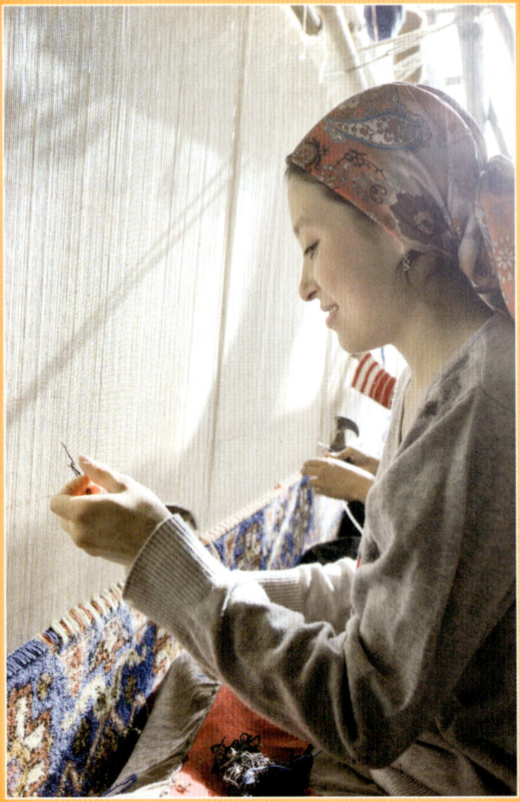

古兰姆地毯：花样年华出和田

和田地毯与艾德莱斯绸、和田玉并称为"和田三宝"。一直以来在国内外闻名遐迩。现北京故宫博物院中仍收藏有和田手工地毯《石榴花》《卡其曼》等多幅。以至于有这样一句民间谚语："昆仑山有多少玉石，和田的夜空有多少星辰；天上有多少云片，和田有多少花毯。"

古兰姆地毯的传说

刚到和田，迎面而来的朋友、和田市宣传部副部长魏永龙就急不可耐地告诉我关于和田地毯的故事，这是我在数次目睹和田地毯制作后一直想知道的。

"据说在东汉时期，在和田河畔，有位叫那克西宛的人，他是玉龙喀什河畔一个穷苦农民，特别痴迷于织毯，屡遭失败也不灰心。庄稼荒芜他不管，父母病危他不去看，乡邻们说他是'撒郎（傻子）'。不知过了多少年月，终于在一个圆月悬空的夜晚，那克西宛成功了。他用棉纱做经线，用毛纱桔扣栽绒，用核桃皮、石榴花、红柳花、沙枣皮、苹果叶和锈铁皮等物混合发酵后染色，使织出的地毯绚丽多彩，创造出了流传上千年的织毯法。他的发明创造，很快流传到和田、喀什等地，后来人们把那克西宛称之为'地毯之父'。"

听到这里，我还是忍不住插嘴："据我所知，好像是叫古兰姆地毯嘛！""啊，那是另一个版本。"魏永龙笑道："等一会儿再说。先去作坊看看吧。"此行的目的地是洛甫县玉龙喀什镇塔玛沟买勒村，这是一个令人很感兴趣的地方。在拜访的当口，当地老人说，他们的祖先是从遥远的古代波斯（今天的伊朗）迁来的，至于来了多长时间他们也说不清楚。实际上，这种情况毫不奇怪。作为"人种蓄水池"的古代新疆既是世界四大文明的交汇地，也是各色人种的交融地，至今，塔吉克族就是这样一个依然拥有着古代波斯血缘的后裔。

阿不拉·居来提是村里有名的地毯制作技艺者，若是按照少数民族的文化习惯，对于那些特别擅长某一领域的艺人，可以在这个行业后加一个"其"，意思是造诣深厚的人。在我看来，阿不拉·居来提就是这样一个身怀地毯制作绝艺的人，可以称之为"古兰姆其"。

　　"古兰姆"源于一个传说，这就是所谓的另外一个版本。相传，古时候于阗国王有个天资聪慧的女儿名字叫古兰姆，因故得罪了父王，父王为了惩罚她，把她嫁给了一个衣衫褴褛的穷光蛋，并把小夫妻俩赶到了荒无人烟的荒野上。后来聪明勤劳的古兰姆用三色羊毛巧妙地编成地毯，让丈夫拿到集市上去换回盐巴和奶酪。古兰姆的地毯越织越漂亮，很快成了市场上的紧俏物品，被巴依老爷们买去装饰居室，最后卖到了王宫里。后来老国王知道地毯是被他赶出去的古兰姆织出来的，立即下令把古兰姆找回来，并让女儿向他的臣民传授织毯技术，从此地毯才在于阗全国普及开来，也从此人们把漂亮的地毯以古兰姆命名。现在虽说已经改名叫和田地毯了，但我内心却觉得还是叫古兰姆地毯更有味道。

花样年华出和田

阿不拉·居来提今年已经60多岁了，下巴的胡子黑色里夹杂着些白色，但是精神倍儿棒，透着十足的精气神。到他家时，他刚好在纺织地毯。"我们这里的地毯是和田最好的，我们基本不用机器，全部都是手工，所以地毯卖得好得很。"阿不拉·居来提言语间很是骄傲。说话间，阿不拉·居来提为我们展示了传统的工艺。首先，他细心地将剪下的羊毛弹松、搓成毛条，用捻线棰捻成线，再合成直径两毫米左右的毛线。这个工序结束后，他又支起大锅，指了指说："这是我们的染料锅。"看来，这是第二步了。毛线投入染料锅中，热气腾腾，在不断搅拌使颜色均匀后，老人说："还要漂洗晾干。"第三步是把毛线绕好挂在织毯机架顶。这些程序都是基础性工作，最重要的是织造的过程。

阿不拉·居来提坐于织毯机前，面对经线，一手持织毯刀，一手捏毛线在经线上绕结打扣，一个线扣打好，用织毯刀将毛线割断，再进行下一个线扣的绕结。老人边织边说："工作顺序是一行一行地平铺，一行或几行线扣完成以后，用专用的毯耙把线扣砸平实。织过一段以后，用专用的长夹剪对地毯进行粗剪。待一条地毯织完，再用长夹剪进行精剪细修。"

这时，就可以清楚地看见在织毯机下，经线不断出来。"经线越细密地毯的造价越高、质量越好。经线的密度用'道'来计算，1米的长度中有300道经线是最基本的，少于300道也可以织成地毯，但织出的地毯松松垮垮、极容易掉毛溃散，图案自然也粗糙。600道以上就可以算高档地毯了。和田地毯是纯手工工艺品，耗时费工，1条1.5米×2米的小地毯，最快也要半个月的时间才能织成。"旁边的魏永龙给我们讲解着，看到我们津津有味的样子，他也精神十足："和田地毯之所以名声远扬，一是它精湛的工艺，二是它极受欢迎的图案；第三也是最独特的一点，是它独一无二的材料——和田羊毛。和田羊毛的独特之处是，它的毛纤维匀称，柔软而富有弹性，在高倍显微镜下观察可见，和

琴弦上的家园

代代传承民族工艺

田羊的羊毛是中空的,这在绵羊家族中是罕见的。"正是由于和田羊毛的特性,才使和田地毯有着特殊的手感、色泽、柔韧度、耐损性和高贵感,千百年来为人们津津乐道。但是材料毕竟只是材料而已,好材料不见得能有好产品,真正使和田地毯声名远播的,还是它精细独特的工艺。

根据文献记载,自殷商时代西域就有地毯生产,而且每年还要向商王进贡,可知那时候中原地区的皇室王公贵族已经把地毯视为珍稀之物。早在2000年前,和田就有盛行地毯的记载。1959年和田专区民丰县的古精绝国故址的墓葬中,出土了一块地毯残片,经考证为东汉时期的物品。其编织工艺与现代和田地毯略有不同,但质量和档次却相差无几。说明和田地区甚或南疆地区编织地毯有着2000年以上的历史,而且自古就广泛使用地毯。这是我国历史上发现最早的地毯实物。

同时出土的一批怯卢文中简上已有"地毯""和田地毯"等字样。那个时候的和田地毯作为高档商品就已经被源源不断地运送到中原内地。唐代丝绸之路繁盛时,首都长安城里就有专门经营西域地毯的店铺。南宋时,曾在高昌(今吐鲁番)设互市,专门交易丝毯之物。随着新疆地毯的传入,织地毯的工艺也传到了内地。至明代,陕西、山西、河南及江浙等地就能大量生产地毯了。可是被改良后的东西总不如原汁原味的地道,要买地毯,还是新疆的好。

和田地毯的春天来了

看着作坊里挂着的五颜六色的地毯,我不由得被这些生动的色彩和图案打动了。和田是新疆绿洲中一个鲜明的地域代表,一面是巍峨高大的昆仑山,一面是一望无际的塔克拉玛干大沙漠。在严酷的生存环境中,人们对于美的追求却从来没有停止过。无论是艾德莱丝绸还是地毯,都像是盛开在沙漠中的红花绿叶,滋润着人们的心田。

243

丽新疆

琴弦上的家园

和田地毯按照图案内容和形式可分为八大类：阿娜古丽（石榴花式）、夏姆努斯卡（蜡花式）、开力肯（波浪式）、伊朗努斯卡（波斯式）、卡斯曼（散点排列式）、艾地亚努斯卡（洋花式）、拜西其切克（五枝花式）、博古式。他们喜欢痛快淋漓地宣泄情绪，因此也就偏爱红色、黄色等醒目刺激的颜色，甚至把对比色搅和在一起才觉着够味。

和田地毯最传统，也最受维吾尔族人士欢迎的图案是"石榴花"，这是一种以大红为主色调、用石榴花的各种变形为图案的地毯，一般为4平方米以上的大地毯，具有火热和华贵的气质。而石榴花也正是和田绿洲的市花，代表着和田谜一样的心灵。

从和田回来后，看到了两则令人振奋的消息。

一则是和田手工羊毛地毯产业发展规划论证会在乌鲁木齐召开。据了解，刚刚完成的《规划》是自治区第一个地毯专项规划。根据规划，用5年时间，投资4亿多元，使和田手工羊毛地毯年产量从目前的60万平方米增加到120万平方米，年销售收入达到14亿元，织毯户增加到5万户，从业人员超过10万人。

另外，"天津市对口支援新疆妇女手工编织项目"在新疆和田地区启动，该项目将利用5年时间，通过培训骨干、提供订单等系列帮扶政策，帮助2000名妇女实现灵活就业。项目初期，将由天津市手工编织企业提供技术、订单、销售等支持，使从事手工编织的妇女姐妹天天有活干，月月有收入。通过试点，将天津发展妇女手工编织的模式复制到新疆和田地区后，将逐步在新疆其他县市推广。

和田地毯的春天再次来临了。

文／黄适远　图／石广元

小刀与羔皮帽：另类的沙雅文明

沙雅古名"沙雁州"，最早见于《新唐书·西域传》"唐之突骑驰沙雁州"，明代始有"沙雅"一名。沙雅东邻尉犁、且末，南望民丰、于田，西连阿拉尔、阿克苏，北接新和、库车。沙雅地处天山南麓、塔克拉玛干北缘，塔里木河由西向东从县域偏北部横穿而过。发源天山南坡，由木扎特河、克孜尔河等 6 条支流汇合而成的渭干河在沙雅汇入塔里木河，两大生命线交汇的绿洲腹地最终造就了渠堤如织、阡陌相连的景象。

一方水土养一方人，沙雅丰富的人文景观、文化资源，存在着息息相通的历史性呼应。如今漫步沙雅民俗风情街，可以欣赏到"一杆旗""塔什罕"小刀和"卡拉库尔"胎羔皮帽等极具特色的民间手工艺品，这些都带有浓郁的沙雅文明特征。

有生命的沙雅小刀

谈到沙雅小刀，就不能不追溯一番小刀的历史。有人说，一把小刀的历史就是沙雅县的文明史。此言虽然有些夸张，但却从一个侧面反映了沙雅小刀的历史之久远。

在许多人看来，制作刀具离不开铁。沙雅属于龟兹古国故地，史料记载，早在西汉时期，龟兹出产的铁便足够西域三十六国使用。有了充足的铁的资源，其他事情铁匠便可以完成了。

让沙雅县小刀制作技术流传下来的是一名叫托乎提的铁匠。19 世纪中期，托乎提将打铁技术传授给长子塔力甫，后来塔力甫又将小刀制作技术传授给儿子塔西汗（塔什罕）。塔西汗将各种制刀工艺进行改造，并且在刀柄材料上进行了大胆尝试，由此便诞生了沙雅县最著名的小刀品牌"塔什罕"。塔西汗一生中培养了1000多名徒弟，这些徒弟要么沿用塔什罕品牌，要么自立门户开创品牌，到 20 世纪初，沙雅县制作小刀的家庭作坊已经遍布全县。

塔西汗的许多后人至今依然固守着这门手艺。沙雅县"小刀一条街"上分布着十几

家小刀店，我随意走进一家小刀店，没有想到店老板罗合曼·忙苏尔竟然是塔西汗的后人。他告诉我，"小刀一条街"上的店铺都有各自的小刀制作作坊，有些店铺除了自己制作之外，还从民间收购小作坊的小刀，然后打上自己的品牌销售。

沙雅手工小刀历来以做工精细、造型美观、刀刃锋利，具有很好的观赏、收藏、装饰及使用价值而受到人们的青睐。沙雅小刀高档的装饰材料极为珍贵，是以自然脱落的野生动物的角或者骨头镶嵌宝石制成，图案鲜艳，独具匠心。每一把小刀都体现了维吾尔族民间艺人的审美观，凝结着他们的智慧。

沙雅过去制作的小刀注重的是实用性，也就是刀刃好坏是最主要的。几十年前，最好的刀刃材料就是各种汽车的钢板，刀匠们将钢板切割开、锻造、淬火，掌握好火候就能做出最坚硬、锋利的刀刃。现在，小刀的实用性基本已经被观赏性取代，只要有需要，广州等地的刀刃加工厂可以批量提供各种硬度的刀刃，而小刀的刀柄恰恰无法批量生产，完全属于沙雅小刀匠个人的施展空间。好的刀柄不仅要实用，而且要具有美感。

沙雅县英买力镇阿合墩村在当地有着"小刀村"的称号。据说，这个村子一半以上

247

的家庭从事手工小刀制作，沙雅县著名的"三星""一杆旗""塔什罕"等小刀品牌都是从这个村子里走出来的。

我来到小刀村时，正赶上麦收时节，走进沿街的几户村民家，要么大门紧锁，要么院门敞开，屋里却找不到人。这几家农户的院子里都有一个打铁的炉子，炉子旁摆着一些制作小刀的配件。当然，从住房和庭院的情况来看，村民们的经济收入显然是不错的。

我们站在村里的公路上，正在踌躇之际，路边树荫里走出一个青年村民。他告诉我们，这个季节村里没有谁家制作小刀。现在只有英买力镇几个小刀作坊在做刀子。于是，我们来到英买力镇一个叫毛尔吐地·塔什的小刀作坊。

毛尔吐地·塔什年龄不大，但手艺却非常了得，目前，他已经是3个徒弟的师傅了。毛尔吐地·塔什以为我们是买刀的客人，放下手里的活儿，从一个木箱里拿出一个用报纸包裹着的纸包，打开纸包，一字排开的10来把精美的小刀立即吸引了我。毛尔吐地·塔什做的刀子多数是折叠刀，最大的刀子刀刃长12厘米，最短的刀刃长4厘米。

他告诉我，现在的小刀刀刃是批量加工的，他们只要将刀柄做好，然后与刀刃安装焊接起来，一把刀就完成了。一个熟练的刀匠，一天可以做7把刀。以前，一个最优秀的工匠一天只能做5把刀，刀子越大越好做。毛尔吐地·塔什和徒弟们做的小刀，一部分在当地销售，一部分则被沙雅县某小刀品牌收购，经过重新包装之后成为高档品牌小刀。

在刀匠看来，任何一把沙雅小刀从制作完成的那一刻起便有了生命。冷兵器时代，一把生命力顽强的好刀可以带给拥有者强大的战斗力。而狩猎过程中，一把好刀则会给持有者带来运气。佩戴一把精致的小刀无疑会成为身份和地位的象征。

据说，一把好刀佩戴使用久了，便会凝结主人的精神气质及主人的性格特征。这种传说似乎从刀诞生起就一直没有中断。沙雅小刀最早的起始年代早已经无从考究。人们比较清楚的情况是这样的：1980年至1990年，是沙雅小刀制作工艺迅速发展的时期。进入2000年后，沙雅小刀手工制作的刀刃渐渐被内地机器加工的不锈钢刀刃取代，沙雅小刀由于刀刃实现了批量加工，小刀的年生产规模得到了大幅度提升。

卡拉库尔胎羔皮帽的传承之路

维吾尔族人不仅能歌善舞，而且在漫长的历史发展过程中，创造出了丰富多彩的服饰文化艺术。其中，尤以羊羔皮帽的制作工艺和文化内涵被人们广为称道。沙雅卡拉库尔胎羔皮帽子秉承了传统工艺，从选料到制作都非常讲究，因而成为帽中精品，倍受维吾尔族群众的青睐。

黑色的、黄色的、白色的、灰色的羊羔皮帽整整挂满了一面墙，我们眼前为之一亮。在沙雅，我们有机会到沙雅镇制作卡拉库尔胎羔皮帽子的手工艺人吐尼牙孜·玉素甫的家中采访。年逾九旬的吐尼牙孜·玉素甫老人正在制作皮帽子，他面色红润，手脚利索，整个人显得很精神。

"吐尼牙孜·玉素甫是目前沙雅县年龄最大的制作卡拉库尔胎羔皮帽子的手工艺人。"沙雅县非物质文化遗产保护办公室主任克然木·卡生木向我们介绍这位名气很大的老人。

沙雅卡拉库尔胎羔皮帽子，是以卡拉库尔羊的胎羔皮进行深加工做成的。这种帽子制作精细，颜色、质地非常讲究，展示了维吾尔族独特的风俗和服饰文化，具有很高的观赏价值和浓厚的民族文化底蕴。制作卡拉库尔胎羔皮帽是吐尼牙孜·玉素甫的家族传统，老人是这个家族中的第三代传人。

制作卡拉库尔胎羔皮帽工序相当复杂，仅制作所需要的工具就有18种，包括鞣革桶、棒子、梳子、剪子、圆刀、整修梳子、锥子、针、模子，还有红柳杆子、铁锤、喷水器等。需要的材料包括胎羔皮、毛毡子、棉布、皮革、金丝绒、玉米面、水、黑染料等。

吐尼牙孜·玉素甫还为我们进行了现场演示，只见老人把衣袖挽了挽，把一张泡好的黑色卡拉库尔胎羔皮反复进行揉搓。半个小时后，胎羔皮就鞣制好了。接着，他便开始裁剪。92岁的老人眼睛好得出奇，剪刀在他手中上下翻飞，不一会儿，帽样就剪好了。然后缝、压、烫……3个小时后，一顶漂亮的卡拉库尔胎羔皮帽子就做好了。

"过去年轻的时候，我一年可以做1000多顶卡拉库尔胎羔皮帽子。1964年，我曾经在新疆皮革厂任技术员，带领一帮工人做了3万顶羔皮帽卖到了前苏联。现在，我年龄大了，一年最多能做500顶帽子。"吐尼牙孜·玉素甫说。现在一顶卡拉库尔胎羔皮帽子的价格一般在100元—250元左右，老人靠做帽子每年可以挣到5万元左右。

提到沙雅卡拉库尔胎羔皮帽子，就不得不提一提沙雅卡拉库尔羊。沙雅是中国卡拉库尔羊之乡，这里拥有150万亩天然草原，优良的水草养育出了优良的卡拉库尔羊。

胎羔皮亦称羔皮，尤为珍贵，多为自然流产的羊羔的皮，毛长不超过2厘米，毛细而密，有光泽，并有明显的波状花纹，皮板轻柔，鞣制后可染成多种颜色，适宜制作皮帽、皮领等。

代代传承民族工艺

沙雅人用胎羔皮做帽子已有上千年的历史。据县志记载：沙雅古代畜牧区之一的齐满村是制作沙雅卡拉库尔胎羔皮帽子的发源地，后流行于马扎胡贾木（现红旗镇），然后到央达克协海尔一带，逐渐扩散于全县范围。15世纪以后，随着沙雅卡拉库尔胎羔皮向外出口，胎羔皮帽通过哈萨克斯坦流传于欧洲。克然木·卡生木说，沙雅胎羔皮帽样式有好几种，如白皮帽、光面皮帽、套面皮帽、西班牙式皮帽等等。皮帽是维吾尔民族特有的工艺品，也是民族服饰最显著的特征。戴帽子在维吾尔族看来象征着自尊和尊重他人。卡拉库尔胎羔皮制成的帽子戴上不仅美观，而且还能御寒。

卡拉库尔胎羔皮帽一直倍受消费者青睐，然而，一个不容忽视的现实是：卡拉库尔羊和胎羔皮是沙雅的特产，由于做工比较烦琐，原料较贵，制作胎羔皮帽的人不多，只限于满足本地的需求，还没有找到更广阔的消费市场。此外，由于市场不景气，做帽子的师傅越来越少了，制作皮帽的手工技艺也面临无人继承的境况。

文/李桥江 沙飞 图/尤丛志

芨芨草编织的哈萨克族风情

　　一件精美的芨芨草或者羊毛线编织的挂毯，要花数十个甚至上百个工日才能完成。草原上的哈萨克族女人就是这样编织着，从一个小姑娘到情窦初开的妙龄少女，再经过初为人妇的喜悦，直至儿女绕膝的妇人，最后变成了沧桑的祖母。她们把自己的情绪和气味也都一起编织进了琼木其、挂毯、地毯里了。

阿黑拉什·阿合别克的一家

　　9月的阳光不强烈，芨芨草却已经黄了，一蓬蓬的，在野地里招摇着，好像在等着阿黑拉什·阿合别克的到来。

　　阿黑拉什·阿合别克有5个孩子，一个儿子和最小的女儿在哈萨克斯坦留学，剩下的两个儿子一个在外地高校教书，另一个在白杨河镇学校教书，大女儿在县上的保健站当会计。平时只有老伴哈孜肯和她在家里。哈孜肯教了35年书，退休前是白杨河学校的校长。阿黑拉什·阿合别克常常说他，自己是教书的，就把儿子们都培养成了教师，还都不在身边。哈孜肯很得意，你也是老师呀，你不是天天在教牧区的妇女编织吗？这时候阿黑拉什·阿合别克常常不以为然地看一眼哈孜肯。

　　阿黑拉什·阿合别克确实在教白杨河牧场的妇女编织，现在有200多个徒弟，都是跟着阿黑拉什·阿合别克学会芨芨草编织和羊毛线编织的，她们有些人编的挂毯、褡裢等拿到县城去卖，很受欢迎。有许多城里的哈萨克族人家，年轻的女人自己不会编，就买来挂在家里；也有许多外地来的游客喜欢这些纯手工的活计，他们买去送人或自己珍藏起来。

　　阿黑拉什·阿合别克已经56岁了，也许是儿女都大了，这个年纪的她爱回忆过去，这几年她常常没有由来地想到自己的奶奶和妈妈。

　　阿黑拉什·阿合别克不知道自己的家族什么时候迁到乌雪特乡白杨河村的，她能知

代代传承民族工艺

　　道的就是她的奶奶毕巴提帕是在这里去世的，她的妈妈卡颠·博然迟也是在这里去世的。世世代代生活在这里，也就很自然学会了女人们都会的传统的编织技巧。

　　小时候家里穷，孩子又多，阿黑拉什·阿合别克早早就跟着母亲学会了编织的手艺。13岁那年，她就用羊毛线给妹妹织了一件衣服，虽然粗糙、宽大得像个口袋，但妈妈还是表扬了她。她记得那是用海娜染过色的毛线织的一件袷袢。那是她的第一件手工制品，后来她常常给弟弟妹妹做衣服。"文化大革命"那些年，没有布票，买不到布，就把旧衣服拿出来翻新，她手巧，旧衣物她也可以翻出新花样，给衣物、毛线重新染色，拿旧布拼出好看的图案，她总能在旧里做出新的感觉，爱美的妹妹最喜欢她缝弄、编织的衣物。

　　后来她结婚了，一家人的衣物，缝缝补补都是她来做，还有毡房里的琼木其、挂毯、地毯、装碗的口袋、装麦子的口袋、装面粉的口袋、装干肉的口袋，绑东西的绳索，装零碎东西的口袋，还有马肚子上的马达子等等。她一件一件编织着，一件一件完成着。

253

转场的时候，那些口袋、绳索就都用上了。家里的东西都装在那些大大小小的漂亮口袋里，再用结实的羊毛绳子绑在马背上，所有的家当都在马的背上了。走过山路，转过荒地，到了草场，卸下这些家什，就在一块平整的地上搭毡房。把琼木其沿着毡房边展开，拿绳子固定好，再把挂毯什么的装饰物挂在毡房里，地上铺上手工编制的地毯，一个家就布置好了。等她烧好奶茶，叫孩子们来吃饭时，哈孜肯已经把羊和牛安顿好了，孩子们也都和附近毡房的孩子打过照面了。一个家就在这个草场上安顿了下来，直到下一季草黄了，直到下一次转场。哈萨克族牧民就是这样从草原的这边搬到那边，再从那边搬到这边，一年一年都是这样。

草原上的哈萨克族妇女把自己的情绪和气味也都一起编织进了琼木其、挂毯、地毯里了

哈萨克族人民自古以来逐水草而居，因为牲畜的转场需要，他们居住在容易搬迁和拆卸方便的毡房里。制作毡房时用羊毛织成毡子，再用毡子搭建房屋，可是毡子太软，怎样才可以最省力地解决承重问题，聪明的牧人一定想了很多办法才发现圆柱形的房屋最省力，也就是现在毡房的样子。可是毡子很软，怎么阻挡风和小动物的攻击呢？草原上没有树，可是有好多草。半荒漠的草原上，长着一丛丛的芨芨草，芨芨草的主茎挺直，外表光滑，聪明的哈萨克族妇女把它编成类似草席子的样子，哈萨克人把它叫作琼木其。男人把琼木其顺着毡房的圆壁展开，这样既可以为毡房挡风，阻挡外来物的入侵，又加固了房屋墙壁的韧性。

男人们放羊去了，爱美的哈萨克族妇女在干家务时，想着怎么把毡房打扮得漂亮一些。可是她们没有漂亮的布，她们只有羊毛，只有草原上各种各样的植物和花草，女人把它们拔了，拿回家在锅里煮了，煮出颜色，再把羊毛也放进去煮，那些花呀草呀的颜色就

代代传承民族工艺

煮到了羊毛上，羊毛就变得五颜六色了。女人在编织的时候，也就有了五颜六色的心情，连那个挡风用的芨芨草帘子，女人们也用五彩的羊毛缠起来，再编到一起，这样编成的琼木其不仅实用还好看。

一开始她们把自己民族和部落的印记和图腾也都编织在芨芨草和羊毛线上，后来，更多的女人知道了各色花草能煮出什么颜色，就有更多的花草被女人们拔回来，煮进锅里；还有更聪明的女人捡回草原上不多的石头，也一起煮进锅里。慢慢地女人们掌握的颜色多了起来，编织的图案也变得多了，不再是简单的标记和图腾。她们把自己的情绪和气味也都一起编织进了琼木其、挂毯、地毯里了。她们把草原上看见的各种动物、花果及吉祥喜庆的哈萨克文字，连环对称地编织起来。虽然个人有个人的不同，但和其他地方的人比起来也有一些粗犷、豪放、大气的共性。

哈萨克族人无论在哪个草原上看见毡房，看见用芨芨草编织的琼木其，用羊毛线编

255

织的挂毯、地毯就有一种自己人的亲切感。

考古发现,在若羌孔雀河出土的公元前18世纪的草编篓,就是由芨芨草编织的。直口,鼓腹,环底,颈部编有曲波纹和弦纹,出土时篓口还盖着褐色毛布。据哈萨克族史料文献记载,公元5世纪哈萨克族先民已制作和居住毡房,在西汉时期哈萨克族先民在制作毡房时用芨芨草编织品作为工具。

时间过去了那么久,芨芨草、羊毛线手工编织的物件还在哈萨克族妇女的生活里,只是在长长的时间里,有些东西变了,图案多了,花色多了,变化多了,还有就是会的人少了。

这是一个奢华的技艺,它只属于哈萨克族妇女

我看着阿黑拉什·阿合别克那一毡房漂亮的编织品,打心眼里喜欢,也是心生羡慕的,也会坐在她身边装模作样地编上那么几下,但我永远也不会真正地坐在草原上,从清晨到黄昏,从春天到冬天,去编织一个哪怕是最小的坐垫。这是一个奢华的技艺,它只属于哈萨克族妇女。

阿黑拉什·阿合别克告诉我,现在许多哈萨克女人都不会这些编织技艺了。镇上商店里卖着工厂里生产的各种各样的布、各种各样的毯子。人们图省事,懒得花那么长的时间耗在一块布上。草原上的女人,会的也不多了。阿黑拉什·阿合别克觉得自己有必要把她会的技艺写下来,告诉更多的人,虽然她有200多个徒弟了,但她仍然感觉会的人太少了。在阿黑拉什·阿合别克的感觉里,芨芨草的编织比羊毛线的编织费时间,也要复杂一些。

每年的9月至10月是芨芨草采集的季节,哈萨克族妇女们拔芨芨草时用双手从背后将芨芨草一根根连根拔起,打捆成束,放到向阳处晒上半年的时间。在来年的春天,一

代代传承民族工艺

个天气晴朗的日子，女人把成束的芨芨草打开，揉搓掉芨芨草秆表面翘起来的部分，再用火烧一烧芨芨草的根部，这样小虫就不去蛀了。

夏天来了，羊身上的毛太厚了，人们从绵羊身上剪下羊毛。羊凉快了，女人们也可以编织了。女人用双棍拍打羊毛，是要把羊毛上的杂物拍打掉。拍打也可以使那个羊毛蓬松起来，然后再洗净，晒干。

女人将大锅支起来，烧开水，放入能煮出颜色的各种植物和石头，再将羊毛也放入锅中温煮一小时。染好色的羊毛放到阴凉处晾干。女人将晾干的羊毛和染色的羊毛撕开捻成各色的毛线。

女人将图案描绘在纸上，再把芨芨草放在描绘的图案上，用小刀或铅笔在芨芨草上划分出各个颜色的位置和间距。然后将各色的羊毛根据图案的要求，缠绕在芨芨草上，依此类推将图案拼出。根据自己需要图案的长度和宽度来量编织线，宽度为奇数7、9、11、13、17。将每行编织线，缠绕在两块小石头上，这样两条编织线具有下垂力，中间打成活结。找一根木棍，根据芨芨草编织的宽度，在木棍上刻出编织线的凹槽，以防编织线在编织的过程中左右滑动。

将木棍用绳子固定在毡房的木架上，用缠绕好线的双石放入木棍上的凹槽内，解开双石之间的活结，将一根芨芨草放在木棍上再用双石的垂力交叉编织。把第二根和第一根芨芨草头尾颠倒进行编织，依此类推，将自己所需要的图案编完后，就用斧头等工具砍齐两头，这样一个琼木其就编好了。

毡房大的，就编织得长一点；毡房小的，就短一些。最常见的芨芨草编织品，宽1.5米，长2米，一个女人需要劳作5天，编完300多根芨芨草才可以完成，而羊毛线的编织就要烦琐和细致多了。

羊毛线编织的衣物比布的要厚实和暖和一些，原来草原上的牧民大多是穿羊毛线编

代代传承民族工艺

织的衣服,在阿黑拉什·阿合别克的祖母和母亲的那个时代,很多哈萨克妇女都会编织,现在会的人少了。这个技艺和编织的琼木其都被列为新疆维吾尔自治区的非物质文化遗产,听说还在申报国家级的非物质文化遗产。阿黑拉什·阿合别克就是这两个项目的自治区级的传承人,如果申报国家级成功了,那她就是国家级的传承人了。对此,阿黑拉什·阿合别克有点欢喜又有点不解。欢喜是因为自治区级传承人的身份可以让她每个月有了千把块钱的收入,不解的是那么多妇女现在怎么就都不会这个技艺了,怎么就要到了需要保护的地步了。

在阿黑拉什·阿合别克的心里,羊毛线的编织是很简单的事情。编织羊毛线时要在草地上钉入三根铁桩,使三根铁桩形成等边三角形,如果编织物长,那么三角形相对就大。把一根羊毛线缠绕在铁桩上围绕着三角形放线,在三角形的一边钉入一块分线板,在分线板的旁边钉入一根木桩,再将一根白线绑在这一根木桩上,目的是为了把编织线一根根分开,起到缯的作用。围绕三角形放线到分线板时将线平均分开,内线放松,外线绑紧。这一程序是为了在编织时很好的错位,将所有不同颜色的羊毛线放完后,在分线板的旁

259

边插入一根木棍，木棍的下面三根线上面三根线，以此类推按组分开用线绑紧，这是为了在编织时线不容易产生混乱。完成以上工序后将分线板取出，再用线捆绑在木棍的两头，为了便于吊挂。

将所有围绕在三角形上的线提起，再将一个木棍插入两层线中间，将线的一头挂在地面上的铁桩上，将木棍捆绑在相对一头的两根铁桩上并拉紧，这时所有的线被拉直称为编织上的经线，再用一捆线在编织时来回横向穿梭，这捆线叫纬线。再用一个三角形将分线棍吊起在它的前面插入一块错线板在它的抹面插入一块分线板。

最后用一个挑线板将经线按图案的需要挑起，将分线板取出拉动错线板将上下两层经线交织错位，这时将挑线板向上推出，再插入分线板堆紧取出挑线板，再横向穿入纬线，再用挑线板挑出经线，再用分线板刮动所有的经线使其上下分离，以此类推将图案织出。

一件精美的芨芨草或者羊毛线编织的挂毯，要花数十个甚至上百个工日才能完成。草原上的女人，最多的就是时间，从一个小姑娘到情窦初开的妙龄少女，再经过初为人妇的喜悦，直至儿女绕膝的妇人，最后变成了沧桑的祖母，有很多个日日夜夜要过去，有很多的春天和秋天要过去，芨芨草绿了又黄，黄了又绿。哈萨克女人就是在这个时间编织的，丈夫去牧羊，孩子跑出去玩了，女人就用编织来打发时间，要不长长的日子要怎么过去呢？

阿黑拉什·阿合别克让我们看她家的毡房，这个毡房里所有的装饰都是她手工做出来的，没有现代工业生产的东西。她熟练掌握了哈萨克族制作毡房的所有程序。她搭的毡房曾获得伊犁哈萨克自治州第十三届、十四届阿肯弹唱会毡房文化评比特等奖。

今年秋天，阿黑拉什·阿合别克一家早早就转场到冬牧场了。这几天她一直在盘算着女儿回来的日子，她要给女儿看她编织的那些漂亮的毯子，那些可以让女儿骄傲的嫁妆。

文·图／赵勤

新疆鹿皮绣花大衣的记忆

新疆少数民族的服饰制作技艺是我国服饰文化艺术的一朵奇葩，以式样独特、做工精湛、色彩绚丽而驰名，特别是鹿皮绣花大衣，更显示出新疆少数民族在历史上的鞣革、缝纫制作、绣花等工艺的高超水平，展示了他们的聪明才智和丰富的文化内涵。直到今天，这些记忆还广泛流传在民间，被人们一遍又一遍地传颂着……

胡安德克大衣的传奇故事

"胡安德克"在哈萨克语中是"喜悦和庆贺"的意思。或许当胡安德克诞生时，体格较一般孩子大，令父母和家人喜悦，并进行了庆贺，并根据这种情景给他取了这个名字。

在胡安德克的童年，鹿皮绣花大衣就是家里的一件宝贝。据第8代子孙巴合提汗·沙尼亚孜记忆，祖辈们一直要求把这件大衣保存好，不得卖掉。如果家里有几个儿子，要把大衣传给生活相对富裕一些的那个，以防万一家里生活拮据，他们会在这件大衣上动脑子。子孙们按照祖辈的要求，小心翼翼地保存着它。

传到了20世纪60年代的"文革"时期，鹿皮大衣却遇到了前所未有的麻烦。新中国成立前，第8代子孙巴合提汗·沙尼亚孜家已是整个布尔津最大的巴依（牧主），"文革"前巴合提汗·沙尼亚孜的父亲和爷爷也经常让邻里乡亲参观大衣，炫耀祖先的荣耀，因此这件大衣几乎家喻户晓。所以红卫兵首当其冲把矛头指向了他家。为了使这件祖传的大衣平安渡过这场"浩劫"，巴合提汗的母亲在胡安德克大衣里放上防虫蛀的哈萨克草药，然后用破旧废弃的旧毡裹起来埋藏在干牛羊粪堆中掩人耳目，整天提心吊胆。红卫兵几乎把他们家翻了个底朝天，也未找到大衣踪影，便采取批斗的方法进行威逼。全家人尽管饱受各种折磨，却始终守口如瓶，巴合提汗·沙尼亚孜的妈妈为了保住大衣被折磨得精神失常。

人疯了，去世了，祖传的家宝被保护下来了。但是，"文革"过后，大衣又被社会上

的一些人盯上了。20世纪80年代，北京来了两个人，要用3万块钱把胡安德克大衣和一个马鞍子买走。那时的3万元是一笔不小的数目，具有很大的诱惑力，但被他们拒绝了。从2000年开始，又有人不停地打听这件皮大衣。2003年7月的一天，几个从乌鲁木齐来的文物贩子给出种种优惠条件，让巴合提汗把大衣卖给他们。巴合提汗也同样拒绝了。巴合提汗知道这件大衣已经成为哈萨克族的一件珍贵文物，不能随便落入私人的手里，经再三思考，终于把这个传了8代、历经260多年的大衣捐献给了布尔津县博物馆。如今，这件大衣被放在布尔津县博物馆的二楼的展厅里展出，使更多的人看到了这件传世之宝。

2004年11月12日"胡安德克大衣"被带到北京，在全国民族服装展览会上展示了半年，受到了国内外服装界和文物考古方面专家的高度评价。对展示哈萨克族的服饰文化起到了重要的作用。后来，北京博物馆想做一件复制品，但这种传统技艺已经失传，多种技艺已经没有人掌握，要想复制这件大衣有一定的难度。2005年，经新疆文物鉴定专家组鉴定和反复研究论证及国家相关部门确认，大衣被评定为国家一级文物。胡安德克鹿皮绣花大衣是哈萨克族宝贵的历史文物，是国家乃至全社会的珍贵文化遗产。

代代传承民族工艺

鹿皮绣花大衣屡屡被发现

新疆是我国的主要牧区之一，历史上主要生活在这一地区的民族都是以牧为主，并开展狩猎活动，其中新疆的马鹿是牧民狩猎的主要目标之一，除了吃鹿肉之外，用鹿皮制作服饰及各种生活用品，成为一项主要目的。新疆马鹿体形较大，体长 2 米，体重超过 200 公斤。肩高约 1 米，鹿皮的手感极佳，是任何皮料所不能比拟的。野生鹿皮自然粗犷的纹路，松软、孔率大韧性足，延伸性大等，是优良的皮革原料，鞣制后异常坚韧、柔软，可制成高档服装和皮件。因而制作鹿皮绣花大衣不仅仅是在哈萨克族中出现，也不是仅在一个地区出现。2010 年 6 月 12 日，在新疆维吾尔自治区文化厅举办的"巧夺天工"的非物质文化遗产手工技艺展览中，阿勒泰地区富蕴县展柜中有一件标着 1613 年缝制的鹿皮绣花大衣，距今近 400 年的历史。从外表看，领口的水獭皮毛已被虫蛀了，有的地方线已脱落，绣的花卉图案已经褪色，看来年代久远，不过，皮革保存完好。同天，在新疆博物馆举办"瀚海霓裳西域服饰的记忆"文物展，也展出了维吾尔族、哈萨克族的男女鹿皮绣花大衣，其颜色、图案和做工基本相似，都属于珍贵文物。

2004 年 8 月，帕米尔高原上的塔什库尔干塔吉克自治县民俗馆里展出了一件鹿皮绣花袷袢（大衣），其颜色为暗黄色，大衣的前胸、后背、袖口都绣有彩色花卉和图案，做工十分精致。与哈萨克族的绣花大衣不同的是在裁剪上，塔吉克人用了插肩袖。据当地人讲此工艺已有几百年的历史。这些大衣的颜色几乎都大致相同，为暗红色或接近这种颜色，在领口、袖口、前胸、后背、下摆、边沿等处绣有彩色图案和花卉，图案和花卉讲究对称，采用花苞、花叶、绿叶、小花相连的构图，展示服饰的华贵秀丽。另外还有以波浪边形成的圆形图案，象征着太阳，表达了对吉祥、幸福的追求。有的周边还镶饰有水獭皮包边，显得华丽而富贵。其绣法多为索子绣。

古老的技艺和鹿的图腾

古代用牲畜的皮张和兽皮做衣服历史悠久。据《哈萨克民族简史》介绍:"早在16至17世纪中哈萨克草原就有手工皮革加工匠、服装裁缝师等手工业者。"显然,鞣革成了生活中一项重要的技艺。长期以来,他们对牛、马、羊和野生动物的皮张的鞣革总结和积累了丰富的经验,一般将皮子进行浸泡,除去皮板上的肉、筋膜等软组织,也有将原皮浸泡在石灰水里脱毛,或者将原皮装在布袋里,深埋在羊粪堆里,使其在高温中发酵,然后取出刮去毛和脂肪层;加入发酵剂浸泡或用酸奶、酸奶疙瘩汁、面粉、麸皮拌成粥状涂抹在皮革上;晾干用刨刀刨鞣刨软的三项工艺。经过这些工艺的处理,皮革就会变得柔软而结实,可以做衣、裤、靴鞋、帽子及其他生活用品。牲畜和野生动物的皮张以及鞣革的技艺已成为草原民族不可缺少的内容。

在皮革染色上,在哈萨克族民间,就有利用自然界各种染色物进行染色的传统,他们善于利用矿物颜色、牲畜体内的颜色以及植物中的颜色进行染色和绘制图案。皮革的染色中多用红松皮、刺黄檗、大黄根、马耳草籽、匙叶草等，并加入白矾、盐、白硇砂、苔藓、酸奶汁等这些草原上司空见惯的原料，按着比例混合熬煮成汁，并根据皮张的大小及数量，把配制好的染料涂染在皮革上，这种传统的染料具有不褪色、不污染、无异味等特色。牧民就是用这种传统的工艺，进行鞣革和染色，做男女服饰。至今，有些地区仍保留着这项传统的技艺，成为草原民族的一项非物质文化遗产。

在草原民族的心目中，鹿是一种善良神物，哈萨克族认为鹿是一种吉祥物，会给人们带来好运，直到现在，在哈萨克族的各种绣制品和毡房芨芨草围帘以及其他工艺品中，仍可以见到各种栩栩如生的鹿的形象。在蒙古族中有"苍狼白鹿"之说，苍狼白鹿是蒙古人远古的图腾观念。《蒙古秘史》等史集都记载了关于蒙古人祖先的传说。远古时，蒙古部落与其他突厥部落发生战争。蒙古部落被他部所灭，仅幸存两男两女，逃到名为额尔古涅昆的山中。后来子孙繁衍，分为许多支，山谷狭小不能容纳，因而移居草原。其中一个部落的首领名叫孛儿贴赤那（意为苍狼），他的妻子名叫豁埃马阑勒（意为白鹿），他们率领本部落的人迁到斡难河源头不儿罕山居住。人们根据这一传说把自己比喻成鹿和狼的后代，一直延续至今。

新疆少数民族中都有鹿的图腾，认为鹿是温顺而善良的动物，用鹿皮制作的衣物将会带来福气和吉祥，鹿皮轻盈、结实、平展、保暖、美观，用鹿皮制作衣服也显得珍贵和华丽。今天你走进哈萨克族、蒙古族、柯尔克孜、塔吉克等草原民族的人家里，你会发现，无论是妇女服饰的衣角裙摆、男人的衣服和帽顶，甚至屋内的被褥、枕头、挂毯、布袋、马鞍银饰上，到处奔跑着鹿的身影，鹿和他们生活在一起，也给他们带来了福气。

文·图 / 楼望皓

乔鲁克靴匠人世家

喀什地区叶城县，人们曾世代穿一种叫乔鲁克的皮靴。在南疆发掘的许多古墓葬里都发现过其身影，称得上是现代靴子的鼻祖。如今，当地人脚上再也难见乔鲁克靴了。2006年，乔鲁克靴被列入新疆维吾尔自治区非物质文化遗产。

家传宝贝多

乔鲁克是古突厥语，意为用皮子做的靴子。它历史悠久，新疆的维吾尔族、哈萨克族、柯尔克孜族、塔吉克族都有穿乔鲁克靴的历史。20年前，叶城人还是习惯穿乔鲁克靴的，以此为生计的匠人曾有很多，手艺也传承了世世代代。如今，当地人脚上再也难见乔鲁克靴了，而那些匠人后裔们生活处境又如何呢？在距县城不远的喀格勒克镇，我们打听到有一家乔鲁克靴匠人，算是个维吾尔族匠人世家，到最新一辈已是第四代传人。至今，这个家庭仍在坚持制作乔鲁克靴。青白玉籽料是他们的父亲留下的，在做靴子时起软化抛光作用，连核桃木工作台，也是他们的父辈传下来的……

小巷中，推开一扇铁门，是座绿意盎然的小院儿，墙角金黄的无花果熟了，藏在硕大的叶片下。在木雕廊庭大炕上，三个人组成一幅温馨画面，各自做着手中的活计，中间长者拿着两张裁好的皮子缝合，看得出是靴子雏形。

三人组成了一条制作乔鲁克靴的流水线，他们是50多岁的男主人阿木冬·阿不都热合曼，50岁的女主人美日古丽·吐尔地以及他们32岁的儿子阿不来提·阿木冬。他们正在赶制100双袖珍乔鲁克靴，这是喀什专程来人订制的，当旅游纪念品出售。

阿木冬手中拿着两扇靴帮子，正在用钩针缝合，一翻过来正面是美丽的花纹，将缝隙处化腐朽为神奇。鞋帮料多是牛皮或骆驼皮，而鞋底是厚实的牦牛皮。

"别看它硬实，一上脚穿几天就软了，冬天也不打滑。放羊人喜欢在里面穿毡袜子，一穿好几年。由于是全皮质，延展性好，不管脚型肥瘦，穿几天就能贴脚了。"

代代传承民族工艺

　　为了更好地说明乔鲁克靴的优点，阿木冬从里屋拿出几双成品："你瞧，它最大的特点是鞋子不分左右，穿惯了它再穿其他鞋子准会搞错呢。"

　　"自古乔鲁克靴就是全手工制作，不用一根钉子，不用胶粘，全靠手工缝合和捶打。"说话间，美日古丽用一块手掌长的青白玉籽料，打磨着即将完工的鞋底。

　　"这是我父亲留下的，当年他就这么用，主要起软化抛光作用。它也是我小时候的玩具。"美日古丽停止做活，看着那块圆润的玉石，浸润着某种光泽，似在回想幸福的童年时光。"普通石头可不行，太硬太干，没有玉石润，而且这块玉石用久了有灵性，特别顺手。"

　　祖传的工具不止这一个呢，美日古丽利落地搬出好几样，那一头圆的锥状物叫"库瓦"，熟皮子用的；顶端带扁钩的长铁条是"凯盖"，可以将鞋内部翻过来；连那核桃木的工作台，也是他们父辈传下来的。

制作乔鲁克靴全套需八道工序，老两口一天不停地忙活可以做两双。有儿子当帮手，三四双也能做。此时，阿木冬神色有些黯然，"以前做多少都不愁销，现在要计划着做，有人订了才敢做。"

叶城县地处昆仑山北麓，平均海拔较高，气温较低，乔鲁克靴似乎就是为农牧民量身定做的。那时，男女老少、农牧民都喜欢穿它，而且一年四季穿，夏季光脚穿，冬季配双羊毛毡袜穿。它保暖性好，轻巧又实惠，靴筒还能护住脚踝，牧人把它比作脚上的"保暖炉"。

依靠做乔鲁克靴，阿木冬一家20年前的收入还不错，全家在巴扎上最多一次卖了100多双。那时，很多人穿乔鲁克靴，颜色基本上只有黑色、白色和棕色三种，小女孩的还装饰着皮穗子。而塔吉克族妇女心灵手巧，买回靴子后，喜欢在靴子侧面用硬币装饰，或绣上自己喜欢的花卉图案，跟她们的发辫银饰与红裙相得益彰。

姻缘手艺牵

有趣的是，阿木冬和美日古丽的父亲都曾是乔鲁克靴匠人，20世纪六七十年代，叶城县二轻局成立手工合作社，全县拥有好手艺的匠人都成了拿工资的师傅。阿木冬和美日古丽经常到合作社玩，在美日古丽18岁时两人认识了，因家族有相同手艺，有了共同语言，乔鲁克靴成就了两人的姻缘。如今，他们已结婚30多年，育有5个孩子，不过只有阿不来提这个儿子学习家传手艺。

起初，儿子阿不来提对做靴子并未表现出多大兴趣。因为20世纪80年代末，人们开始穿时髦的皮鞋，款式很多。年轻人嫌弃乔鲁克靴是老气的"古董"。而在巴扎上，阿木冬一家制作的乔鲁克靴也不再畅销。

但阿不来提十分懂事，每天放学后，看父母辛勤地做靴子，便常常搭把手帮忙。周末时，

代代传承民族工艺

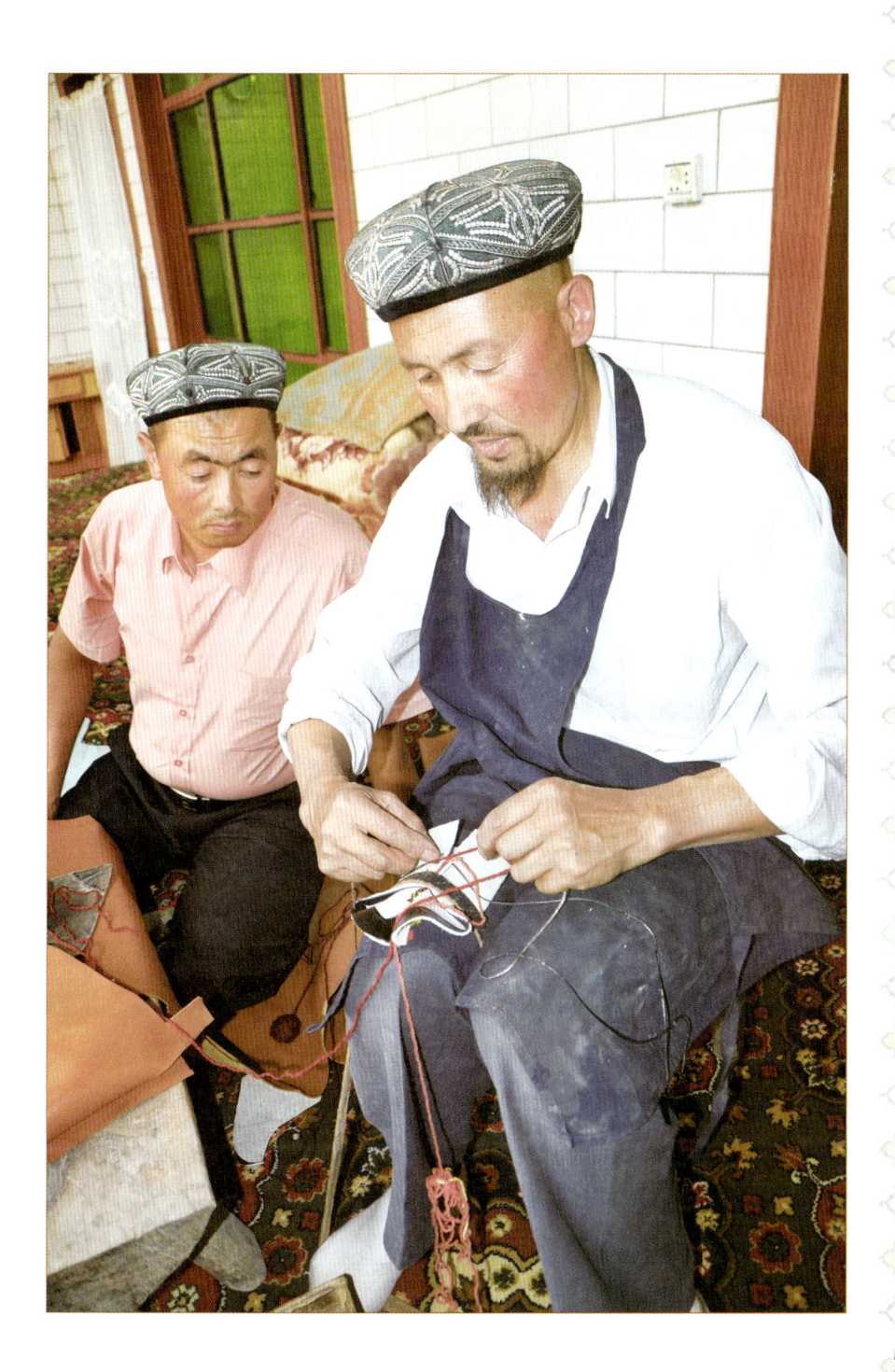

母亲美日古丽对他说："你自己做好靴子，到巴扎上卖的钱都是你的！"这可让阿不来提起了兴致，干劲儿十足。

"那时，多一些零花钱，对一个小男孩诱惑很大。"阿不来提摸着头不好意思地笑着。做着做着，他开始对做靴子感兴趣了，16 岁时，正式跟父母学艺。尽管有这么好的激励政策，其余 4 个子女仍不愿意学这门手艺。

手艺传到儿子阿不来提手上时，也正是乔鲁克靴正在被人们淡忘之时。为了生计，三人学习了制作皮鞋的手艺，但款式很难比得上那些成品鞋，销量一般，仅仅维持生计。

时光转到 21 世纪，喀什地区的游客多了起来，游人喜欢购买具有当地特色的工艺品。乔鲁克靴的独特性倍受青睐。阿木冬家又有生意了，只是乔鲁克靴的用途变了，旅游用品商店定做的是手掌大小、色彩艳丽的微型乔鲁克靴，每双 150 元。

现在手艺纯熟的他，一天顶多做一双乔鲁克靴。人们购买乔鲁克靴多半是当工艺品摆设或旅游纪念品，只有少部分销往山区，以老人和儿童穿的居多。为了迎合目前多数的买家，乔鲁克靴渐渐失去了原有的实用性，颜色更靓丽，鞋型更精巧。

"以前是人人穿，现在却成了纯粹的工艺品。"这令阿木冬心里不是滋味，"过去，商店里买不到鞋子的人，找我准没错。我做过最大 50 码的乔鲁克靴呢。"现在，只有山区牧羊人订他家的乔鲁克靴，因为山里冷，皮鞋在山里成了"样子货"，只有乔鲁克靴可以四季穿，保护小腿不受寒。

◇ 目前，阿木冬一家以制作乔鲁克靴工艺品为主，一年的纯收入还可以，而七八年前，这个数字还会更高。乔鲁克靴技艺已列入新疆维吾尔自治区非物质文化遗产项目，阿木冬被认定为唯一的传承人，每年有 3600 元的传承基金补助。

手艺是祖传的，主顾却发生了变化。夏季，全家为游客制作那些精致的微型乔鲁克靴，而阿木冬却伸着脖子盼望着秋季来临，他真正的主顾牧羊人即将从深山里走出来，乔鲁

代代传承民族工艺

克靴穿在他们脚上,才让阿木冬仍旧感到手艺的价值。

当一件东西,不再成为人们日常生活的一部分,被淡忘的速度也是惊人的。在阿木冬一家人身上,我品出的更多是不舍,由家族血脉承袭下来的某种情感。手工技艺的价值不仅仅在于实用性,还有民俗历史的传承性。随着乔鲁克靴技艺被列入新疆维吾尔自治区非物质文化遗产项目,这项技艺也将被更好地传承下去。

非物质文化遗产的出路在哪里?它们诞生于民间,与当地人的生产生活息息相关,而游牧生活向现代农业等生活方式的转变,使其淡出视线是趋势。现实是残酷的,除非你融入现代社会,否则面临的就是消亡。可是,有用并非事物存在的唯一评判标准。或许,乔鲁克靴如今存在的最大价值在于,它已经成为活生生的历史见证者。

文/王素芬　图/包迪　王素芬　李翔

南疆老手艺

行走在新疆，你能感受到最淳朴的民风，还能遇到多年未见的传统民间老手艺：为赶巴扎的老乡露天剃头，替办喜事的人家制作铜壶……如今这些老手艺只罕见于南疆一些比较偏远的县乡，掌握这些老手艺的匠人，有的是家族三代相传，有的至今仍父子协力同作。在这些匠人身上，我们看到了某种光彩，因为他们的坚持，也因为他们对手艺的热爱。

叶尔羌河畔苇席编织者

一张张苇席，曾经是日常的生活物件，亦延续着农耕时代的甜美和朴素诗意。编织苇席，在制造业普遍机械化的今天，有着一种慢节奏的韵律。莎车县伊力库力乡牙尔贝西村的村民世代以编苇席为生，所编苇席细腻平整，芦苇质量好，在喀什地区很是出名。千百年来，编织技艺未曾改变，但苇席的命运和人们的内心却已不似从前。

芦苇编织，牙尔贝西村的祖传手艺

秋天的牙尔贝西村，有一种静谧和安闲的气氛，树荫从院墙头洒过来，落下一片清凉。走在小巷里，脚步无声，荫凉惬意。一户没有刷漆的木门虚掩着，透过门隙，可看到玲珑有致的院落，葡萄架成荫。两位维吾尔族妇女打着赤脚，蹲在一张未完成的苇席上编织着。年长的那位，脸庞的皱纹里，是深厚的岁月痕迹，笑起来慈祥极了。见我们好奇打探的模样，老人起身热情招呼着我们进了院里。

老人叫买合吐木汗·买买提，今年68岁。她一边与我们聊天，一边编苇席。

牙尔贝西在维吾尔语中是"决口源头"之意，这里地处叶尔羌河上游，该村是周边离苇塘最近的村子。村里 330 户，无论男女老少人人都会编苇席，这是门没有秘密的家传手艺，却谁也不知这祖祖辈辈多少代以此为生了。孩子们从小在苇席上玩耍，看着父母、

代代传承民族工艺

祖父母编苇席，长大了靠口传身授，自然而然地承袭了这门手艺。

"看着简单，刚学的时候，芦苇的毛刺会扎到手里，甚至像刀子一样划出深深的口子。"买合吐木汗·买买提拿着芦苇比画着，那是双骨节粗大的手，两面满是道道裂纹。"芦苇比刀子厉害，刀子可以看出刀锋在哪儿，芦苇哪边都利，悄悄地就把手割得淌血。"

小村得到叶尔羌河的滋养，水域面积开阔，野生芦苇有3000多亩。自古以来，这是村民每年定期收获的财富。老人说，芦苇收割要等最冷的时候，因为水面结了厚实的冰，人车都可以上去。生在水中的芦苇粗，内径剖开有四五厘米；沙包上长得细，内径展开要窄一半。人们自然青睐水生芦苇，最高的有3.5米，可以编2米宽的苇席。收割芦苇是力气活儿，这时村里男人全部上阵，不仅要克服严寒，收割时刀也会误伤手，而在抱起芦苇时，不时还会划破脸。

过去，村里人少，芦苇似乎取之不尽，几家人结组去收割。现在，人口多了，编苇席依旧是村民闲钱的主要来源，芦苇成了紧俏货，如今割芦苇需要掏钱购买收割权。大批芦苇收回来后，不仅要防火，还需注意防潮，雨雪侵蚀后需多晾晒，否则发霉变黑后

就不能编苇席了。

编织要在户外进行。每年3月至10月农闲时节，若是从村里穿过，便能听到窸窸窣窣的声音有节奏地响起。编苇席的工序并不简单，首先跟熟皮子一般，将芦苇铺平，用石碾子碾压，直至平展柔韧。石碾子有200多公斤，多由家中男子操作。来回碾压中，还需要用脚增加推助力。熟一小抱芦苇要半小时，是个不折不扣的力气活儿。

接着，要剥去芦苇最外层的粗糙外皮，用两截手指粗的木棍，将芦苇完全剖开理平。编织时芦苇秆内部朝上，还要洒水，使其柔韧易编。开始编时，要用力拉席刀在席的背面拉成折痕，且用力要均匀，不能拉断。最后收边儿时，将一顺的芦苇反插入两道苇席，再用刀裁去多余毛边。

阿瓦汗·依提说，以前，苇席用途比现在多，盖房不可或缺，先上椽子，铺一层胳膊粗的细木头，再盖上苇席，之后再铺上厚厚一层芦苇，最后上泥草。苇席的主要作用是防止泥土漏下来。还可以作为炕上的"防潮垫"，光面（即芦苇外层）朝上，上面再铺上地毯。1米来宽的，用作炕边的墙围。为了装饰美，芦苇要事先染上红白蓝等鲜亮的颜色，编织时工艺也比宽苇席复杂，这种苇席可以呈现出美丽的十字和菱形图案。

传承技艺，牙尔贝西村的新故事

说话间，不时有个面容清秀的女孩给两人端茶或递工具。我猜测，在村里按她的年龄，应该已学会了编苇席，她却摇摇头。

女孩叫乌尔妮莎·买买提，16岁，眼睛清澈明净，刚刚升入高中。她伸出的手，白皙细腻，指甲上染着赤红的纳茱（维吾尔语"指甲花"），那颜色甚至侵染了半个手掌，鲜活美丽。

"女孩子就应该漂漂亮亮的！我不想让女儿的手也变成'粗手'，像我们一样。"阿瓦汗·依提抬起头坚定地宣布，"当姑娘时，我也想过不能让手粗糙，但是全家要靠编苇席维持生活，全村人人如此，没有挣扎的理由。"

"女儿学习成绩不错，还参加了汉语强化班。家里还没出过大学生，如果她能考上大学，无论花多少代价，我都要供她上出来。"这位母亲放下手中活计，眼中有种闪闪的光芒，又向我眨巴着眼，"实在不行，学不好就回来接我们这个手艺！"

听到这话，乌尔妮莎·买买提羞怯地低下头，咬着嘴唇。她的理想在远处，在那塔克拉玛干沙漠之外。

"村里现在年轻人考不上大学，出去打工的也很多呢！"乌尔妮莎·买买提小声嘀咕着。年轻人们不再，也不愿重复父辈们单调的生活轨迹。

目前全家8口人仅有5亩地，种植小麦和棉花，仅够口粮。主要收入仍旧是编苇席。但另一个现实是，苇编的市场日渐萎缩。

曾经流行的苇编墙围，在20世纪90年代已消失了，取而代之的是花样繁多、色系亮丽的机器织布。原本盖房必用的宽苇席，在大城市甚至乡镇，都被框架水泥结构所取代。

"编苇席还有前途吗？"

"怎么会没有！我们现在编织的苇席，不用到巴扎上卖，周边农村市场供不应求，邻县泽普、巴楚的人都来收购。"阿瓦汗·依提看向我的眼神，有着明显的犹疑。

的确，如今乡村人们改善生活后，都在重新盖房，泥瓦房仍旧需要宽苇席。她只是觉得现在的苇席还不愁卖，没有想得更远，至少眼下手中有做不完的活计。

那么一二十年后呢？在内地，十多年前，因新型防水材料的出现，代替了苇编制品，发达地区乡镇建房向高楼发展，不再使用苇席，苇编产业渐渐萎缩。

阿瓦汗·依提也发现了一些变化。过去，除了盖房，苇编席子是和维吾尔人家的炕紧密相连的。如今，很多人家都和城里人一样睡上了席梦思，炕少了，自然用不上苇席了。即使是有炕，很多人家选择铺毡子或地板革，后铺地毯。那种彩色苇编墙围，甚至在这个苇编村都找不到了。

彩色苇编墙围有三四种技法，阿瓦汗·依提与母亲的这种技法多年无处施展，但她俩依旧没有忘记。现在编盖房用的宽苇席，其实仅是最简单的一种编法。

"再教后面的人，就用不着那些复杂技法了。"买合吐木汗·买买提叹息着。她知道，如果没有用途了，那几种技法终究会消散在岁月的长河中。老人失落的眼神不知停在何处。

如今，苇编技艺已被列入自治区非物质文化遗产。在时代推进中，某些手工技艺终究会淡出历史舞台。其实，买合吐木汗·买买提老人不必有过多顾虑，新一代的年轻人自有打算，他们的天地远在牙尔贝西村之外，祖辈们不曾涉足的山海间。

巴扎剃头匠

林带里，男子将花帽挂在杨树干的钉子上，把待售的羯羊拴好。刚一落座，那搪瓷缸里肥皂水快速搅动起来。"来个全套！"师傅马上心领神会，迅速为男子围上围脖布，开始剃头、刮脸、修鼻毛。不一会儿，男子就变了模样，刚还胡子拉碴面容粗糙，现在变得神采飞扬干净利落，抬头挺胸地逛巴扎去了。在南疆乡间巴扎上，露天剃头是常见的有趣场景。

男人们的"美容师"

周一是疏附县乌帕尔乡的巴扎天。为什么是周一？南疆的巴扎日子都是转着来的。逢到周六或周日，巴扎会安排在县城或市里。在乌帕尔三桥，方圆一公里的平地上，挤着甜瓜巴扎、牲畜巴扎、丝巾巴扎、日杂巴扎，有一种拥挤的热闹。而这个微型的剃头巴扎，便在入口处林带里，成为男人们赶巴扎的头一站。

林带里，七个剃头匠错落排开，他们中三位匠人已经年过古稀，两位正值中年，另外两位年轻男子大概刚刚出徒。他们的椅子一律朝南，阳光斑驳地透过来。来赶巴扎的男子依次落座，将头发修剪整齐、胡须剃好，体体面面地逛巴扎去了。正在享受剃头服务的男人们，表情惬意无比。而好动的小巴郎，此时乖乖地坐在椅子上冲我眨眼睛。软软的头发由后脑勺向前剃着，堆到了前额，几乎将眼睛遮住。维吾尔族小孩在出生40天时要剃发，除了理发费，小孩父母按礼节一般要给师傅送上一条新毛巾和肥皂。在大人们的想法里，小孩常剃头，以后不仅头发长得好，也不压个子。

一旁椅子中，白须老者微眯着眼，很舒服的样子，看来师傅的手法不错。师傅与顾客年岁相仿，头发银白，他将折叠剃刀在磨刀布上抹几下，再用肥皂水揉搓老者发根，接着飞舞小刀在头上游弋，眨眼工夫，溜光的脑袋便出来了，绝无一点地方出血。由于常戴花帽的缘故，白须老者刚刮光的脑袋发白，像顶天然的帽子。

接着，老师傅用一把小剪刀，躬身凑近为其修剪胡须形状和鼻毛。最后，白须老者起身，老师傅再次上前，用一把小梳子精心地为他梳理胡须。白须老者摸着光溜的脑袋，从树钉上取下花帽，将资费塞入老师傅衬衣口袋，微笑着满意离去。

这位为白须老者剃头的维吾尔族老师傅叫买合苏木，今年已经72岁，从事剃头行当已经60年了。

买合苏木十分开朗健谈，常与年轻人逗趣。他把自己的脸修得很光，看起来比实际

年龄小许多。

　　我问，刚才的拍档子（利润）有多少？买合苏木说，全套服务有剃头、修面、掏耳朵、剪鼻毛，甚至捶背按摩。一般收五六元，老顾客给个两三块就行了。

　　我观察了一阵，看见阳光与树影映在顾客脸上，他们眼睛微闭，享受着娴熟的剃头手艺，极为舒服。似乎在这里，一切烦恼都会被剃除，快乐又有重新开始的机会了。

　　所有剃完头的人都是一副心满意足的样子。买合苏木说，因为不修边幅看起来总是不够体面，巴扎逛得也会无趣。从某种意义上来说，买合苏木和同伴们，成了巴扎上男人们的"美容师"。

高超技艺需磨炼

　　当个露天剃头匠，家当很简单，一把折叠剃刀，一把稳当的木椅，一罐肥皂水，一张围脖布，一面巴掌大的镜子，这些就足够了。"吹风机对头发没好处。"买合苏木似乎对新玩意并不认同。他觉得，有一把无比锋利的剃刀就够了，刀锋要爱惜，需要经常磨砺。

　　12岁时，买合苏木憧憬起外面的世界，由于家里兄弟多，父亲也想让他学一门能糊口的手艺。最初，他跟乡里一位老剃头匠学艺，生火、烫洗毛巾、打肥皂沫子、洗头、什么杂活他都干。由于手勤眼勤又有悟性，师傅很喜欢他，开始教授他剃头、修面技术。

别以为这是谁都能上手的简单活计，要将头形不同的人都剃得溜光又舒服很不容易，仅这两样手艺他就学了一年多。直到能够从容稳健、操刀如流时，方能出师。

第一步"搓头"也很重要。买合苏木剃头前，要仔细搓头，令发根变柔软，将肥皂水揉到头发根部。剃头时，左右手要协调好，依据头形剃刀用力轻重、角度也不一样，刮得光溜又舒服是很不容易的。

刮胡子是最难的，买合苏木说，年轻人和老年人留的胡子长度不一样，胡子又遮住了脸，每个人都有自己的"造型"要求，有时得拿着小剪子一点点地修。

"今天脸刮得舒服。"这是顾客送给买合苏木最好的"报酬"。别人刮的胡子第二天就冒出来，而经买合苏木刮过后脸光光的，好像根茬儿都没了，等三四天才长出来。所谓秘诀，在于手法讲究。买合苏木说："我实际是刮两次，沿着胡子分布上下各刮一次，这样胡子根儿就不容易长出来。"

40年前，巴扎上剃头一毛，刮胡子两毛。这看似不起眼的技艺却令买合苏木一大家子人的生计有了着落。现在剃头两元，全套收费5元—7元，像这样的巴扎天，生意好时也就挣个三四十元。与飞涨的物价比，收入仅能算得上微薄。

60年中，买合苏木收过的徒弟数不清，对待徒弟们，他用心地教，有灵气的两三年就出师了。徒弟中，有的到外面闯世界，还在乌鲁木齐开了理发店，也有人早已放弃了这份职业。

古老职业传美德

剃头可以理解，刮胡子自己买个电动剃须刀就可以解决，何必要到巴扎上来刮呢？买合苏木说，自己是可以收拾，但由剃头匠来服务更舒服，就是不可替代的乐趣。况且，

279

要想胡须有型，自己很难打理。

"你看着给吧，要是没带钱，就下次给好了。"谈话间，买合苏木的排档子又少了，一个全套他只收了三元钱。买合苏木笑称，剃头匠的"职业道德"就是帮助人，哪怕你身无分文，也会享受到同样的服务。钱给的少是常有的事，师傅们没有一个摆脸色或恶语相向的。最后，总会客客气气地把客人送走。每个来剃头的男人，无论贫富，都会得到平等服务。

"谁没有困难的时候，男人有了整洁的仪表，他就会重新站起来！"买合苏木的话让我心里一震。这份曾经让他养家的职业，如今渐渐陷入窘境。树林里的剃头匠中，有几个年轻人为了多一些报酬，会带着家当追着各地巴扎走，一天也不闲着。

"那样划不来，车费、吃饭，算下来挣不下钱！"买合苏木说。他的老伴儿在几年前去世了，儿女们又各忙自己的事。他在家里待不住，于是每周一还到巴扎上，干最熟悉的活儿，他认为这是最快乐不过的了。剃头时，他要让顾客放松，剃起来才能游刃有余。他喜欢拉家常，客人便把脑子里的故事和想法一股脑倒出来，买合苏木的寂寞便跑远了。有时，买合苏木会觉得，自己手中的这把剃刀有种神奇功效，会将人们的烦恼剃掉，当然也包括他自己的。

通常来说，男人的发须十天半月就需要修剪。买合苏木很自信："只要有男人，手中这把剃刀就有用处"。似乎我的疑惑是杞人忧天。

在南疆各个不起眼的角落，从很多剃头匠脸上，我看到的都是快乐自信。但在城市里，同是剃头，却不如乡间来得自如惬意。我所知道的是，很多内地游客千里迢迢来南疆，想看的就是原汁原味的民俗，感受那种乡土老味道。难道老手艺终究要与城市步伐相背？相信谁也不愿看到，它们渐隐在村野角落中，消散得无影无踪。

铜匠世家

传承：拿起爷爷留下的"乃山丁"

午后，阳光蜿蜒照进这条朴素的小巷。铜锅、铜茶壶、铜阿不都壶（一种长嘴儿洗手壶）、铜抓饭铲、铜笊篱、铜火锅，安闲陈列在一个手推车上，经柔和的金辉照耀，犹如被施了魔法，获得了生命般鲜活欲动。

这是位于叶城县加满清真寺旁的小巷，51岁的维吾尔族人阿不力米提·吾买尔便是这些铜制品的主人。阿不力米提守着一间四五平方米的小作坊，叮叮当当地做了30多年铜匠，也延续了爷爷和父亲传下来的家族技艺。

小巷狭窄拐弯多，外地人很少能注意到它。巷口外主街上，更好的铺面被一排铁匠铺占据着。因为需求量大，买家多，生意颇旺。而巷子深处，阿不力米提的铜器生意，相对清淡许多。

阿不力米提的爷爷和父亲都曾是当地知名的铜匠。在过去，较之铁匠，铜匠需要掌握的技艺更高，产品高档，收入稳定，是份不错的职业。因此，铜匠手艺一般是在家族内部流传，想学艺拜师十分困难。

13岁时，阿不力米提跟随父亲学习技艺。首要环节是熔化铜，再用锤子砸成均匀薄片，继而加工成各种铜器。历经寒暑，到了17岁，阿不力米提终于做出了第一把铜壶。此后，他一直跟父亲一起干，直到而立之年才独立撑起了这间作坊。他说，现在做铜活儿其实比以前省事多了，喀什有卖铜皮、铜板的，拿来便能用，省了费时的炼铜工序。

作坊前，竖着一根造型奇特的铁棍，两端各有一个扁圆弧度。阿不力米提称它"乃山丁"（一种类似撬杠的工具），是从他爷爷那里传下来的。从磨得白亮的两端可以看出，乃山丁的使用频率很高。

为了演示，阿不力米提将一个"A"字形木器用腿固定，再将乃山丁从中穿过，形成稳定的三角力支撑。他取来一把几乎成型的茶壶套进乃山丁，壶肚子从里面恰好顶在扁圆一端。经过铁锤一番旋转敲打，壶的曲线达到了完美。原来，这乃山丁还是神奇的弧度矫正器。

铜具有导热快的物理特性，这也造就了铜器皿的优越性：省燃料、水易沸。不仅实用，它们还是家中赏心悦目的装饰品。阿不力米提介绍，20年前，叶城家家用铜器，家庭环境稍微殷实一点的，都喜欢买几件上好铜器用，也是摆设，来客时为主人长足面子。

阿不力米提家有个家族传统，所做物件一年内保修，顾客拿来用旧的铜器可换底或重新熔铸，一律只收成本价。他从店里取出一个有近百年历史的阿不都铜壶，其表面暗淡，底子已坏，这是阿不力米提爷爷做的。壶主人用了几代，舍不得丢弃，几天前拿来让他帮着换个新底子。

过去，一把铜壶会在几代人手中接力使用。生活中，人们离不开铜器，每逢过节、结婚，人们喜欢用闪亮的铜器烘托喜气。那时，阿不力米提的父亲和爷爷忙到几乎没有休息日。说到那段铜匠的美好时光，阿不力米提一脸神往，手中正在敲击的铁锤也顿住了。

坚守：从顾客的赞美中获得欣慰

阿不力米提从父亲那里学会了制作二十多种铜器。制作铜器要眼明手快，工序大致相同，要先将铜片熔化锻造成粗坯，接着依据所要制作的器具形状用榔头敲成生坯，再经过雕花、抛光、镀锡等辅助工艺，一件光可鉴人的铜器就算完成了。

其中，打型是最难的工序，做铜器没有任何模具，用料多少、弧度大小，全靠匠人的感觉。可阿不力米提做出来的铜器，无论是造型复杂的阿不都壶，还是10多厘米的铜勺，都像用模具倒出来似的，令人不可思议。

"现在的娃娃不知怎么地，脑子里就是没有型，也缺乏耐性。"他的4个孩子中，大

代代传承民族工艺

儿子起初对学习家族手艺很感兴趣，后来觉得打型太难了，认为几乎是办不到的。最后，大儿子成了一名铁皮匠，这令阿不力米提很是遗憾。

为了更美观，铜器外表一般要雕刻上精美花纹，如果做工精细，会令一件铜器获得高贵气质，既是生活用品，也是艺术作品。阿不力米提说，在过去，雕花工艺是用一种特质铁笔，做出的活儿比巴基斯坦铜器还漂亮。近10年来，他已很少使用铁笔雕了，因为太费时、出活少，用微型电钻一小时雕的花，用铁笔需雕一整天。

在阿不力米提制作的铜器中，有的按重量卖，如大件的铜锅、铜盆，一公斤130元左右；有的则按工艺卖，像雕花复杂的阿不都壶和茶壶。阿不力米提说，这种定价方式是前辈流传下来的。

30多年来，从顾客无数的赞美中，阿不力米提获得了不少欣慰。阿不力米提透露，真正的好铜器，哪怕岁月令其暗淡无光，但稍一打磨，又会重新锃亮起来。

忧心：第四代铜匠无传人

10年前，阿不力米提有个搭档，一人敲打雏形，一人精工雕花。时下，搭档已去世了，县里其他的铜匠，大多换了工种。原因是如今人们更喜欢轻巧价廉的不锈钢器皿，超市里售卖的多是工厂流水线里出来的铜壶。手工铜器的明显劣势就是价格高，一个手工铜茶壶要120元左右，而工厂出的铜壶只需20到30元。很多顾客要思前想后，咬咬牙才能买下来。

对于流水线生产的铜制品，阿不力米提有些不屑："有的根本不是纯铜，就是在外面镀了一层颜色，用不了几天就掉色了。"尽管如此，在阿不力米提的摊位上，笔者还是见到了工厂铜壶。"没办法，要的人多。"笔者拿起工厂铜壶，与手工的对比，手工的铜较厚，花纹较深。最大差异在壶底，工厂的是一次成形，而手工的壶身和壶底是分别做的，做

代代传承民族工艺

好再焊在一起，完全吻合不是易事。阿不力米提在衔接处做出波浪花纹，这样一来就达到了锦上添花的效果。

"工厂铜器即便是纯铜的，也不如手工打制的铜器结实。"阿不力米提拂拭着一把自做铜壶，脸上写满自豪。

在许多外地人看来，阿不力米提做的铜器称得上工艺品，具有收藏价值。这两年，但凡喀什有大的展销会，县里有关部门都会来阿不力米提的作坊，提前预订几件铜器。原本仅作为展示，结果因工艺精湛，全被客商买走了。很多游客慕名而来，将阿不力米提的铜器当工艺品买走，售价在200至600元之间。在我拜访阿不力米提时，正好有人来订货，还希望阿不力米提能用铁笔的传统工艺雕花。正当我为阿不力米提高兴时，他却不希望手工铜器成为工艺品。他说："只有在生活中常用，铜匠手艺才能代代传下去。"因此，他也在摸索着创新，想迎合人们的新需求。一天，阿不力米提发现在一些火锅店里用一种烧炭的铜火锅，因导热快，涮菜味道好，这种铜火锅很受欢迎。不久他便制作出手工铜火锅。

或许，追逐现代脚步并不是最好的办法。我依稀能感觉到，除了30多年的铜匠生涯，家族血液令阿不力米提骨子中存有一份坚守。父亲和爷爷的生活轨迹，也是他的生活方式，但家族却没有了第四代铜匠，我看得出他眼神中的一丝隐隐哀伤。

文/王素芬　图/张春华　王素芬

八、古老建筑彰显悠久文化

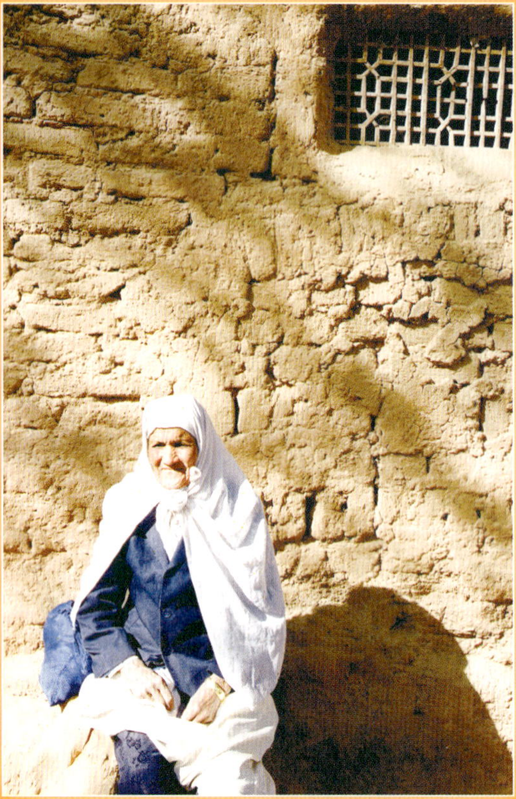

古老的维吾尔族生土民居

新疆吐鲁番市胜金乡和鄯善县鲁克沁镇吐峪沟乡的村落民居,具有鲜明的地域特色,那里有新疆最古老的维吾尔族村落。几乎一色的生土建筑,古朴、原始,带有浓郁的交河、高昌时期的民居佛窟建筑特色。

吐鲁番盆地气候干旱酷热,降雨量少,日照长,是典型的内陆沙漠气候,盆地中粘土层厚,火焰山下吐峪沟、鲁克沁和胜金乡的房屋都是用黄黏土建成的窑洞式建筑。它们大都是傍山依水而建的土楼,随高就低,自然天成。维吾尔族老乡一般住一明两暗式的生土拱形建筑或土木结构的平屋顶房屋,人口较多者建四跨以上连排拱,墙体厚实。

还有一些生土民居建成半地下室式的二层楼房,即底层是生土拱形建筑,第二层为木结构平屋顶。一般人们夏季住底层半地下室房子,在没有电风扇空调的年代,地下窑洞是夏季避暑的好地方,古文献有"敲蒸挡暑,皆撬地以居,夜出做事"的记载。

琴弦上的家园

古老建筑彰显悠久文化

琴弦上的家园

过了炎热的季节，维吾尔族老乡就住在用生土土坯搭建的二楼居室。土台楼梯直通楼上，房屋不拘一格，根据需要自成一体，传达了古代人们朴素的自然生态和天人合一的美学思想。

文·图／韩连赟

神石城：一座充满奇异色彩的城堡

草原神石城位于吉木乃县托斯特乡的冬牧场内，距吉木乃县城40余公里，该景区总面积达270平方公里，其中核心区域面积达67平方公里。景区内的山脊和山坡上，由溶蚀和风蚀作用形成的造型奇异的花岗岩地貌怪石林立，规模宏大，犹如一个天然的奇石公园，当地哈萨克族牧民称这里为"奥地叶"，汉语意思即为"神石"。

吉木乃县草原神石城素以幽、险、奇、雄著称，当你置身于草原神石城旅游景区中，才能真正领悟到这句话的含义。坐落在这里的奇石，有形态各异、活灵活现的人物特写，有险峻奇秀、气势磅礴的群石组合，还有让人百思不得其解的山顶冰臼怪鱼之谜，更有"石洞神泉"让你探究，这些经过大自然鬼斧神工雕饰出的奇石林既是自然形成的石质艺术品，又是孕育着丰厚历史文化底蕴的自然历史景观，足以堪称中国西部山川草原文化的浓缩。

来草原神石城吧！大自然鬼斧神工雕饰出来的草原神石已经与这里的青山野花融为一体，构成了一幅美妙绝伦的画卷。来这里看一看壮丽雄奇的奇石，品一品延年益寿的神泉水，找一找童年的乐趣，会是多么惬意，多么神奇！

艾林郡王之墓

到达神石城，满眼都是石头、草丛，褐色的、草绿色的，其间夹杂野花盛开的颜色，从我的眼前一直蔓延到萨吾尔山巅。我去神石城是在一年里最为丰盛的季节，当时的天空渺渺，云朵洁白如银，这个时节的神石城会在原初的状态里，逐渐到达它那最为丰富的状态。

风从四面八方吹来，清风里有山花阵阵的幽香，仿佛还有古老的传说在风中飘荡！

沿着去往神石城的山路往上走，绕过眼前的那座山，一块长约10米、高约4米、宽约3米的象形石就展现在游人面前，据说是哈萨克民族英雄艾林郡王的墓穴。

据史料记载，艾林郡王是哈萨克族最后一任郡王，生于吉木乃县托斯特乡木乎尔台地区，钦授世袭公爵库库岱第四代孙，郡王衔贝勒，精恩斯汗之次子。1917年9月，民国政府蒙藏院授封艾林为阿尔泰哈萨克郡王，并授予冠带及印信。1934年委任为新疆省政府委员，新中国成立后，任自治区人民政府参事，自治区政协委员等职。1961年病故于乌鲁木齐，享年77岁。这位哈萨克族郡王为祖国统一、民族发展做出过很大的贡献。如：在民国六年，他积极响应并拥护"四·一二"政变后的省新政府，反对马如龙在阿山搞分裂活动。

艾林郡王的墓穴上有一个草原石人像，它犹如一个草原卫士，守护着这位传奇英雄的英灵。在艾林郡王的墓穴旁，也有一个酷似狗头的石头，如草原神灵守护着自己的主人。

这些石头让人禁不住浮想联翩，不知是巧合，还是天工之作，所以，这足以证明草原神石城的神奇，也可以说，草原神石城在演绎着草原的神话传说。

草原神石城里的"神石"

在草原神石城，每一个人都会在神石城中与自己相识的形态不期而遇，那些经过时光打磨出的石头形态是抽象化的，但不空洞，甚至有时候看到这些形态的时候，还会让自己产生某种亲切的血肉感。

在神石城，很多石头的形象会是诗意的，那种抒情般的形态会在毫无声息中幻化出一些惊奇。是的，如同一块耀眼的碑文或者圣殿，它会以神圣不可侵犯的夸张或庄重的表情，期待牧人和来往赏石的游人对自己瞻仰和膜拜。

对一些偶然到达神石城走走看看的旅人来说，野花、野草已经美丽得让人一路看不过来，而那些形态各异的石头似乎每一块都有自己的故事。整个神石城可以看作是一个充满童话世界情趣的城堡，坐落在这里的奇石千姿百态、险峻奇特，有好似迷途的"小马驹"、巨大无比的"神鸡"，也有如同睡了几万年的"大小两乌龟"；有如同出山的"巨蟒"、复活了的"大恐龙"，也有好似烹饪熟了的"巨虾"；有如同思考问题的"大猩猩"、卧着的"草原雄狮"和"绵羊"，也有力大无穷的"蚂蚁"；有好似微笑的"圣诞老人"、欢喜的"报喜鸟"，也有低头汲水的"大象"等等，无不让人对大自然的鬼斧神工感到由衷的惊叹。

在草原神石城内，还有一个被人们称之为"凝思"的象形石，你看它高鼻深目地站立在路边，那诗意的神情顿时使人啧啧称奇。当然，也有人按照自己的想象称之为巴顿将军或思索者。同时，草原神石城内的怪石群体和单体都很有规模，具有各自的特色，一般石头高度在2米到5米之间，大型石头高度可达几十米，石头形状特异，让人产生

琴弦上的家园

丰富的联想。有专家认为，草原神石城是目前国内较理想的自然地文景观类沉积与构造系的景型。

在神石城，那些轮廓清晰、形态各异的石头显得既高贵神奇而又妙趣横生，这里也会让你返璞归真、追寻童年。所以，它需我们倾其自己所有的智慧和性情，才能用自己的眼睛去领略神石城自身的魅力和神奇，用人们幻化的视觉和想象去品读它那斑斓多姿的风采与美丽，再深刻一点，我们可以用生命去体会它那雄奇的魅力与博大精深。

"石洞神泉之谜"和"蝌蚪文字之谜"

草原神石城还有着浓厚的历史文化底蕴，最神秘的要数"石洞神泉之谜"和"蝌蚪文字之谜"。在神石城一座高山的半山腰处，有一座高达数十米的悬崖，悬崖北侧离地平面两米处有一个洞，爬入洞内可见两余米深的底部有一个泉眼，还有可供踏脚的平台，平台上摆满了酒水、酥油、哈达、钱币等蒙古人祭拜神灵用的供品。据当地牧民介绍，每年都有与吉木乃县相邻的和布克赛尔县的大批蒙古人来这里举行祭拜活动，喝了这个石洞里的水以后，据说能延年益寿，此水还具有储藏多年不变质的特点。可让人无从考证的是这个洞到底是人工凿成还是自然形成的，洞内的泉水又是怎么形成的呢？实在让人百思不得其解。

有人推测这里曾经是一片具有生殖文化的区域，因为这里还有一个传宗接代的传说。在石洞神泉的对面，一座高耸的石柱被蒙古族人传说为成吉思汗的天根；距离这里200米的地方，有一块象形石被称为"睡美人"，传说是成吉思汗的第一位妃子。这些神石似乎正在演绎大漠英雄成吉思汗与第一位妃子缠绵悱恻的爱情故事，所以传说"石洞神泉"也有求子观音圣水的妙用。

沿着神石城往里走，还可以看到一块刻有波浪形花纹和蝌蚪字样的奇石，排列规则

的花纹和字迹深深地镌刻在石头上，这究竟是蒙古文字还是象形文字，至今还无法考证，所以又形成了一宗"蝌蚪文字之谜"。

在距离"神泉"不远处，有一个巨大的岩洞，人们称之为"通天洞"，里面可坐卧百人；如果走出洞口，美景尽收眼底，让人心旷神怡。据地质专家介绍，草原神石城景区内的通天洞是国内目前已知花岗岩地貌中最大的。更为神奇的是，在景区发现了一处怪坡，看似上坡实则下坡，为神石城的神奇平添了几分浓重的色彩。

哎！他乡来的人儿，抑或赏景游乐的旅人，一两次短暂的寻访和探查，又怎能探究出它那深藏于萨吾尔山之内的奥秘呢？石头的通灵，或者伴随着风吹日晒而衍生出的形态，这些或许并不是永恒的，但是会随着时光的变化，慢慢地启发人们对它进行着无尽的揣摩、品味，还有层出不穷的解读……

文·图／李文强

额敏塔：维吾尔古典建筑的奇迹

在吐鲁番葡萄乡木纳尔村的一片台地上，屹立着一座举世闻名的伊斯兰建筑风格的古塔，这座古塔就是额敏塔。它建于1778年，已作为吐鲁番的城市象征和旅游标志，记载了维吾尔族、汉族、满族、回族等各民族并肩作战，共同维护祖国统一的历史。

高大、威严与古典建筑美的统一

额敏塔是200多年前用黄色方砖建造成的44米高的圆形塔，塔下毗连一座气势雄伟的木纳尔清真寺，远远看去，连为一体。

如今塔的四周，已固定了很大的保护空间，修建了豪华的院子，进了院门，是一座额敏和卓的英雄雕塑……但是无论人们再怎样营造，都掩不住宝塔古朴厚重的美。

高塔与大寺，配以尺度恰当的门殿，建在横向平台基座上，4块简洁的几何形体有机地组成一幢虽不对称但却很均衡的纪念性建筑，给人印象深刻。

沿着台阶走上平台，再进入大门，经门廊通过了一个过渡性小厅，就进入穹隆顶序幕厅。这里不对称的几个墙面巧妙地暗示着不同功能空间的去向。右侧墙面是壁龛，左侧是门洞，有墓碑室，还有通往塔的去路，正面步入就是明亮的礼拜大厅。礼拜殿以列柱厅为主，由不同大小的若干空间组成，面宽九开间，进深十一跨。再向深去，正面是圣殿，两侧也是礼拜殿。这里都是全生土结构体系，方形平面，上冠穹隆顶，只开小孔天窗，采光、通风甚佳。圣殿和礼拜大厅没有艳丽装饰，仅以简洁的伊斯兰拱券做连续的有韵律的外观，肃穆典雅。

在蓝天白云下的塔凌空矗立，刚劲挺拔，圆柱形塔均匀收缩，简朴、明快，塔身上凸起凹进的砖砌图案有十几种，变化多端、循环出现……塔身曲线柔和，体态俊美，结构科学，装饰丰富，高大庄严，游人们无不驻足凝视。塔内旋梯是靠塔中立柱与塔壁共同叠砌悬挑踏步构成，这72级灰砖台阶螺旋式环绕着圆柱直通塔顶。沿着台阶而上，相隔一段距离，就有窗口透进亮光。这光是登塔的引导，又是神秘的叠加。当你登上塔顶，有一个穹隆式塔楼，四周敞窗，顿时透亮。凭窗四顾，银冠的天山、赭红的火焰山、绿色葱茏的葡萄沟、五彩的民居……这流动的画面，一览无余，美丽的吐鲁番，尽收眼底。

最为巧妙的是塔与寺的结合。塔高大无比，寺容千人也颇宏伟。然而，寺不敢高，不能与塔争势；寺不可卑，这是神圣的礼拜场所。那么，寺的外表土筑、平顶，整个建筑全由平行线和垂直线构成，无弧无纹，不夺目，却显庄重。礼拜殿虽有几十个穹隆顶，但并没有外观暴露，而用高墙封挡，还采用民居围墙的做法形成了几十米长的墙面。门殿采用长方形中间做尖拱龛的基本图案，与寺殿体量配合，与塔呼应。建筑的体型，几块不对称的体量的设计协调均衡，塔身细致的装饰和寺的简洁形态采用对比反差的艺术外观，别具匠心。

额敏塔的设计，主旨巧妙，构思新颖，主题明确，承旧创新。其建筑艺术的表达到

古老建筑彰显悠久文化

了完美的境界。它是新疆境内现存最大的古塔,也是全国伊斯兰建筑风格的唯一古塔。

额敏塔下的清真寺,宽敞宏大,庄严肃穆。礼拜大厅可容千人祈祷。众多的壁龛,幽暗的布道小室,穹形拱顶,造型美观的马蹄形券顶,把人带入一种宗教气氛浓郁的伊斯兰圣境。

额敏塔是维吾尔古典建筑的奇迹,自底到顶一色灰黄色土砖,单一中透出庄严,平淡中显示神奇。置身塔前使人产生一种少有的朴素、洁净,神圣的感觉。这里表现出与西方建筑完全不同的奇特效果。它既不比古埃及神殿那样显露与张扬,又不似希腊浮雕那样刚劲与夸张,智慧过人的维吾尔族工匠与大师,竟然把几千块普普通通的型砖通过变化奥妙的手法,缔造出一种循环往复、起伏跌宕的瑰丽与雄奇。立身塔下,抬头仰视,有如置身于一幅上接天国、雄伟壮丽的立体装饰画中。额敏和卓期望无论在生前或是死后都能站在这座雄奇的高塔上,俯视逶迤远去的火焰山和美丽富饶的吐鲁番绿洲,遥望这片维吾尔族人用鲜血和汗水灌溉的土地。

维护祖国统一的历史丰碑

额敏和卓在位 60 多年的岁月中,历经多次重大事变。18 世纪前期,准噶尔部多次侵扰南疆和吐鲁番盆地,额敏和卓是一面维护祖国统一、反分裂斗争的旗帜。他组织本地军民,配合清军,英勇抗击准噶尔部的侵略。雍正十年(公元 1732 年),额敏和卓率领维吾尔族人随清军东迁,雍正降旨封他为扎萨克辅国公,次年抵达瓜州,清政府正式"颁给扎萨克印信,俾总领其众"。"乾隆二十年晋镇国公,旋晋贝子。二十二年赐贝勒品级"。额敏和卓及其子孙为统一新疆、巩固清政府的统治出谋划策,奔走效力,"其心匪石,不可转移"。乾隆二十年(公元 1755 年),额敏和卓指挥旗队,配合清政府平叛大军,一举收复吐鲁番,为扫平准噶尔部叛乱立下了汗马功劳。是年清军进击天山北路,额敏和卓担任向导和宣抚者，带所部旗兵出征，"直抵伊犁，甚属奋勉"。乾隆二十三年（公元1758年），大、小和卓叛清，因额敏和卓熟悉南路各城，清政府任其为参赞大臣，与将军雅尔哈善攻取南路。时年7月库车之战，额敏和卓亲率兵丁，冒矢石攻城，被击伤右颧，他不顾伤痛，随将军进军西四城，在平定喀什噶尔、叶尔羌等城中发挥了重要作用，再次为维护中国统一做出了贡献。因此受到乾隆皇帝特殊恩宠，授以多罗贝勒，旋赐郡王品级，得到了少数民族首领中"世袭罔替"的殊荣，并将吐鲁番地区的官屯土地大多授予了额敏和卓所部维吾尔族人民。乾隆二十九年（1764年）额敏和卓到北京朝觐，受到乾隆皇帝接见，"命乾清门行走"，为清朝政府制定新疆政策提了不少有益的建议。乾隆三十二年（1767年）额敏和卓再次奉诏回到北京，乾隆皇帝留他在京"御前行走"，做皇帝身边顾问，经营出席国事活动，做了不少有益于新疆稳定发展的事。

乾隆三十七年（1772年），为清朝"宣力多年"的额敏和卓被批准返回家乡休养，后患重病，乾隆皇帝闻知后派人慰问，并赏至物品，劝其"加意调养，速就痊愈"。乾隆四十二年（1777年）秋，额敏和卓在吐鲁番过了几年的平静休养生活后"病故"。清朝政府派人前往祭奠，并"加恩赏银五百两治丧"。为表彰额敏和卓一生的功绩，乾隆皇帝曾在紫光阁中为其挂像，并亲自为之题词说："吐鲁番族，早年归正，命赞军务，以识回性，知无不言，言无不宜，其心匪石，不可转移。"清朝政府对额敏和卓给予了高度的肯定和赞扬。

额敏和卓共有8个儿子，长子奴尔迈哈默特，因病早逝。次子苏来曼，一生随父东征西讨，屡立战功，乾隆四十二年（1777年）额敏和卓病故后承袭郡王。按清朝惯例，儿子承袭父亲爵位应"降等承袭"，即只能承袭比郡王低一等的贝勒。但清朝政府认为"额敏和卓前在军营，甚为出力"，特破例让"伊子苏来曼仍袭郡王"。

在额敏和卓80多年的生活岁月中，经历过多次重大的事变，他深深体会到：他的前途、

古老建筑彰显悠久文化

吐鲁番人民的命运，只有和统一的、强大的祖国结合在一起才能得到安定。在他的晚年，父子动意，建塔感恩。

额敏和卓在功成名就的晚年修建的这座永世流芳的宝塔，意在中国西部竖立起一座历史的丰碑，显示回鹘汗国子孙捍卫疆土不可磨灭的伟大功勋，用以报答安拉的天恩和表达对大清与乾隆皇帝永世效忠的感激之情。额敏塔塔基之下是一块石碑，碑额精心雕镂着古老的中华盘龙和多彩的西域花卉，百碑上铭刻着汉维两种文体合写的碑文。

古维文碑文重点是颂扬真主安拉和额敏和卓之子苏来曼的功绩，其译文是：

安拉是我们的主人，人人需要他的帮助。他是时代的皇帝、时代的统治者之一，是公正和开恩之源，是和平和安定的缔造者，光芒四射的神人。发展宗教法的苏来曼，宇宙之皇，作为额敏和加王眼目的英雄好汉苏来曼，在安拉的允许、恩赐和帮助下，在年满83时，为了感谢安拉，以善良的、无限尊敬的心，建造这有福祉的美观华丽的教堂和苏公塔，向安拉赈济。这个教堂和苏公塔，是苏来曼自费7000两银子，建于回历1181年。

额敏塔高大、威严、睥睨一切，兼有希腊式教堂的壮观与险峻，又张扬着伊斯兰古塔的奇纵与神秘，古塔背靠绵延东行的天山，刺向高高的蓝天，有一种坚如磐石、凛然不可侵犯的气派，好像是效忠清王朝受到乾隆"世袭罔封"的额敏和卓灵魂的化身。如果建筑是一种凝固的音乐、艺术的语言，这座高耸的古塔分明是一部气势磅礴的宣言。

这座200年前建成的古塔是维吾尔族人民古代建筑技术和民间艺术和谐的结晶，是耸立在吐鲁番大地上的一座维护国家统一与民族团结宏伟的纪念碑。

额敏塔下的猜想

额敏塔始建于额敏和卓，完成于苏来曼，故又称苏公塔，这座富有历史、文化内涵和建筑艺术奇迹的宝塔给人们还留下一些让人捉摸不透的猜想。

先有塔还是先有寺？建塔是公元1777年，而伊斯兰教传入新疆的时间大概在10世纪，根据中世纪伊斯兰作者纳迪姆的《百科索引》的记载推断，在10世纪初，高昌回鹘境内已经出现了穆斯林教徒活动的踪迹，建立清真寺，结成团体，进行有组织的宗教活动。由此可以断定，在苏公塔修建之前，木纳尔村早已存在清真寺。也许，所造的塔地就在清真寺边，也许，塔建好后，木纳尔清真寺移植到塔边形成一体。因此，说它是先有寺后有塔不无道理，但历史学家至今未找到确切答案。

文／魏然　王功恪　图／黄彬

新疆的"小布达拉宫"：巴仑台黄庙

巴仑台黄庙位于和静县巴仑台镇老巴仑台沟内，是一座规模宏伟的喇嘛寺院，素有"小布达拉宫"之称，为1887年满汗王的父亲布彦绰克图在位时的建筑，是新疆喇嘛教四大庙宇之一。

2013年，经过国务院核定并公布第七批1943处全国重点文物保护单位，新疆共有55处上榜，其中就有巴仑台黄庙古建筑群。

金秋时节，我们一行人驱车前往新疆最大的黄教圣地——新疆巴音郭楞蒙古自治州和静县巴仑台镇的黄庙观光游览。有幸感受了黄庙的宁静深远，那是一种有着独特气息的藏传文化。沿途看到冰川上白雪皑皑，耀人双目。深秋的乌拉斯台草原满眼的金黄，及踝的枯草与风儿齐鸣，远山与白云相望，芨芨草在风中肆意地招摇，白杨和季节争夺着最后一抹绿色。

到达黄庙时夜晚已降临，朦胧的夜色中隐约看见一座巍峨耸立的山峰，两座白塔在月光下熠熠生辉，黄庙隐在一片静谧之中，而我的心也已被这静谧所笼罩。

黄庙是新疆最大的藏传佛教圣地，国家级重点文物保护单位。位于北部天山深处，距和静县城50多公里，距巴仑台镇大概30公里。

黄庙建于清光绪十四年（1888年），宗教法名为"夏尔布达尔杰楞"，意为"黄教圣地"，为综合性喇嘛寺庙群，是南路旧土尔扈特部的总庙。由15座寺庙及殿宇、经堂、佛塔、僧舍组成。内设密宗学院、佛经学院、医学院、哲理学院，占地面积2.5平方公里，建筑面积2.4万平方米，在建筑、造像和壁画艺术等方面都体现出独特的藏传佛教的艺术风格和西北特色。僧人最多时达3800人，素有"小布达拉宫"之称。

黄庙建筑群坐落在天山深处，主殿坐北朝南在中央，呈四方四正分两层，是典型的藏传佛教建筑，庙内供奉着2.7米的麦德尔佛像，由青海省运抵，故俗称"青海佛"。其他14座庙宇错落有致，分布在四周，整个寺庙群隐藏在参天古榆树林之中。

黄庙由西藏高僧亲自选址。早在清咸丰十年（1860年）年间，南路旧土尔扈特部的总庙就已经开始酝酿选址，满汗王的父亲布彦绰克图在位时，派人去西藏，经五世达赖喇嘛"恩准"，光绪三十年（1887年），土尔扈特汗王布彦绰克图主持修建黄庙，并从内蒙古、西藏请来许多能工巧匠，据说全部修建花费高达500两黄金。光绪十四年（1888年）建成，被清光绪皇帝赐名为"永安寺"。同年，黄庙下设且勒、迦特泼和曼巴三个学部。

黄庙建筑群曾经惨遭破坏，整个寺庙建筑群几乎被夷为平地，黄庙为幸存庙宇。1984年以来，班禅大师、生钦活佛先后几次来到黄庙，赞美这里的山、水、庙有灵气。1998年，西藏哲布寺六世生钦活佛捐款200余万元对黄庙进行了修缮，现在黄庙前的两座白塔以及黄庙前那条河上的生钦桥就是活佛捐资修建的。

新疆的蒙古藏传佛教的活佛转世系统原有三个：第一个就是黄庙的宫明系；第二个是阿勒泰地区的葛根系，但是这一系1949年前就中断了；第三个是在和布克赛尔的夏律宛系。目前，黄庙的宫明转世灵童已到第十世，称为"十世宫明活佛"。

每天，前来育经朝圣的教徒络绎不绝，香火极旺，每逢宗教节日更是热闹非凡。每

306

古老建筑彰显悠久文化

年的正月十五是麦德尔节，方圆上千公里的信徒，跋山涉水，不辞辛苦前来上香拜佛，祈祷来年五畜兴旺，生活平安吉祥，节日里放眼望去真是人山人海，场面非常壮观。

这里的特色食品当数各色的野菜，凉拌椒蒿味道奇特，初入口时有点难以下咽，多吃几口后，慢慢习惯了它的味道还是非常爽口的。我最喜欢的还是野韭菜苔炒鸡蛋，吃在嘴里有一种比韭菜更浓烈的香味。还有野芹菜只是素炒就已经非常香了。有一种当地人叫苦苦菜的野菜，凉拌来吃很苦，据说是清火的。野蘑菇也是香味浓郁。晚餐时，我们吃过蒙古族姑娘巴音做的异常鲜美的野蘑菇汤揪片子，回味着野蘑菇的鲜味，在清凉的蒙古包中安然入睡。

清晨，被庙中的阵阵号角声唤醒，走出蒙古包，一步步走近黄庙，走在绿树成荫的路上，山风吹来，凉意袭人，是个避暑的好地方。我们裹紧衣服慢慢地转着经筒，走到了黄庙大殿门前。

此时的黄庙笼罩在晨光中，通体的黄色泛着神圣的光泽，庙前的香炉升腾着一缕缕青烟，五彩的经幡在风中摇曳，喇嘛的诵经声与屋檐上的悬铃声，声声相随，在一片肃穆与安详中我一个人静静地走进黄庙。站在威严的白塔旁，用心去触摸黄庙，所触及的是心中莫名的感动，太阳夺目的光辉照在黄庙上，我的身心也罩在了这佛光之中……

有几个喇嘛在诵经，我的到来惊扰了他们，但没有阻断他们继续诵经。庙内悬满五彩的唐卡，四壁是绚丽的壁画，默默地述说着佛的故事。殿内供奉着弥勒佛、释迦牟尼、千手观音等塑像，还供奉着十世活佛宫明活佛的相片。每个塑像前都供着七碗水，小喇嘛告诉我那是神水，我也双手合十跪在主持喇嘛的案前祈求祝福，主持喇嘛用经书轻拂了下我的额头，让我摊开双手，用案上金色的壶在我的手心注入一捧清凉的水。我快快地喝下去，伸手再要，主持喇嘛却让我下去，在喇嘛的眼中我终是脱不了凡人的贪婪。

黄庙所在的巴伦台沟不仅是宗教圣地，还是一处天然森林公园，在东西长20余公里的绿色谷地中，杨柳林木郁郁葱葱，奇峰怪石耸立云天，山泉云海浩瀚缥缈。盛夏季节平均气温在20℃左右，冬暖夏凉。

来吧，土尔扈特蒙古族纯朴善良的民俗风情一定会让您心醉神迷。

文／任玉勇　图／王怀奋